股权战略解码

一体两翼三步法

鲍乐东 著

法律出版社
LAW PRESS · CHINA
北京

图书在版编目(CIP)数据

解码股权战略:一体两翼三步法 / 鲍乐东著. --
北京:法律出版社,2022
ISBN 978-7-5197-7303-8

Ⅰ.①解… Ⅱ.①鲍… Ⅲ.①股权管理 Ⅳ.
①F271.2

中国版本图书馆 CIP 数据核字(2022)第215877号

解码股权战略:一体两翼三步法
JIEMA GUQUAN ZHANLÜE:
YITI LIANGYI SANBUFA

鲍乐东 著

策划编辑 周 洁 林 蕊
责任编辑 周 洁 林 蕊
装帧设计 李 瞻

出版发行 法律出版社
编辑统筹 司法实务出版分社
责任校对 裴 黎
责任印制 胡晓雅
经　　销 新华书店

开本 710毫米×1000毫米 1/16
印张 19.5　**字数** 257千
版本 2022年12月第1版
印次 2022年12月第1次印刷
印刷 三河市龙大印装有限公司

地址:北京市丰台区莲花池西里7号(100073)
网址:www.lawpress.com.cn
投稿邮箱:info@lawpress.com.cn
举报盗版邮箱:jbwq@lawpress.com.cn
销售电话:010-83938349
客服电话:010-83938350
咨询电话:010-63939796

书号:ISBN 978-7-5197-7303-8
定价:76.00元

凡购买本社图书,如有印装错误,我社负责退换。电话:010-83938349

序　一

鲍乐东律师新著《解码股权战略：一体两翼三步法》就要在法律出版社出版了，可喜可贺。这是一本作者以自己独特的执业经验所完成的心血之作，对于从事股权战略的律师、企业家、管理者和各类相关法务人员而言都是具有重要指引价值和参鉴作用的力作。该书以公司股权为切入点，从公司发展的大局观出发，帮助企业家和公司法务人员在战略思维高度理解股权的重要性以及股权价值，并以自身的实操经验及理论积累为据，解析如何从专业角度规范和智慧地设计和执行股权战略。书中提出了独创的“以控制权设计为主体，股权激励与股权融资为辅翼”的一体两翼宏观架构，提供了股权设计三步法、股权激励12D模型等实操方法论，解析了股权融资所涉及的核心条款，同时为使读者能够更好地理解相关理论，整理了国内外明星企业超百个案例，涵盖了传统制造业、服务业、新兴科技型企业、互联网公司等多个行业，案例覆盖面十分广泛，为企业家从设计股权到利用股权提供了全面详实的指引。对于已经从事股权战略或未来有兴趣涉足这一领域的同行来说，显而易见这是一本难得的辅导之作，可以省去很多不必要的摸索，避免走前人的弯路。

本书告诉我们，人人都识“股权”二字，却不是都能深刻了解“股权”这二字背后的深意与逻辑。股权，是投资的工具，是创设和发展企业的条件。股权对于企业来说，是其与资本连接的渠道，同时也是其斩不断烦恼的来源。股权可以被用于展开融资、吸引人才、整合资源等，股权可以是企业实现跨越式发展、适时可一鸣惊人的制胜法宝；但是，也可以是企业受制于他人，沦为资本鳄鱼盘中餐的渔猎装置。一方面，人们看到，马斯克依靠股权战略获授特斯拉股权，一跃成为世界首富；刘强东为自己配备高额的股权激励，成就了京东“水涨船高”式的发展格局。然而，另一方面，人们也发现，有不胜枚举的著名企业家，倒在股权战略之下，收获的是股权市场惨痛的教训。特别是创始之际，不少企业家因为创业匆忙，忽视了股权设计，到头来成功时沦为他人的嫁衣裳，胜利果实被收割，令人不胜唏嘘。总之，股权战略是当今企业家不可忽视的胜负关键，企业家和相关法务人员都应当重视股权、认识股权，熟悉股权战略，善用股权策略，这是为公司治理、企业发展成功获得安全保障的前提。

好书应为作者集智慧与经验为一体的结晶，本书具备这样的条件。本书作者鲍乐东律师聪明睿智，执业十余年，曾就职于宝洁、柯达、辉瑞制药等世界500强企业，积累了丰富的企业经营经验，后为追求更广阔的执业前景，投身于律师行业，并参与创办了北京炜衡（杭州）律师事务所，后为追求公司制一体化的律所经营模式，搭建更专业的法律服务团队，为客户提供更全面的法律服务，又创办了上海澜亭（杭州）律师事务所，目前担任该所主任。十余年来，他专注于公司法领域，尤其是股权设计、股权激励、股权融资、企业控制权设计等公司顶层架构的法务领域，并为数百家企业提供前述法律服务，积累了丰富的知识和经验，是目前国内知名的公司股权战略法务精英、业内翘楚。鲍律师多年来乐于将自己的所思所学进行整理形成作品出版，惠泽世人。比如，他整理归纳的2016～2021年登陆各资本市场板块的公司实施股权激励的数据报告等成果便意义非凡，好评如潮。我也常被他对股权独到的理解所吸引，获益良多。他还喜欢上台授课，风格独树一帜，以热点案例结合法律知识输出观点，生动活泼。

本书写作风格较为灵活，体现了实践功效和面向，用理论知识搭建框架，用案例丰富素材，由浅入深，从宏观到微观，从是什么、为什么到怎么做，层层递进、步步剖析。但是，本书绝对不是简单的从业务到业务。作者眼中始终有宏观大局，不拘泥于公司眼前的发展，而是紧扣整体战略之纬，为企业家布局股权提供一体化的解决方案，跟进企业全流程的发展路径。作者同时综合运用了所具备的知识，深挖股权知识所蕴含的内核，将零散的碎片化理论加以整合与梳理，并将经验附于其上，形成“1+1大于2”的效果，其方法论值得广大读者深入研习。

本书不仅适合业界阅读，也值得法学院引入作为公司法课程的实务资料使用。我们的法学生中不乏未来想做公司法务及律师的同学，但是“股权”这一高深的概念足以令许多学生望而却步，不少学生虽抱着学习的心态前来，但又迷失在股权的繁复概念与条条框框中。本书具有其独特的逻辑性与书写脉络，思路清晰、语言浅显，相信阅读该书的学习方式会更受到他们的欢迎和认可，也可以更好地弥补理论学习的枯燥和不足，该书为读者解惑，更为读者削减对股权这一陌生概念而产生的畏难情绪。本书将理论与实际相结合，将实践经验牢牢架构在理论的深厚沃土之上，很好地平衡了理论知识与实践内容，具有极强的指导性与可读性。同学们完全可以将本书作为公司法课堂学习的补充，提前认识公司法实务，培养对股权的兴趣爱好，相信会受益匪浅。

是为序。

龙卫球
北京航空航天大学法学院教授、院长
2022年12月6日

序　二

我与鲍律师相识于混沌大学，鲍律师积极参与混沌大学的各项学习活动，现在是混沌大学杭州澜亭股权共学中心负责人，专注于公司法尤其是股权业务已十余年，并作为领学师兄为混沌大学的同学们提供了多堂有趣、生动、干货满满的精品课程，在课堂上利用其丰富的执业经验及深厚的案例知识灵活地解答同学们当堂提出的各种疑难问题，其专业能力可见一斑。

鲍律师不止一次跟我提过，想要将其丰富的执业经验及案例积累抽象整理成一套体系完整的方法论，以期能为更多的创业者、企业家答疑解惑，这也就是鲍律师著成本书的初心所在。

股权与公司骨肉相连，关系紧密，公司组织形式的变革催生了股权概念的发展，而股权的运用最终决定公司决策者以及公司的未来走向。股权的战略布局是一个企业发展的底层逻辑和内在基因，在数智时代的背景下，当今企业的发展更加重视多维度的合作，无论是企业内部管理、外部战略合作和资本运营，都绕不开“股权”二字，前有阿里、华为闻名遐迩的内部股权激励，后有格力利用股权绑定下游经销商，外部的资源，内部的人才，股权重要性的凸显是数智时代公司个性化需求发展的重要特征。股权是创始人手中的工具，搭建合理的股权架构可以使创始人在完善公司治理的同时，还能牢牢掌控公司的控制权，同时能够助力企业进行资本运作。

混沌大学的同学遍布各行各业，既有专业的资本市场中介机构人员，又有沉浮于创业浪潮的创业者，更有独具慧眼的投资人，而作为混沌大学杭州校区的校长，我亲历了太多创业失败的同学，也遇到太多关于股权方面的咨询，我没有鲍律师的专业能力，但我清楚初创企业的痛点在哪里，我一直认为股权设计一定是创业者的一堂必修课，而读罢此书，我感慨：创业者们终于有了一本关于股权战略方面的核心教材！

股权战略是一门艺术，凝聚了各方的博弈，贯穿了企业发展的各个阶段，《解码股权战略：一体两翼三步法》一书将繁复的股权知识抽丝剥茧，让创业者合理利用规则、规避风险！

贾光
混沌大学杭州校区校长
2022 年 11 月 18 日

自　序

笔者入行已经十余年，在这十余年间，笔者专注于公司法业务，从股权设计、到股权激励再到股权融资，从公司科学治理到公司僵局化解，经历了太多因为公司顶层设计未曾搭建好而“塌方”的事故，或是因为创业艰难、股东创业未半而分道扬镳；或是因为股东之间争议不断、公司面临僵局无法决策；或是因为人才难得、公司实力难以吸引高层次人才；更有因股权融资步步稀释股权，导致公司控制权最终旁落，辛苦几十载，最终却竹篮打水一场空。而这种种问题归根结底都可以归纳为：人无远虑、必有近忧。前述种种面临“塌方”的公司在找到我们时，往往已经是弊病已久，巧妇难为无米之炊，在没有调整余地的情况下，笔者常常也只能发出一声“哎”，而在无奈之余有时也会想：如果再有人创业，我该如何帮助他们早做规划？该如何让更多的创业者意识到、了解到股权战略规划的重要性？是否能形成一套股权战略规划的方法论来帮助创业者规避风险、少走弯路？

近些年来，越来越多的科学家、创业者找到笔者，希望笔者能为他们的创业第一步指点迷津，笔者敏锐地意识到，国家创业创新战略的推动下，科学家创业的大潮已经来临，新一轮的科学家创业者已然启航。但是，创业并不是搞科研，科研人才具备某一专业领域高精尖的知识，但这并不意味着他们能平衡好利益、管理好企业，创业不仅仅需要知识、产品、核心竞争力，更需要对人心的揣摩和对风险的防控，看着一波波科学家、一波波创业者投身创业浪潮，进一步激发了笔者希望通过自己的专业能力为这些创业者保驾护航的决心。

笔者最终决定将自己十余年的从业经验整理成为方法论，以帮助这些创业者能够通过最为浅显易懂的语言、最为直观的案例，制定他们自己的股权战略。通过对百家实战案例及近千家咨询回复的整理，笔者最终构建了股权战略一体两翼的宏观架构：以控制权为核心，以股权激励与股权融资为两翼辅助，帮助创业者认识到企业股权的重要性及价值，并细致剖析每个维度中所设计的要点与关键，形成“股权设计三步法”“控制权设计三层次”“股权激励12D模型”“股权融资核心条款解析”四个方法论，帮助创业者能够在其规划的股权战略中落地应用股权，防范风险。

创业往往不是失败在其技术和产品之上，而是欠缺在其对公司整体战略的布局中。而股权——初创型企业最富有吸引力的资本、代表公司根本权益的工具却往往被创业者忽视。笔者希望能以此书在如今的创业浪潮下、在这个创新变革奔涌而出的时代下，让更多的创业者转化成企业家，在企业家的大道上走得更远、更稳。

本书能够顺利成书，成功出版，非笔者一人之力，在此，笔者由衷地感谢浙江大学创新创业学院常务副院长阮俊华、浙江大学全球浙商研究院副院长邬爱其、浙江工商大学管理学院院长俞荣建等学术专家；清科创投服务中心总经理代建俊、白沙泉并购金融研究院执行院长陈汉聪博士、中欧资本董事长张俊、浙商创投董事长陈越孟、老鹰基金董事长刘小鹰、赛智伯乐投资董事长陈斌、浙江嗨投投资管理有限公司总经理周辉等长期投身于投融资第一线的投资专家；一亿中流董事长刘海峰、清科集团管理合伙人兼沙丘学院执行院长胡之光、第一财经主持人兼湘财证券前首席分析师蔡璟、长三角新能源汽车产业链联盟执行秘书长姚晓冬、浙江工商大学浙商研究院执行副院长兼浙商博物馆馆长杨轶清、之江商学院副院长刘文标、泛华控股集团浙江分公司总经理戎霖、普益 & 握奇家族办公室合伙人韩元元、《第一财经日报》创始人兼著名人文财经评论家秦朔、第一财经《中国经营者》栏目创始人方宏进等对各行各业有独到理解的领头人；Nano Labs 董事长孔剑平、浙江金科汤姆猫文化产业股份有限公司总经理张维璋、浙江省游戏行业协会会长兼杭州妙聚网络科技有限公司董事长陈博、内蒙古蒙牛圣牧高科乳品有限公司总经理张连举、杭州巴士传媒集团有限公司总经理孟鑫鹏、浙江菜根科技产业发展有限公司总经理胡勇锋、豪车毒老纪等经验丰富的企业家；共创引导平台创始人兼共创引导技术开发者林小桢、浙江南方审计集团副总吴小丽、北京市安理律师事务所主任王清友、上海澜亭律师事务所主任倪民、阳光时代律师事务所主任兼旷熙碳中和研究院创始人陈臻、蔚来法律创新研究院执行院长熊涛、法律先生创始人彭帅、新则创始人余朋铭、海蜂法务科技创始人范否、无讼研究院常务院长赵润众、超律志创始人张超等专业人士为本书在创作过程中提供的理论支撑、条款解析、行业分析、实操经验分享等各种形式的支持与建议，正因为有这些好友的群策群力，才最终让笔者能集百家之长，完成本书。

最后，更是要感谢法律出版社的编辑们不辞辛劳地为本书提供审稿、排版服务，让本书能够顺利地呈现在读者面前。

目　录

CONTENTS

案例索引

▶ 第一章 ◀

数智时代背景下的股权战略

如今的社会已经步入了一个全新的数智时代，数智时代不仅是万物互联、数字智慧化，更是将人的思维视为万物的一分子，进而实现“思频互联”，将数智化进一步延伸进人与人的合作之中：创始团队之间的思频互联，以保证力往一处使，共同秉持企业发展初心；创始人与投资者之间的思频互联，使资本成为推动企业发展的动力；股东与员工之间的思频互联，吸引人才、绑定人才，打造共建共享的企业文化；公司与合作方的思维互联，打造完善的上下游供应合作链条，帮助公司稳步发展……在该时代背景下，单打独斗的模式已经逐渐被现实所摒弃，紧跟时代步伐，让公司成为数智化下万物互联的一部分，离不开前沿性的股权战略思维。

对公司而言，股权意味着资源与归属；对创业者而言，股权代表着梦想和机遇；对守业者而言，股权代表着控制和财富；对员工而言，股权代表着打拼与希望；对投资人而言，股权代表着信任与回报。

在现代公司的多数决制度下，持股比例的多少、股东权利的行使直接决定着公司最终的归属以及决策的有效性，因此股权设计成为企业家创业的第一堂必修课。

所谓现代意义上的公司，就是指依法设立的以营利为目的的企业法人。那么这个企业法人又是什么呢？根据《民法典》第 57 条的规定：“法人是具有民事权利能力和民事行为能力，依法独立享有民事权利和承担民事义务的组织。”这里的法人是法律拟制的“人”，法律赋予它民事权利能力和民事行为能力。法人又可分为营利法人和非营利法人，其中，营利法人是指以取得利润并分配给股东等出资人为目的成立的法人。企业法人一般属于营利法人。

所谓股权，是有限责任公司或者股份有限公司的股东对公司享有的人身和财产权益的一种综合性权利，即股权是股东基于其股东资格而享有的从公司获得经济利益，并参与公司经营管理的权利。①股权及相关概念如表 1－1 所示。

表 1－1　股权及相关概念

概念	含义
股权（equity）	有限公司或股份公司的权利人对公司享有表决权、分红权、身份权、管理权的一种综合性权利
股份（stock）	针对非上市股份有限公司的说法。股份有限公司通过发起或募集设立，将所有的资本划分为“股份”
股票（stock）	针对证券交易市场公司的说法，是指上市公司筹集资金而发行的有价证券
财产份额（portion）	针对有限合伙企业的说法，表达了占有合伙企业总投资的比例

由此看来，股权与公司可谓骨肉相连，关系紧密。公司组织形式的变革催生了股权概念的发展，而股权的运用最终决定公司决策者以及公司的未来走向。股权比例的高低直接反映企业家在公司中享有的权益，更代表着股东对公司的话语权和控制权。在创业之初以及公司未来发展过程中，公司创始人重视股权设计与忽略股权设计往往会造成两种截然不同的结果，正如下述两个典型案例：

① 参见彭胜锋、练武、李军主编：《公司股权实务全书：案例 · 范本 · 疑难问题解答》，中国法制出版社 2019 年版。

▶ 案例1【苹果公司：忽略控制权设计的下场——乔布斯中场出局】

1976年4月1日，苹果公司创立，乔布斯此时持股45%。后由于创始人罗·韦恩退伙，乔布斯用800美元回购其股权。1976年8月马库拉入伙成为苹果公司创始人之一，并于1977年1月3日成立了新苹果公司，此时乔布斯、沃兹、马库拉三名创始人各自持有30%的股权，而剩余10%的股权则授予了工程师罗德·霍尔特。之后，苹果公司在发展过程中又一步步迎来了施乐公司、罗斯柴尔德家族等资本公司以及一些个人投资者等共计16个投资人的投资，直到苹果公司成功IPO上市后，乔布斯的股权已经稀释至15%左右。

一方面，正是乔布斯利用股权战略融资融智，才打造出了今天的苹果公司；但另一方面，在融资融智的过程中，乔布斯却忽视了股权战略中最重要的核心主体——控制权，这为后面乔布斯中场出局埋下了祸根。最终，马库拉联合其他股东及高管将乔布斯赶出苹果公司。

▶ 案例2【Facebook：扎克伯格巧用AB股及表决权代理，牢牢把握控制权】

Facebook的创始人扎克伯格选择了与乔布斯相似却又截然不同的另一种发展方式。Facebook创立之初，扎克伯格手中牢牢控制着公司65%的股权，实现了对初期Facebook的绝对控股。但是这么一个典型的硅谷科技型企业，在发展过程中一定会面对股权融资与股权稀释——仅2009～2011年，Facebook就经历了五轮融资，融资金额高达13亿美元，这使扎克伯格的持股比例在上市前夕也仅剩不到1/3。在这点上，扎克伯格与乔布斯不谋而合，二者均很早就认识到了股权的价值。

但是，截然不同的是，扎克伯格紧扣控制权，早就为Facebook设计了AB股模式，这使创始人扎克伯格持有的表决权高达28.2%。除此之外，扎克伯格还同其他股东签订了表决权代理协议。这意味着他在一定情况下能够代替其他股东行使表决权。简单计算之后我们就可以发现，扎克伯格实际上掌握的表决权已经达到了56.9%。扎克伯格利用AB股及表决权代理的方式，稳稳地保持了自己的控制权，在Facebook中立于不败之地。

如果将上述两个经典的企业发展案例进行对比，我们就能很清晰地知道为什么同样都是公司的核心决策者利用股权，一个中场出局，另一个却能屹立不倒。答案就是：后者股权战略布局的目光足够深远。尤其是在数智时代下，是否具有深远的股权战略思维决定着公司决策者能否有效地控制公司、决定公司发展走向。

第一节　数智时代下股权战略搭建的现实需求

为了迎合数智时代发展浪潮，搭建股权战略成为企业必不可少的课题，这主要是多方面现实需求综合影响的结果。简单来说，此处的现实需求可归纳为外部需求与内部需求两大类。

一、股权战略的外部需求

（一）法律法规的监管日趋完善

1. 有限责任公司制度下的公司顶层设计及安排

我国法律给予了有限责任公司股东更多的自由。对于有限责任公司的公司章程，法律限制较少，赋予了极大的自由度。有限责任公司的股东可以利用公司章程的约定保障自己在公司的控制权与话语权。法律倡导股东地位的平等和单位股份所代表的股东权益的平等，但公司的实际控制者往往可以将权利行使到自己利益所能达到的极限。资本多数决原则帮助大股东实现了其对公司的控制，大股东更感兴趣的是建立公司各业务部门负责人特别是人事和财务负责人与自己之间的工作依附关系，让他们绝对服从于自己比让他们按公司建立的规则办事更重要。[①] 持有多数表决权的大股东处于优势地位，

① 参见甘培忠：《有限责任公司小股东利益保护的法学思考——从诉讼视角考察》，载《法商研究》2002 年第 6 期。

易实现对公司的控制。

法律并没有针对有限责任公司设置全面的强制性规定，而是在股权及控制权设计灵活的情况下赋予创始人更大的自由，比如创始人可以自由地签署股权代持协议、一致行动人协议、表决权委托协议等而无须履行信息披露义务。当然，虽然创始人可以灵活地将控制权集中在自己手中，但其他股东也可以利用该灵活性反客为主。

2. 股份有限公司制度下的股权设计及安排

与有限责任公司不同的是，股份有限公司必须有股东大会、董事会、监事会等组织机构，对内管理公司，对外代表公司。①

由于资合的性质，股份有限公司的股权变更、进出较为容易。在这种情况下，股份有限公司的创始人开始谋求在法律法规及相关监管规则以内的控制权设计。基于有限责任公司的闭合性及人合性，创始人可以更为自由地在公司章程中约定控制权，简单地将控制权掌握在自己手中；但是，股份有限公司的创始人却不能如此。

股份有限公司规模庞大，公众性强，并且可以将股权等额拆分，发行股票融资，往往股东人数众多，考虑到股份有限公司的资合性，为保护公众，法律对股份有限公司的限制远远高于有限责任公司，其在章程约定上受到的限制也比有限责任公司多。比如，不是每一个股份有限公司都可以设计同股不同权，现在只有在科创板、创业板、新三板上市的股份公司及深圳、杭州等地的科技型股份有限公司才被允许设计同股不同权。因此，很多创始人囿于股份有限公司的资合属性，往往对公司控制权的设计无从下手，而股权及控制权设计的停滞往往直接导致了公司控制权的旁落。

3. 上市公司的股权设计及安排

中国公司正在迅速崛起，对于公司发展的规范要求也迫在眉睫。以上海证券交易所开业为标志，中国证券市场从场外交易进入场内，交易由分散交

① 参见许崇德等总主编、杨炳芝等主编：《中华人民共和国法律大百科全书：经济法卷（下）》，河北人民出版社1999年版，第39页。

易转为集中交易。在这一阶段，上市公司数量得以增加，深沪京三个证券交易所正式设立，政府证券监管部门也得以成立，但上市公司和股票市场仍然处于探索试点的初步发展状态。

为了对证券交易和上市公司进行管理，《股票发行与交易管理暂行条例》、《证券交易所管理暂行办法》（已失效）等一系列具体的法规和规章均在1993年颁布，中国也从1993年开始在海外证券市场筹资方面作出新的探索。1993年12月29日，第八届全国人民代表大会常务委员会第五次会议通过了中华人民共和国历史上第一部《公司法》。《公司法》《证券法》后续的修订，也有利于更多的企业成为上市公司和公司债券上市交易的公司。

根据现行《公司法》的规定，上市公司是指其股票在证券交易所上市交易的股份有限公司。与非上市股份有限公司相比，由于上市公司面向更为广阔的投资者市场，交易甚广、牵涉甚多，所以其受到的限制更多。上市公司不仅要受到法律法规的限制，还要受到证监会的监管和约束。最为关键的是，与非上市股份公司相比，上市公司的信息披露义务规定得更加严格，稍有不慎可能会使公司面对市场监督管理局以及证监会的处罚。在有限责任公司或非上市股份公司中，股权代持、表决权委托、一致行动人等协议的签署以及持股平台的设立都无须进行披露，创始人可以依据自由意志进行股权设计，但是上市公司却需要在证监会的监管下说明缘由，并进行信息披露。如果公司在上市后再去考虑搭建持股平台，那么其将其他股东的股权转让至持股平台名下时，又会面临股东股票限售等各种障碍。因此对于上市公司而言，股权及控制权设计更需要在公司过往的发展过程中提前设计，以避免上市后的束手束脚。

（二）投资者意识觉醒

随着资本市场的不断完善，公司股东从单一的自然人变为多种形式，企业之间互相参股、控股、并购现象越发普遍，体现出由自然人持股向法人持股集中的趋势，机构持股比例不断提高，从投资大众化向投资机构化发展，股权又一次从分散趋向集中。

但是，早期的投资机构怠于对公司进行监管，导致很多公司处于经营管理层能力真空的状态。公司经营不善，投资者很难全身而退，甚至会遭受巨大的损失。于是，一些投资机构联合起来参与公司管理，迫使管理懈怠、无方的管理者下台，此举也被称为“机构持股者的觉醒”。

以大型股份公司为代表的现代企业规模偏大，股东人数已不可同日而语。其显著特点是股东众多，每个股东所持股份较少，每个股东持股份额的限制导致单个或少数股东无法对股东大会决议起到明显作用。况且，受股东主体目标利益的复杂性等因素的影响，股东间难以就某一事项形成完全一致的意见。因此，小股东们形成普遍的“搭便车”心态，只关注与个人收益直接密切相关的公司股票涨跌和市场交易回报，而对公司经营事务不甚在意，这种“不甚在意”多表现为股东对表决权的漠视、不积极参与公司决策。在对公司不满时，许多股东并不愿意通过积极向公司反馈等方式进行处理，而是更倾向于依所谓“华尔街规则”行动——抛售股票、逃离公司。如此消极行为会导致股东大会地位下降，公司权力便会集中于董事会。在这个阶段，股份公司所有权与管理权分离的趋势愈加明显，所以创始人为了控制公司，不仅会从持有公司股份入手，还会通过控制董事会实现对公司的控制。

▶ 案例3【北汽福田：百家法人股东下的高效董事会】

北汽福田汽车股份有限公司（以下简称北汽福田）是中国品种全、规模大的商用车企业，旗下拥有欧曼、欧辉、欧马可、奥铃、拓陆者、萨瓦纳、时代、瑞沃等汽车产品品牌。北汽福田成立于1996年8月28日，1998年6月在上海证券交易所上市，现有资产600多亿元，员工近4万人，品牌价值达1808.36亿元，是中国汽车行业自主品牌和自主创新的中坚力量。

北汽福田与很多企业不一样的地方在于，其拥有百家法人股东，形成了资源的虹吸效应，帮助其解决了发展中所需的资金和技术问题。对于北汽福田来说，百家法人股东的优势在于形成了公司股权相对分散的治理架构。作为一家国有控股企业，北汽福田成立之初，其国有控股股东北汽集团的持股比例就少于50%，近年来已降到不足30%，其他股东的持股比例则均不到5%。北汽福田的中小战略股东虽然持股较少，但因委派了代表担任北汽福田董事会的成员，拥有一定的发言权，因而对大股东形成利益制衡，避免了“一股独大”现象的发生。

二、股权战略的内部需求

（一）控制权的加强

合适的股权设计，才能让公司实际控制人稳居宝座，保证公司决策者的指令有效地上传下达。经济全球化和贸易国际化使得国内外企业模式的发展逐渐趋同，在这个股权分散的时代，公司控制权的加强已经成为一种全球企业发展的共识。

随着大众创业、万众创新时代的来临，越来越多的有志者都投身于创办企业之中，各行各业的新创企业如雨后春笋般出现。对于企业而言，充足的资金以及新颖的商业模式是发展的关键要素，现金流压力会影响企业的发展。为了能解决现金流压力，更多的企业家将目光投向了代表分享与蓝图的股权，股权融资、股权激励在这个时代下开始蓬勃发展。

企业的发展与壮大离不开股权融资与股权激励的驱动，企业家开始在时代背景下充分利用手中的股权换取企业发展的核心要素，而在这个过程中，企业家需要在心中对有限的股权有着充分而翔实的战略性规划，以保证控制权的稳定。

（二）股权的消极控制和制约

公司制的不断完善，导致对公司治理规范化的要求越来越高。政府、外部的监管机构，还有通过融资进入公司的投资人，都对公司的规范化治理提出了新要求。但是，规范化的背后究竟是为了规范而规范，还是为了更好地推进公司发展而规范？我想这个答案众多创始人心中都十分明确。

在现实中，我们经常能够看到，一个初创企业的创始人就三位，却偏偏设置了董事会，而董事仍然是他们三人。如此设置，不禁令人费解，为何要如此设计呢？一问缘由，明白了：原来他们看其他股份公司都有董事会，觉得要民主决策，只设置一个执行董事不够规范。但是他们没有理解的是：股东会、董事会在公司治理过程中扮演的角色是不同的。董事是股东的代表，在股东遍布天南海北的时候，其代表股东落实股东会决议。像这种创始人亲身投入公司经营的情况，设置股东会只会进一步降低公司的决策效率，制约科技型公司的快速发展。

由此可见，虽然从表面上看，规范化的治理对于公司在市场经济中的发展是有利的；但从底层逻辑去探究，对一些科技公司程序上的治理要求往往会限制其决策的快速作出，从而错失了风口上的良机。无论是投资人还是创始人，他们的想法在某一个层面上都是一致的：为了公司快速发展，收获成果。一家科技型企业的种子轮、天使轮的投资人往往不会对公司治理提出过多的要求，也不会过度地参与公司的决策与经营，因为他们明白，此时的公司需要的是短平直的管理模式，只有让一个想法出现后尽快地落地，才能跑赢市场。他们会要求一家科技型企业有必备的组织架构、人才体系，比如股权激励的预留，正如唐·瓦伦丁为乔布斯寻觅到商业和营销的天才马库拉。但是这样的公司治理是不规范吗？其实不然，适合企业发展阶段的规范才叫规范，不适宜的叫冗杂。

一味地依照规范化治理体系，不从公司自身的特色出发进行股权设计，往往会成为束缚公司发展的“紧箍咒”。所以，明确公司的特色，从总体框架设计公司的股权战略，在最适宜的时间段用最适宜的治理模式方为上策，而这正是战略出现的背景。

（三）制约与激励机制的构建

企业的决策者并非全知全能，他们可能是拥有杰出能力的管理者，也可能是具有“金点子”的创新者，还可能是拥有某一领域专业技能的科学家。他们可以在企业的发展前期，一人、一团队支撑起整个公司的生存与发展。但是一旦核心竞争力形成，公司迅速发展，体量迅速膨胀，他们的短板就逐渐凸显。此时需要引入能弥补决策者自身短板的尖端人才，或者是市场营销人才，或者是职业经理人，抑或天才的研发团队。

但是，固定薪酬的雇佣制体系导致员工获得的利益有限，以高薪酬去绑定人才又会对企业的现金流造成极大的压力。人才激励机制的不完善对于公司和员工而言，从长期来看都是不利的，会导致一方发展受限，另一方动力不足。所以为了公司的良性发展，建立适合公司的激励机制是至关重要的，不同的人才激励机制或许会为企业带来截然不同的结果。

▶ 案例4【联想：职业经理人追逐短期利益，痛失手机市场】

联想的治理结构中有这么一条规矩，董事长和大股东无法干预职业经理人的决定。所以，在时任联想CEO的阿梅里奥因为手机业务持续下滑拖累财报，决定以1亿美元的价格出售手机业务时，创始人柳传志和杨元庆再不愿意也只能妥协。

后来，为了进军移动互联网市场和实现多元化布局，联想又以2亿美元回购了这部分业务。这一卖一买，不仅让联想亏损了1亿美元，更让联想手机错过了这两年的发展期。作为CEO的阿梅里奥因只关注眼前利益，无视无线互联网时代的到来，砍掉了具备战略意义的手机业务，使联想在无线互联网时代陷入被动，痛失手机市场。

▶ 案例5【特斯拉：股权激励助力马斯克腾飞】

马斯克在特斯拉的薪酬为零，但其与该公司签署了股权激励协议，约定若其到2028年帮助公司在扩大市值等方面取得重大业绩，可分12笔领取股权激励，总额超过500亿美元。这项股权激励的终极目标之一是，特斯拉市值达到6500亿美元。

2021年伊始，随着特斯拉股价持续上涨，马斯克个人净资产值达到1850亿美元，一度超越贝佐斯成为世界首富。结合马斯克与公司签订的股权激励协议中约定的考核条件，或许最终最大的赢家是特斯拉而非马斯克。

与前述控制权设计一样，为什么同为激励，不同的激励机制下，公司却能形成截然不同的发展方向呢？或许答案就是代表梦想、分享的股权背后神秘的吸引力。股权不是看得见摸得着的利益，而是一种对未来收益的提前承诺。股权能够将外部驱动转化为内生驱动，化被动为主动，实现激励与制约相平衡。

在时代发展的大背景之下，随着公司治理相关的法律法规越发完善，机构投资者参与公司治理的意识逐渐觉醒，中小投资人的权利意识逐步增强，这对企业家的战略思维提出更高的要求。企业家需要对企业发展有更为明确的定位方向、更为细致的股权设计、更为前沿的股权战略思维，将更多的目光投入控制权加强的制度设计中，提前设定好游戏规则，才能在各方投资者及合作伙伴之间游刃有余，在规则范围内保证企业稳步前行。

同时，为了避免过犹不及的消极控制以及完善制约与激励机制，股权战略思维显得越发重要。如何让企业依托自身的结构特色，打造符合企业的股权战略，更是成为如今企业发展的必要选择。那么如何打造出符合企业的股权战略呢？细读本书或许会给你一个答案。

第二节　数智时代下企业发展要素——融资、融智

资金的支持与智力的支撑在任何时代下都对企业发展有重要意义，在数智时代下对资金与智力要素的要求更提升了一个等级。而股权在融资、融智上相当具有优势，运用好股权战略，企业即可以最大化效率吸收、巩固企业发展的两大核心要素。特斯拉的例子便是很好的印证。

▶ **案例6【特斯拉：抓住时代风口，颠覆汽车领域】**

高居 Fast Company 榜单的著名车企——特斯拉，其销量与传统车企相比可谓是望尘莫及，丰田高居2021年全球汽车集团销售量榜单第一，紧随其后

的是大众、日产等老牌车企。

但是，反观全球车企市值排行，美国电动汽车公司特斯拉排名第一，市值为1.093万亿美元。丰田紧随其后排名第二，总市值为2623亿美元。第三名是大众汽车，总市值为1361亿美元。第四至十名分别为比亚迪、Rivian、奔驰母公司戴姆勒、通用、Lucid Motors、福特、长城等车企。[①] 我们会发现特斯拉可谓是车企中的苹果公司，通过不断地研发新技术，掀起了一波行业革命，让电动汽车替代燃油车走入了寻常百姓家，颠覆了传统车企的研发道路，虽然其销量仍比不过丰田、大众、通用等老牌车企，但是其强烈的创新属性却使特斯拉的市值高居榜首，抓住时代的风口运用股权战略使自己后来者居上，超越传统汽车行业巨头。

而在特斯拉的发展过程中，股权二字可谓贯穿始终，2020年年末，特斯拉在一份给监管机构的文件中宣布将再通过股权融资50亿美元，此次融资是特斯拉三个月内的第二次融资，也是年内第三次融资。仅2020年特斯拉累计募资达到123亿美元，而马斯克也伴随公司的不断升值依靠股权激励一跃成为“世界首富”。而马斯克也是早早布局其控制权，在特斯拉上市前的九轮融资中稳步提高自己的持股比例，每一轮融资都进一步稀释埃伯哈德和塔彭宁的股权。即使在今天，马斯克的股份仍然在通过他为自己设置的股权激励中不断增长，特斯拉与马斯克乘着汽车行业创新变革的浪潮，以股权战略为切入点，不断获得成就。

除特斯拉在新时代下运用股权战略一度超越老牌车企以外，我们提到企业家创业、企业发展，就绕不开全球的创业圣地——硅谷，而提到硅谷，就不得不提及“硅谷模式”。所谓“硅谷模式”，是保证该地区在生产力状况和市场机制的合力作用下产学结合不断创新的制度安排，这种安排合乎本地的

---

① 参见《最新全球车企市值排行榜，前十自主占两席》，载 https：//chejiahao. autohome. com. cn/info/9885368/，最后访问日期：2022年9月13日。

生产力状况和市场机制的状况①，融科学、技术、生产为一体，提高创新与产业化的速度和能力，研究机构、大学的技术研发和人才培养，与产业发展和企业需求紧密结合，形成了利益共同体。“硅谷模式”的关键词可以概括为风险投资、股份期权、股权激励等，形成智力和高技术高度密集、集新技术的发明家和企业家于一体、风险投资起巨大作用的综合效应。不善管理的生产知识的科技学者与精于企业管理的企业家合作，在同一企业内将技术成果转化为有市场竞争力的商品。上述每个环节、每一要素都需要资金支持，硅谷作为风险投资的热土，其投资者具有强大的经济实力，对创新创业具有浓厚兴趣，擅于评估企业未来发展价值。20 世纪 70 年代后，硅谷风险资本逐渐取代政府成为企业发展的主要资金来源。投资人对需要技术管控的企业运营极少过问，由公司核心决策者掌握核心控制权，自主决定企业发展。作为提供资金的主体，投资人只重结果，成则享千万回报，败则另寻下家。

“硅谷模式”被广泛采用，其实践成果也印证了“硅谷模式”的强大优势。北京中关村是中国第一个参考“硅谷模式”，尝试将高新技术进行产业化的试验地，此后武汉光谷等高新技术产业开发区纷纷出现，在政府政策的扶持下借鉴“硅谷模式”推动中国各行各业新兴企业的发展。而“硅谷模式”最核心的关键要点便是——融资、融智。

一、人才为本，助力产品研发——股权融智

人才是企业最重要的战略资源，是推动企业发展的力量之源，是企业其他资源充分利用的重要基础。

为了在行业中占有立足之地，创新是当今时代下企业的决胜法宝，以新产品、新技术为目标，而创新驱动的核心是人才驱动。故充分提升专业人才的工作积极性就是在牢牢抓住初创型企业生命线。能否运用多种手段、通过多样化渠道提升对企业发展具有突出贡献人才创造积极性关乎企业发展的

① 参见易蔚：《中关村“硅谷模式”的探索历程考察》，中国科学院 2006 年硕士学位论文。

前景。

如何吸引优质研发人才研发新产品？如何吸引具有创新能力的市场开拓者布局全新商业模式？如何激发创新主体的创新活力？如何找到值得占有一定股份的商业合伙人？如何凝聚合伙人共识，确保团队紧密凝聚在一起？都是初创型企业亟须解决的人才相关问题。因此，探索构建科学有效的人才激励机制、提升人才对企业的文化认同是重中之重，股权激励则是一个具有极高优势的方法。

从股权战略思维出发，运用股权激励绑定公司核心员工、引入公司所需战略型人才，绑定公司核心上下游企业，完善公司利益链条，将公司发展所需的核心团队进行深度绑定，以推进企业的稳步发展。

二、必备资金，融资不可或缺——股权融资

无论是何种领域的企业，资金的重要性都不言而喻。比如，在科技型企业中，资金主要集中于产品技术研发活动及科研人员的报酬分配。从产品技术研发活动来说，科技型企业新产品、新技术的研发，样品试制，中间试验，生产流程重组或改进，以及试销和宣传活动，每一环节都离不开雄厚的资金支持。而在连锁行业中，资金用途主要集中于快速打响市场，在一家经营店铺商业模式成功之后，以大量的资金迅速将商业模式复制，打响品牌，在不断开店扩张的过程中，资金决定企业能否抓住发展契机。除此之外，新消费、新经济领域的广告投入、传统技术的转型升级对于资金的依赖度都非常高。

企业资金的另一用途是为员工提供报酬，新时代企业拥有庞大基数的年轻人才，年轻人才拥有老一辈所不具备的创新能力，但他们也在完成人生中的原始积累，为巩固创新人才队伍，企业常常运用高待遇鼓励能跳出传统思维的年轻人才留在企业并进行持续创新。采用普通的现金形式给员工发工资对除小部分“现金牛”企业外的其他各领域企业来说压力较大。

因此，融资对于企业来说至关重要，但公司在快速发展过程中往往规模较小、抵御风险能力较弱，加之企业创新产出又主要为无形资产，缺少足够

的抵押资产，银行通常需要企业以有形资产为抵押才借出资金，初创企业在面临资金短缺困境时亦难以求助于传统的债权融资方式。但股权融资方式门槛较低，不需要抵押物和担保，也不用承担偿付资金和利息的现金流压力，为我国大多数企业所青睐。

三、股权战略助力企业腾飞

新时代下的企业意在跳出传统，取得创新，在商业模式被认证成功后，迅速发展一跃而起。虽然企业前期经营成本相对较高、经营风险较高，但是一旦新兴产品及商业模式符合市场发展趋势、迎合市场需求，加之不断创新、紧跟市场发展，企业便可以实现高速发展，尤其以连锁行业、新消费、新经济领域的初创企业最为显著。即便是新兴小企业，也有在短时间内迅速发展壮大成为具有广泛影响力的大企业的可能，基于其广泛影响力，企业盈利也呈正向增长之势，为投资者带来巨大回报。“忽如一夜春风来，千树万树梨花开”的景象在初创企业群体中并不罕见。而一般的企业收益主要取决于资本投入和人力投入，在正常的情况下只能获取行业的平均利润水平，其发展速度受整个行业环境以及经济环境制约，缺乏爆发性增长的可能性。

案例 7【喜茶：依赖融资一跃而起】

知名奶茶企业——喜茶创立于 2012 年，起初是一家门店在苦苦支撑，创业前四年的摸索期艰难度日，但于 2016 年注册喜茶商标，准备打响品牌影响力，此时其就已经吸引了 IDG 和何伯权超 1 亿元的融资，在该笔融资的助力下，2017 年喜茶迅速扩张，风靡网络，接连开启了上海、北京等中心城市的连锁分店，在商业模式创新成功的情况下，2018 年开拓海外市场，2020 年获得 Coatue、高领资本以估值 160 亿元领投的融资，2021 年喜茶门店已多达 688 家。连锁餐饮行业的初创企业发展就是如此，在充足的资金助推下，打造出一个全新餐饮 IP，短短几年，便已从一家奶茶店发展为全国领头的奶茶行业巨头企业，发展迅速。

▶ **案例8【腾讯：抓住机遇，腾讯股权价值激增】**

腾讯公司由50万元起家，最主要的资产是其5名具有不同方面技能特长的创始股东，其产品由通信软件到游戏软件，不断创新成长，如今市值远超万亿元，其成长性以及收益率远超各类传统企业。南非投资公司Naspers曾在其官方文件中骄傲宣称，从买入腾讯股份开始，其只拿分红，从未卖出一点腾讯股票。Naspers对腾讯的投资使其18年豪赚上万亿元，累计投资回报率更是超400倍，其在单一互联网投资项目所获回报仍是一个世界纪录，打败所有的专业股权投资机构。①

第三节　股权战略思维下的成败

“硅谷模式”切合初创型企业特点，具有强大生命力，我国越来越多企业在成长过程中向该模式靠拢，股权在其中发挥日渐重要的战略作用。因此，企业创始人需要充分认识股权、学习股权战略，成就企业、成就自我。

一、股权战略成就企业

合适的股权战略是企业发展的一把利器，有效的股权战略能极大地为企业发展提供推力，使企业发展实现飞跃。

▶ **案例9【小米：股权战略成就世界第三大手机品牌】**

小米公司正式成立于2010年4月，是一家以智能手机、智能硬件和IoT平台为核心的消费电子及智能制造公司。创业仅7年，小米的年收入就突破了千亿元，成为全球第三大手机品牌。2021年，小米成为世界500强企业，

---

① 参见《腾讯第一大股东IPO，人类历史“最伟大”一笔投资，回报超400倍》，载百度百家号“ipo观察”2019年9月18日，https：//baijiahao.baidu.com/s？id=1645010529799282943&wfr=spider&for=pc。

排名第338名，上升84位，成为连续3年上榜《财富》的世界500强企业。全方位的股权布局让小米获得了火箭式发展。

作为我国科技型企业的成功代表，小米所实施的股权战略富有前瞻性，通过把握企业控制权、利用股权激励与股权融资等手段，帮助企业平稳渡过一个又一个发展难关。结合澜亭股权研究院提出的“一体两翼宏观架构”的方法论进行分析，可以看出小米股权战略的科学所在。

1. 创始人牢握核心的权利——控制权

针对企业控制权这一核心，小米综合运用海外信托、AB股、持股平台等方式加以把控（见图1-1）。

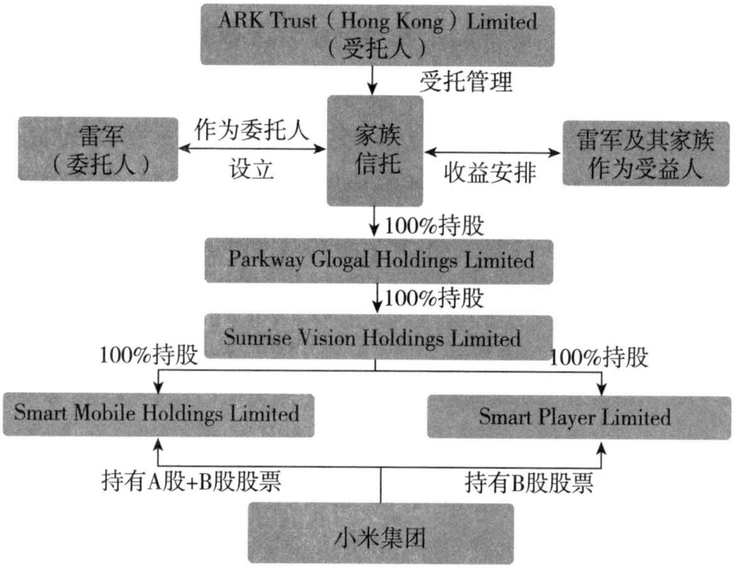

图1-1　小米集团控制权结构

首先，雷军采用海外信托降低家族带来的风险，他将自己的股权所有权转移至信托之下，由信托对股权进行管理与掌控，而雷军因其与信托之间的协议享有收益。家族信托在股权划分、锁定企业控制权层面颇具意义，信托方式的稳定性使企业控制权得以稳固，是治理结构的典型形式。信托持有股权有效保障了股权不因夫妻离婚或代际传承而发生变化，若雷军离婚或死亡，其亲属无法对信托下的股权主张权利。家族信托这一手段使小米股权结构变动性降低，有效降低了因雷军家族成员变动对股权造成的不利影响。

其次，雷军设置 AB 股，小米成为首家同股不同权上市架构的公司。AB 股是指虽然都作为股票，但是划分为不同小类。其权利具有差异，主要表现在投票权上，不同小类股票享有的投票权不同。以小米为例，A 类股份持有人每股投票权为 10 票，B 类股份持有人每股投票权为 1 票。其中，小米集团 A 类股份全部由创始人雷军和联合创始人林斌持有，雷军有 20.51% 的 A 类股份和 10.9% 的 B 类股份，两项相加共有 31.41% 的股份，55.7% 的投票权。另外，有部分股东委托雷军代为投票，雷军共控制小米 57.9% 的投票权。林斌有 11.46% 的 A 类股份和 1.87% 的 B 类股份，两项相加共有 13.33% 的股份，林斌共控制小米 30% 的投票权。小米的普通事项由半数以上表决权的股东同意通过，重大事项经 3/4 表决权的股东同意通过。雷军拥有 57.9% 的投票权，一个人可决定普通事项，一个人可否决重大事项。雷军和林斌共拥有 87.9% 的投票权，两人可决定重大事项。由于 A 类股份不因股权转让而转移，只有这两人有权享有，保证了公司重大决策权不流于他人之手。上市后雷军和林斌的股权比例有所稀释，但因发行新股比例较低且都是 B 股，对两人的投票权影响微弱。

最后，小米利用持股平台进一步巩固控制权。小米实施股权激励等会导致持股人数的增加，若上千位员工直接持股，会造成股东数量庞大乃至超过法律规定的上限，并极大降低公司决策效率。因此，设置持股平台是小米所考虑的必要措施。设置有限合伙企业持股是相对于自然人持股和有限公司持股更具优势的解法。员工通过持有有限合伙企业份额而间接持有小米公司股权，既享受了经济利益，又保障了公司决策的集中。持股平台的存在使股东人数得以有效扩充，企业创始人作为有限合伙企业的普通合伙人又能主导有限合伙企业对小米的决策等行为。再者，即便间接持股的股东发生变化，也能在持股平台内部变更，削弱了股东变动对小米公司的直接影响。同时，有限合伙企业这一持股平台的存在具有隔离风险的作用，通过如此多级股权架构显著降低了小米的控股成本。有限合伙企业的设置对小米把握控制权发挥了重要作用。

2. 共创共享绑定人才——股权激励

小米作为一个典型的科技型企业，对于人力资本的依赖尤为明显，因此，在员工的薪酬体系上小米设计了三种方案供员工选择，分别是100%的薪酬、70%的薪酬+30%期权以及基本生活费+高期权。

也就是说，在原有的工资体系上增加了期权这一薪酬类型，并且分为两个梯度，对于不同员工提供不同的方案，选择拿期权更多的员工，自然而然在更大程度上享受小米的发展红利，与企业发展同步，最终得到的个人收益也会更多。

小米作为中国人力资源资本化的样板企业，以股权激励为融资手段，借助“薪酬+股权”的方案，实现了企业与人才相互成就、相辅相成的双赢结果，值得广大企业借鉴。

3. 多轮次融资后，控制权仍牢握手心——股权融资

小米在创立时，借助股权融资高速发展，即便现在小米已经成为市值数千亿元的世界级企业，核心创始人仍牢牢掌握控制权并实现股权价值最大化。雷军创立小米时，作为大股东持股77.8%。在创建一个月后，小米完成了首轮融资，估值2500万美元、融资1000万美元；短短半年后融资3100万美元、估值2.5亿美元；第二年融资约5亿美元、估值10亿美元。经历六轮融资直到在中国香港地区上市，雷军依然持有31.41%的股份，是公司的实际控制人。正是小米科学的股权架构使雷军在持续、巨额的融资中仍然掌握控制权，持股比例大幅稀释并未造成雷军为他人作嫁衣的场面。

▶ 案例10【华为：人力资本的股权化样板】

华为作为中国科技型企业的领军者，在全球范围内拥有广泛影响力，这家业务遍布全球170多个国家的成熟科技型企业在股权战略上尤其是员工持股计划布局上拥有值得借鉴的丰富经验。2021年，华为核心的通信业务在面

临众多挑战和困难之下，依然保持住了全球第一的地位。全球知名通信领域研究企业 Dell'Oro Group 统计数据显示，华为在 2021 年以 28% 的市场份额遥遥领先爱立信、诺基亚、思科、三星等强大的竞争对手。华为从创始之日起就重视对员工利益的分配，留住人才才有无限发展的可能。可以说，华为在早期实行的员工持股计划促使其迅速发展壮大，若没有根据情势选择股权战略，则必然没有现在的繁荣。纵观华为的员工激励史，可以将其划分为五个阶段（见图 1-2）。

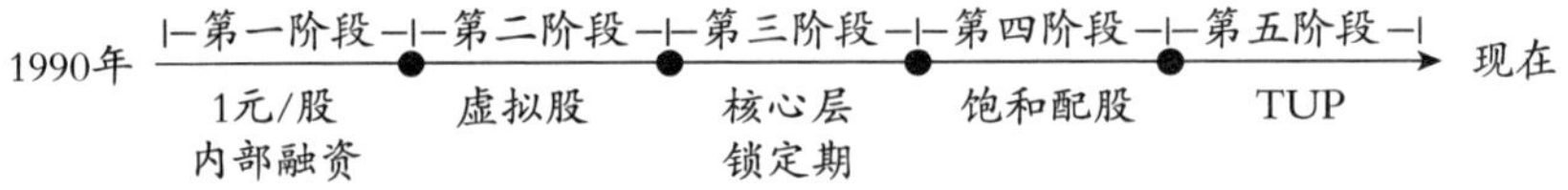

图 1-2　华为员工激励史

华为的员工持股计划要追溯到 1990 年，在第一阶段，华为公司初创，面临资金紧张、发不出工资的窘境，华为采取了早期的员工持股计划。当时每个持股员工以现金认购实股，手中都有华为所发的股权证书，并盖有华为资金计划部的红色印章。1993 年起，华为以 1 元/股的价格向内部员工授予股权，此次华为推行内部股的效果相当明显，员工保持高度热情参与激励，将自己的职业与公司发展牢牢联系在一起，华为的发展势头明显显露。在该阶段华为实行股权激励的核心目的是，通过内部融资于公司市场价值不显时以内部融资帮助企业度过初创时的难关。

在第二阶段，正处于 2000 年网络经济泡沫时期，华为第二次实施了股权激励，和第一次不同的是，这次提出了虚拟股的方案。华为于 2001 年决定不再派发长期不变 1 元/股的股权，并将老员工的股权逐步转化为虚拟股。虚拟股就是员工可以出钱入公司股，签订合同后，钱交给公司保管，没有副本，没有持股凭证。只有一个内部账号，可以查看自己的持股数量。虚拟股没有实际股权，只有分红和增值的权利，这维护了控制者对企业的管理。同时，从固定股票分红向虚拟股、受限股的转变，也是华为激励机制更有针对性导向的表现。此时华为从第一阶段的实股激励逐步演变为虚拟股激励的核心作用就是保证华为控制权的稳定，让华为可以在创始人的领导下逐步迈向正轨，以避免股权纠纷导致公司控制权不稳的风险。

在第三阶段，华为又遭受“非典”的重创，2003 年配股方式具有三个特征：一是配股额度大；二是兑现方式的不同；三是股权向核心层倾斜，骨干员工获得配股额度大大超过普通员工。在兑现方式上，这次配股规定了三年锁定期，即三年内不允许兑现，若员工在三年之内离开，则所配股票无效。[①]锁定期的规定提高了员工黏性，有效打消了员工因为消极的社会环境而冲动离职的想法，对核心层的侧重更留住了具有核心技术等优势的骨干成员，这保证了华为团队重要人才结构的完整性，使华为能够继续顺利开展研发创新工作。我们会发现，在这个阶段，华为激励对象有明显的变化，并增加了锁定期的安排，体现出华为此时已经认识到了核心骨干、尖端人才对企业发展的重要性，用股权激励铸造“金手铐”绑定和吸引人才成为华为此刻的主要目的。

在第四阶段，2008 年经济危机席卷全球，为了应对经济震荡，华为实施饱和配股激励措施，在本次股权激励中，几乎涵盖所有工龄一年以上的员工。同时，不同工作级别的员工持股量不同，均设置了持股上限。华为的老员工在此工作多年，其持股比例大多已经达到上限值，故没有参与本次配股。在经济危机的特别时期，人才流失很大程度上是因为员工预期企业未来没有发展优势，于是“跳槽”，对员工进行股权激励，增强了员工的责任感和主人翁意识，极大减少了华为员工流失率。股权激励与未来盈利水平关系密切，因此公司和员工更有决心共同努力创造“赢面”。

在第五阶段，华为提出了“TUP”。“TUP”全称为“时间单元计划”（Time Unit Plan），这是华为从国外引进的一种模式，可以理解为奖励期权

---

① 参见谢琳、余晓明、米建华：《危机下的股权激励——以华为公司为例》，载《中国人力资源开发》2009 年第 6 期。

计划。[①] TUP 出台的背景是股票价格逐渐升高，新配虚拟股权时员工获取成本增加，激励效果下降。华为实施 TUP 有一个很重要的潜在原因——解决外籍员工长期激励问题。由于华为是一家非上市公司，此前设立的虚拟受限股在操作上仅能满足中国籍员工的激励需求，随着华为日渐走向世界舞台，外籍员工的比例日益增加，全球化的华为必须重视外籍员工的长期激励问题，因此，华为引进国外的奖励期权计划来解决外籍员工的激励问题。股权激励的模式多种多样，不同模式下的股权激励解决的公司不同阶段面临的问题，华为成为人力资本化的样本核心原因就是其能够依据公司不同时期面临的亟须解决的问题时，能够及时、大胆地更新自身的股权激励模式，以实现不同的目的。

直到今天，华为已形成全员持股的鲜明特色。股权激励将人力资本与公司发展状况锁定，营造良好的企业文化氛围，增强企业发展动力。与华为数十年来的高速发展路程相呼应，员工股权激励计划正是《华为基本法》所言“结成公司与员工的利益与命运共同体”的微观切入点。华为凭借极富新意的股权激励计划吸引并留住了大量专业人才，促使其迅速成长为全球领先企业。

▶ 案例 11【阿里巴巴：“三会一层”的公司治理设计天花板】

阿里巴巴作为科技型企业巨头，在把握公司控制权上颇有话语权。阿里巴巴特色的公司治理体系设计对其发展具有重要意义，其合伙人制度更是被称为公司治理体系设计的典范。笔者将从阿里巴巴“三会一层”制度设计展开，对阿里巴巴的控制权设计进行细致剖析。

1. 股东会

在现代公司制体系的多数决形式下，拥有较高比例的股权意味着拥有对

---

① 参见何欣：《组织激活的七大引擎与留人的奥秘（中）》，载参考网，http：//www.fx361.com/page/2021/0617/8472605.shtml。

公司发展事项更大的决定权。一般来说，股权比例很大程度上决定了话语权的轻重。然而，通过秉持股权战略的思维，以公司控制权设计为主体，可以达到“减股权而不减话语权”的效果，阿里巴巴正是采用公司治理体系规则设计的策略实现此目的的。

2014 年在美国上市前，阿里巴巴的持股情况为，软银持股 34.4%、雅虎持股 22.6%、马云持股 8.9%。马云、蔡崇信与软银、雅虎达成了表决权代理协议：软银将超出 30% 的股票投票权转交马云、蔡崇信代理，而在 30% 权限内的投票权将支持阿里合伙人提名的董事候选人。同时，雅虎同意将至多占阿里巴巴总股本 4.85% 的投票权交由马云、蔡崇信代理。这样，雅虎与软银在阿里巴巴董事会上的投票权降低至 50% 以下，阿里巴巴管理层对公司失控的隐患就消除了。

2. 董事会

公司董事会中心主义下的一切权力都应由董事会行使或由董事会授权行使，公司的业务事宜亦应在董事会的领导下进行。董事会有权决定公司的方针、政策，并有权选派负责人管理公司。① 从形式上看，多数的上市公司都会选择实行董事会中心主义。上市公司实行董事会中心主义是与其分散的股权结构高度相关的。董事是股东的代表。由于分散的股东在实际上不能实现对公司的控制及对经营者的监督，股东将公司的控制决策权及对经营者的监督权委托给董事会行使。

因此，董事会作为负责具体经营管理的组织，控制董事会就是控制经营权。而控制董事会最有效的方式是取得董事的提名权、任命权。在董事会上，合伙人制度优势尽数体现。阿里巴巴公司章程规定，以马云为首的合伙人团队拥有对董事会的特别提名权。招股书中特别提到：“依据公司章程，阿里巴巴集团上市后，阿里巴巴合伙人有权提名阿里巴巴过半数董事，提名董事需经股东会投票过半数支持方可生效。”而在阿里巴巴上市之前，其董事会成

① 参见许光建主编：《工商行政管理概论》，中国人民大学出版社 1996 年版。

员为9人，其中有4人是合伙人提名；但是，在上市成功后，阿里巴巴合伙人可以再提名2人，届时董事会共有11名董事，而合伙人提名人选占据6席，已过董事会总人数的半数。包括马云在内的合伙人便是通过这样的程序实际控制了公司半数以上的董事，进而实现通过董事会管理公司。

董事会是公司的执行者，在阿里巴巴的内部，董事会拥有极高的权力，结合前述股东会投票比例可知，合伙人所提名的董事基本不会被否决。再者，马云和蔡崇信作为永久合伙人，其地位永不会被撼动，一直享有董事提名权。不仅如此，合伙人制度在保证合伙人控制权上可谓万无一失，因为，即使阿里巴巴合伙人提名的候选人没有被股东选中作为董事，或选中后因任何原因离开董事会，那么阿里巴巴合伙人有权指定临时过渡董事填补空缺，直到下届年度股东大会召开。而且，在任何时间，不论任何原因，当董事会成员人数少于阿里巴巴合伙人所提名的简单多数时，阿里巴巴合伙人都有权指定不足数量的董事会成员，以保证董事会成员中简单多数是由合伙人提名。

同时，马云对合伙人入伙退伙做了严格限制，以确保合伙人与自己目标一致，在入伙程序上，需要经过合伙人向合伙人委员会提名、75%以上的合伙人投票通过，层层严格筛选。在退出上，合伙人要在60岁时退休或在离开阿里巴巴时退出合伙人。

综合前文所述的股东会表决权安排，并结合阿里巴巴独有的合伙人制度，保证了合伙人制度的持续存在。为了保证合伙人权力长久有效，阿里巴巴还规定，如果要对章程中关于合伙人提名权和相关条款进行修改，必须在股东大会上得到95%的到场股东或委托投票股东的同意，这就意味着，如果没有事先得到马云的首肯，合伙人的特权坚如磐石，难以被打破（见图1-3）。

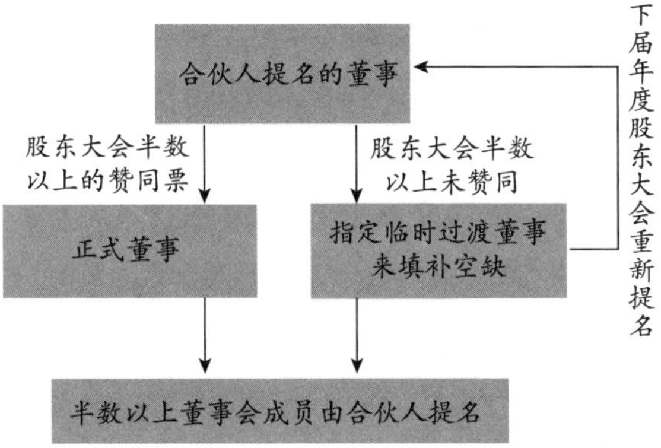

图1－3　合伙人“董事提名权”坚如磐石

注：如果要修改章程中关于合伙人提名权和相关条款，必须要在股东大会上得到95%的到场股东或者委托投票股东的同意，而永久合伙人马云、蔡崇信分别持有阿里8.9%、3.6%的股份，高于5%的股份。

3. 监事会

阿里巴巴虽然也设立了监事会，但监事会的法定职权主要是监督董事会和公司高管，上述合伙人团队有足够的权力绕过监事会完成一些决策。在没有重大违法违规的情形下，监事会对股东会和董事会的决策并不能产生经常性、实质性的影响。

4. 管理层

在阿里巴巴的合伙人中，有相当一部分来自阿里巴巴的管理层。这表明，阿里巴巴管理层对股东会乃至董事会、合伙人团队的决策具有高度认同性，极少出现管理层对上述决策不满或执行不到位的情况。让管理层可以明确地了解自身在公司中的上升途径，使管理层从外部需要接受公司董事会的工作安排，也让其内心愿意认同公司董事会的工作安排。

股东会、董事会、监事会、管理层与合伙人团队的有效结合与想法的一致使阿里巴巴上下一体，凝成同一股力量推动企业的进步。

二、股权战略缺位下的失败苦果

股权战略不仅适用于股权较少的情形，即便掌握较多份额股权，若忽视股权战略仍可能导致拥有股权数量优势却无法掌握控制权的情形，雷士照明就是很好的例子。

▶ 案例12【雷士照明：平均三分，多轮融资却毫无战略设计下的败笔】

不合理的股权配置、不加防范的股权融资一步步蚕食雷士照明，对股权战略的轻视与无知正是雷士照明深陷企业控制权之争的根源所在。雷士照明的创始人吴长江因忽视股权结构的重要性吃了不少苦头，当他真正意识到股权战略的重要性时，曾说到："三角形的股权关系是危险的，是企业治理结构中最不可取的。任何两边都可以大于第三边，如果创始人不集权，公司随时处于不稳定当中，损害的自然是企业和员工的利益。"

1998年年底，吴长江出资45万元，他的另外两位同学杜刚与胡永宏各出资27.5万元，以100万元的注册资本在惠州创办了雷士照明。从股权结构看，吴长江占比45%，是第一大股东，而相对两位同学的合计持股，他又是小股东。通过协商，雷士照明进行了第一次股份制改造，改造的结果是吴长江持股33.4%，另外两个股东，每人持股33.3%。这是雷士照明误入歧途的第一步，随着企业做大，股东之间的分歧也变大，2005年吴长江主导雷士照明进行渠道变革，3位股东矛盾全面爆发，其他两位股东激烈反对吴长江的改革方案。在董事会上，两位同学同时反对吴长江的做法，吴长江被雷士照明罢免董事长兼CEO的职务，他的全部股权被迫让出，携8000万元出走，失去控制权。

导致创始人吴长江如此落幕的直接原因就是这第一步平分股权，吴长江对公司不具有强有力的控制权，创业之初创始人作为"领头羊"对公司没有最为有效和直接的控制权的情况下，很容易在面临公司变革的关键节点被意见不合的其他股东联合驱逐。而笔者建议最合理的方式是，3个以上股东，其中有1个大股东，掌握50%以上股权。雷士照明不是唯一入此歧途的企业，中国实践中企业家常常采用均分股权的方式，其实容易产生诸多纠纷，运用一致人协议等手段时也要注意某人拥有的优势地位。事业要发展下去，创业成员需要在股权设置上考虑合理的份额，特别是要有一个核心控股方，有大股东和一些小股东。股权分散就会产生内部的股权斗争，所以，创业者需要保持警惕，不因兄弟情义而让股权过于分散。

戏剧性的是，3天后全体经销商要求吴长江重掌企业，经过投票，其余两位股东被迫各拿8000万元离开，此时，吴长江持股雷士照明100%。吴长江重新拥有了设计股权、稳固企业的机会，这一次，他仍然没有利用机会开创良好的局面。

为了支付两位创始人1.6亿元现金和扩张企业，吴长江大幅引入融资，稀释自己的股权。2006~2011年，他先后引入高盛、软银赛富和施耐德的注资。2006年，赛富亚洲投资雷士照明2200万美元，持股35.71%，接近吴长江的41.8%。此后，赛富亚洲几次投资雷士照明，经过几轮融资与稀释后，2008年总持股比例达到了30.73%，超过持股29.33%的创始人吴长江，成为公司第一大股东。2011年，雷士照明引进了投资机构施耐德电气，施耐德电气持股9.2%，成为第三大股东。同年年底，赛富亚洲、吴长江、施耐德电气和高盛分别约持股18.3%、15.9%、9.1%和5.6%。仅占15.9%股权的吴长江此时对雷士照明已经没有了控制力。2012年5月，吴长江与资本方赛富亚洲阎焱闹翻，被迫离开雷士照明董事会。

这个阶段，吴长江的失误不再是股权分配的问题，而是股权融资过程中其全然忽略了控制权的设计。股权融资是每个企业发展过程中的必经之路，对于投资人而言，其注重的是最终的投资回报，其对公司所属的专业领域仅仅是一知半解，远远不如创始人对公司发展规划得深远。因此，在股权融资过程中，关键点在于让利不让权，而吴长江则是简单粗暴地将股权稀释，让利又让权，让财务投资人享有公司部分的控制权对于公司发展而言是没有多大意义的，反而是埋下祸根，不出所料，吴长江的第二次折戟就折于此处。

吴长江尚未意识到股权设计的作用，单纯持有比例极小的股权而不加以制度辅助，使吴长江对雷士照明毫无控制权可言。

这一次，吴长江得到经销商和德豪润达董事长王冬雷的帮助，再度回归。2012年年底吴长江将手中约11.8%的雷士照明股权转让给德豪润达，保留6.79%的股权。德豪则将合计持有雷士照明20.05%的股权，成为雷士照明的第一大股东，合计斥资16.54亿港元，阎焱为首的赛富亚洲及施耐德电气则分别为雷士照明第二及第三大股东，持股18.48%和9.21%。好景不长，2014年4月，吴长江向德豪润达转让2.15亿股股份，约占集团已发行股本的6.86%。股份转让完成后，吴长江仅持有雷士照明7930.9万股，占总股本的2.54%，而德豪润达持有雷士照明8.48亿股股份，占有27.1%的股权，为雷士照明最大单一股东。第三次股权争夺又展开了，2014年8月8日，雷士照明董事会电话会议上，吴长江被免去执行董事、CEO职务，其第三次被迫离开雷士照明董事会。正是由于股权的一步步转让，吴长江在雷士照明的控制权一步步瓦解。

吴长江的“三进三出”闹剧对企业控制权具有典型意义，归根到底，吴长江失去控制权主要归因于两点：第一，股权架构不合理；第二，在多次融资过程中过分稀释股权。吴长江的失败可以为科技型企业创始人带来诸多启示，科学家、企业家等创始人必须将股权抬高到战略高度，重视股权各项规则制度，股权分配更是重中之重。企业创立之初，创始人就应当做好股权顶层设计，以防日后融资过程中不慎丧失控制权。①

股权设计是科技型企业治理中的重要一环，通过上述分析可以看出股权战略的重要意义，积极采取股权战略、谨慎对待股权战略，以股权战略构建发展蓝图，是推动科技型企业向好发展的重要途径。设计好股权架构有助于企业治理、促使科技型企业朝理想规划进行发展，也有利于帮助科技型企业

① 参见陆佳、周峰编著：《从零开始学炒新三板》，清华大学出版社2017年版。

实现转型，在人才方面，有利于凝聚员工共识，提高员工工作积极性，使企业运转效率得到提升。股权战略中的股权融资亦能开辟新的融资局面，缓解科技型企业资金流压力，帮助资本运作，为企业上市助力。实施科学的股权战略既能保证合伙人的收益又能保护创始人的利益，促使企业在股权比例不断改变的情况下仍然把握企业控制权的核心，做大蛋糕，也不会将蛋糕拱手让人。从萌芽到传承，科技型企业的各个阶段都与股权息息相关，股权贯穿企业整个生命过程，起骨架作用，社会经济发展到现在，把股权提高到战略层面去看待，是迎合发展趋势的必要思想方式。

▶ 第二章 ◀

股权战略方法论

股权战略对当今企业如此重要，那么，作为决策者，该如何建立满足企业发展需求的股权战略思维呢？如何让股权战略助力企业腾飞？股权战略思维又该以何种形式具体落地？

第一节　一体两翼宏观架构

合伙开公司，个人价值如何评估，每个人分多少股合适？心仪的投资人要求股权比例较多时，是无奈放弃还是咬牙接受？好兄弟说好一起打天下，但是为何创业未半就闹着要分家？辛辛苦苦创立的企业，为何做着做着控制权就旁落别家？

在结合团队多年的实践经验基础上，笔者总结提炼出“一体两翼宏观架构”体系（见图2－1），形成了在股权战略方面的独特的方法论。

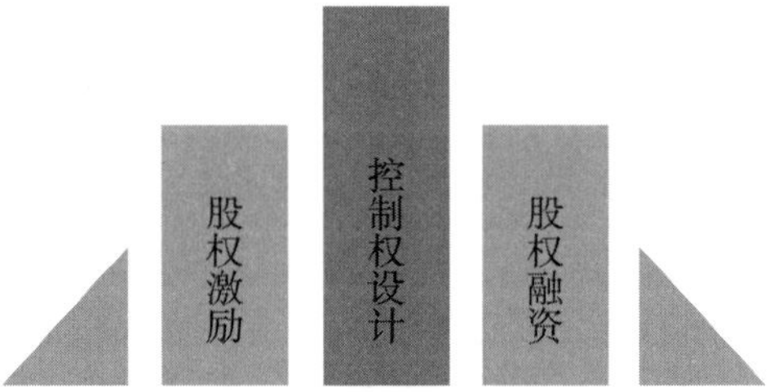

图2－1　“一体两翼宏观架构”体系

首先，在制定股权战略的时候，我们要紧扣核心主体——控制权，控制权是公司治理理论的核心问题。从股权数量上看，控制权的概念可以简化为股权数量的多少，股东对公司持有多少的股权对应股东对公司控制权的大小。公司的决策者大多明白股权数量的重要性，但是，在实际创业中碍于各种因素，原来的核心大股东会面临稀释股权激励人才、吸纳融资、笼络资源等各种问题，种种的实际因素会导致决策者所不愿看到的持股比例逐渐形成。针对此种困境，笔者总结了控制权设计“三层次”。

其次，控制权设计是股权战略中的核心，但是股权战略不只是控制权。股权战略包含助力企业腾飞的两翼——股权融资与股权激励，这是对股权价值的剖析和利用。

企业往往会面临这样的一个困境：缺人需要高薪挖人，而高薪挖人的同时却为企业带来了严重的现金流压力。就这样股权激励和股权融资就逐渐走进了决策者的视野。但是，股权激励与股权融资不可避免地就会面对原股东股权被稀释的问题，如果我们没有将这“两翼”作为初创型企业制定的股权战略中考虑的问题，那么股权的稀释或许会使公司流落旁人。因此，我们回到股权战略的“一体”——控制权。

对于决策者而言，企业是一项事业而非简单的一个赚钱工具，是将单独个体的才学、长年所积累的资源转化为商业落地项目，并不断呈现出来的持续性反馈成果。企业对于决策者乃至创始人而言，正如孩子对父母，父母希望孩子最终实现自身价值，而不是培养孩子后向孩子索取。因此，不同于其他投资人或者员工希望通过经营公司获取经济收益，核心决策者最大的追求是把握公司控制权、助力公司在一个预设好的前景中实现价值。因此，囿于企业的发展要素——人才与资金，决策者探索出股权激励与股权融资！

将股权激励与股权融资纳入整体股权战略中，预留股权池、预设企业未来融资稀释的股权数量，使决策者在企业发展的每一步都能够胸有成竹，最终形成让利不让权的股权激励与股权融资模式，保证在解决企业所面临的困境之时又保障自身对企业发展的掌控，美国世达律师所创始人约瑟夫·弗洛姆说："如果有一项权利企业家非争不可的话，我想只能是公司控制权了！"这就是本书所介绍的股权战略方法论的价值。

企业在发展过程中必然面对股权融资和股权激励，创业早期决策者作为创始人或 CEO 等可能会把控公司大部分的股权，而此时，即便企业内部并没有很完善的控制权设计机制，持有大部分股权的决策者天然地就对公司具有强有力的控制权，但是决策者为了公司的发展，将代表收益的股权作为对价换来了公司发展的机遇，经过逐步的股权融资和股权稀释后，公司的控制权也随之被稀释，为未来自己被扫地出门埋下了导火索。

在前文所述的苹果公司案例中，我们不难发现，乔布斯在设计股权时犯下了两个错误。一是平分股权，三名创始人持股比例平均分配，从而导致一旦创始人团队发生内斗，任何一人都无法制约其他人，遑论保护自己的权益了。二是在授予技术人员股权及股权融资时，有股权战略的意识：以控制权为核心，展开激励与融资。他在稀释股权的同时更是将控制权一并稀释，导致其最后在面对马库拉联合一众公司投资人股东作出对自身不利的决议时毫无还手之力。

而反观 Facebook，在初创时，三个创始人的股权中，扎克伯格就以 65% 的股权绝对控股公司。

谷歌则与苹果公司一样，创始人几乎平分股权，不同的是，谷歌在进行股权融资时设立了同股不同权制度，以 A、B、C 三类股票使投票权大部分掌握在两位核心决策者布林和佩奇手中，牢牢把握谷歌的控制权。

第二节　股权设计三步法

在讨论控制权、股权融资、股权激励之前，我们要对股权的顶层设计有一个宏观的认知，如果我们对股权没有一个充分的认知，盲目迷恋于市场对股权的吹捧，我们将无法充分实现股权的价值，股权不仅仅是未来财富的收益权，还代表一家企业背后的根本权利，更是一种责任。

如今，股权价值的更加显现，使越来越多的富有前景的企业发现了自身天然拥有的宝贵金山——股权。对人才的激励不再限于奖金的发放、对企业的发展不再限于借贷，股权激励、股权融资等方式兴起兴盛，更是催化出股权众筹等新的金融形势。

越来越多的人获得公司的股权，而在他们持有公司股权、面对这份代表公司未来走向发展的责任，我们需要做好的就是设计好我们的股权架构顶层设计，包括我们的股权比例、调整方式、退出机制等。

而在股权设计的过程中，我们需要通过明晰公司性质设计股权，笔者总结了股权设计三步法：首先，确定创始人模型，明确在不同团队类型下的股权分配方式；其次，确定公司发展的驱动类型，明确不同发展要素对公司的重要性；最后，确定持股模式。

而在确定股权分配前，我们需要先行一步确定公司的股权架构，是采用同股同权的模式还是进行同股不同权的设计，常见的股权架构有如下三种：

1. 一元股权架构

一元股权架构主要指的是将股权比例与股权背后所代表的投票权、分红权等一体化，在此种架构下，简单地依据股权比例即可确定全体股东对公司享有的权、责、利，因此在应用过程中，由于每个股东可以依据其实际持有的股权对公司直接地行使权利，所以很容易导致公司决策难以作出的情况，在实际应用中，即表现为本书所属的控制权设计第一层次——股权数量层次。

2. 二元股权架构

二元股权架构主要指的是将股权比例与投票权、分红权等权利进行剥离，通过制度化的安排使不同股东的股权所对应的其他权利比例不等，即本书在第四章所述的 AB 股制度，搭建二元股权架构，但需要注意的是二元股权架构的意思并非仅能安排两种股权同股不同权，在前文已经对比了 AB 股制度在中国内地、中国香港地区及美国的规定区别，在 AB 股先行地域，已经充分放开了同股不同权机制，可以将股东分为二类、三类，设计 AB 股、ABC

股制度甚至更多。

二元股权架构早在100多年前就已经在美国产生，并蛰伏了近一个世纪后重新盛行，其最大的原因就是上市公司股权比例十分分散，创始人为了阻止外部投资人恶意收购公司，导致自己丧失对企业的控制权，从而将目光转移到了二元股权架构。从2015年开始，我国上市公司第一大股东的平均持股比例也逐渐低于33.4%这一一票否决权的比例，我国资本市场也迈入了股权分散时代。所以，近20年来，包括美国谷歌和中国的百度、小米等都逐步采用了二元股权架构，以此来保证公司控制权稳定。二元股权架构的盛行进一步区分了所有权及经营权，财务投资人投资公司关注的重点是最终公司的增值收益，而决策者才更为明确自己一路走来的公司的发展模式和发展规划，将企业交由企业本身的决策者，或许对于投资人来说才是最好的结果。

二元股权架构进一步将创始人与投资人进行区分，成就二者的专业深化分工，也实现了管理经营效率的纵深提升。

3. "4×4"股权架构

"4×4"股权架构主要是在二元股权架构基础上将公司股东分成四种类型，分别为投资人、联合合伙人、创始人和员工，并依据不同人员对公司的贡献以及其提供的资源对公司发展的重要性，对前述人员进行整体性安排，让公司的战略目标得到提前完成，其适用于一些新型的初创型企业。

"4×4"股权架构的设计需要的就是决策者对公司全盘股权战略具有清晰的规划和认知，以控制权为主体，将核心团队股权分配、结构搭建与股权融资和股权激励相结合，这正是本书的要点和价值。

了解股权架构基础理论后，要落实到实践层面，需要掌握科学的逻辑顺序，笔者将这一过程划分为三步。

一、第一步——确定创始团队分配模型

每个公司创立之初都有自己的创始团队，而创始团队往往就是公司的核心决策者。核心决策者是公司的支柱，而股权对于决策者来说责任的属性更

加凸显，这份责任是甘于清贫而把公司带向成功的责任，在公司成功之前，创始人持有的股权价值是相对较低的，因此创始人的股权安排就显得尤为重要，如何规避创始人的创业风险，如何保障创始人脚踏实地地与公司共同成长，这些都是创始人在顶层设计之中需要考虑的重要因素。

（一）确定创始人模型

创始人作为创始团队的支柱和核心角色，应当得到优先考虑，因此我们首先要确定创始人模型。创始人模型可以分为三大类：一人型创始团队、二人型创始团队和多人型创始团队。

1. 一人型创始团队

"真理往往掌握在少数人手中"，创业也是如此，很多人会在某一刻灵光一现，一个未来的商业帝国规划就此产生，之后便开始着手打造，对这类企业主而言，没有背景，自己就是背景，暂时没有团队，自己就是公司的核心团队。

对于企业的创始人而言，因为公司创始团队仅有他一人，所以对他的要求会更高，需要有全盘的人才引进计划以及公司发展规划。很多创始人在企业成立之初会陷入一个误区：我就一个人，我一个人做股东就可以了。殊不知这个时候如果就这么简单地成立了一人有限公司，法律风险也就随之而来了。

一人公司有两个基本的法律特征，一是股东人数的唯一性，二是股东责任的有限性。股东人数的唯一性是指一人公司由一个股东设立。股东责任的有限性是指一人公司股东在财产未混同的情况下仍然是以其认缴的出资额为限对公司承担责任，公司以其全部财产对公司的债务承担责任。

创始人为一人时，很容易出现一个问题，就是创始人容易将公司当成自己的，我国《公司法》第 62 条规定："一人有限责任公司应当在每一会计年度终了时编制财务会计报告，并经会计师事务所审计。"这意味着，在更为规范的公司治理要求下，一人有限责任公司的合规要求更高，那与之相对应的法律风险也会有所提升，在很多企业主不知一人有限责任公司的情况下，如果合规没有达到法律要求，出现财务混同的情况，创始人对公司债务的有限责任将直接转变成无限责任，而是否出现财务混同的证明责任在诉讼中更是被归于公司一方，即在面临风险之时，创始人需要做的就是“自证清白”。

虽然一人有限公司有前述的法律风险，但是股东的唯一性决定了一人公司治理的高效率。《公司法》第61条明确规定，一人公司不设股东会，股东在作出公司经营方针和投资计划、选举和更换董事或监事等决定，审议批准公司的年度财务预算方案、决算方案，对公司增加或减少注册资本作出决定等重大事项时，只需由股东书面决定并签名后备置于公司即可。因此，一人公司最大的优势在于公司内部股东结构简单，创始人可以完全控制公司，并依据创始人自身的专业知识及行业敏感度及时、有效地作出经营决策以应对市场变化，提高企业的竞争力。而对于初创型公司来说，这意味着创始人可以将更多的时间投入开发专业项目、提升企业核心竞争力中，而不是消耗在公司不断的决策和内耗中。

当然，一人之力终归是绵薄的，企业的发展永远不是靠创始人一个人，因此就对同时作为决策者的创始人提出了全新的要求：其需要有全面的战略思维，为企业融资、融智，以股权战略为核心推动公司发展。

我们建议决策者可以预留出部分股权，无论是通过建立持股平台，还是通过创始人代持的方式，去吸引投资人和优秀人才，搭建企业融资平台及融智平台。决策者并未明晰股权的价值，一味地追求创始人百分之百控股，在这个时代显然是行不通的。但是，让利并不是让权，成就梦想并不是将梦想拱手让人，股权数量层面被授予出去后，更是要求决策者进一步迈入控制权设计三层次中的制度层次及企业治理层次。请铭记世达律师事务所决策者的那句警世之言：如果有一项权利企业家非争不可的话，我想只能是公司控制权了。

案例13【宁德时代、瑞浦能源：新能源企业的股权激励】

（1）宁德时代——万亿市值下的股权激励

①实际控制人：曾毓群间接持股13.497%（24.54%×55%=13.497%）；

②职业经理人：李平持股 4.8201%；

③市值：1.22 万亿元；

④激励方案：股权激励总量占公司总股份 0.2216%。

而在股权释放出去后，宁德时代创始人曾毓群就进一步通过宁波梅山保税港区瑞庭投资有限公司持有公司 24.54% 股份，仍为公司实际控制人（详见图 2-2）。

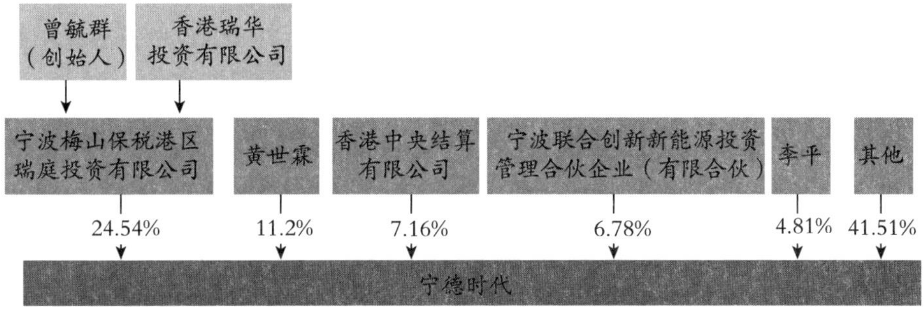

图 2-2　宁德时代股权结构

一个公司如果想要最终上市，一定是经过了多轮融资，科技型企业往往如小米、美团一般，更是经历了五轮、七轮的融资，在不断融资和股权释放的过程中，创始人的股权已经不多，与此同时，因为科技型企业对人才的要求一样之高，我们就会发现新能源上市的科技型企业的股权架构中一定少不了有限合伙企业作为持股平台，通过制度化的设计保障自己的控制权。

（2）瑞浦能源——间接持股下保证公司控制权

①实际控制人：项光达，通过对永青科技股份有限公司间接持股实现绝对控股。

②职业经理人：曹辉，通过有限合伙平台间接持股 0.98%。

而在股权释放出去后，瑞浦能源创始人、公司决策者项光达就通过股权设计层层持股从而实现对上市主体的绝对控制权（如图 2-3 所示）。

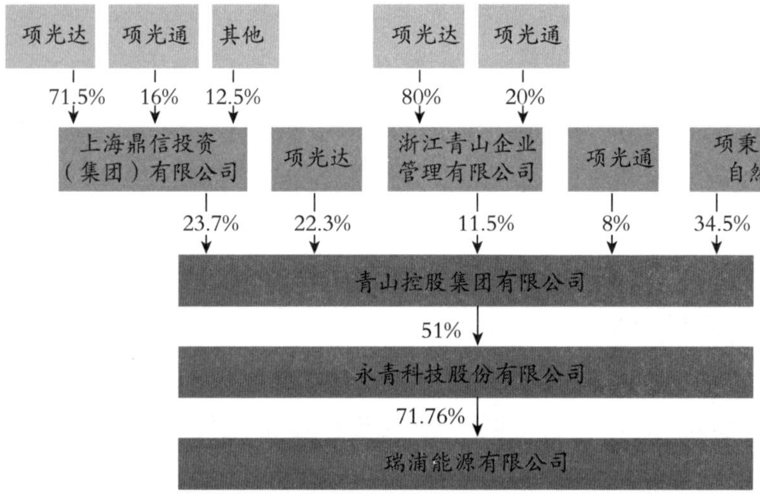

图 2－3　瑞浦能源股权结构

因此，通过股权设计，搭建融资、融智平台，将公司股权授予出去，同时保障决策者对公司的控制权，从而既能实现群策群力，又能保证公司扁平化管理，提供公司决策效力，讲到此，不禁想要感慨：谁说鱼和熊掌不可兼得?

而对于一人型团队而言，决策者自身持有的股权比例较大，在其自身可以享有较大股权比例的情况下，我们建议决策者可以辅之以税筹来确定持股模式，常见的持股模式有自然人直接持股、架设有限合伙企业间接持股、架设有限责任公司间接持股，而不同的持股模式所对应的税务成本也是不同的：

（1）自然人直接持股

税务弊端：在自然人直接持股的情况下，可以进行的税务筹划空间小，公司分红分到自然人股东时，根据我国《个人所得税法》第 3 条第 3 项的规定，特许权使用费，利息、股息、红利所得，财产租赁所得，财产转让所得，偶然所得和其他所得适用比例税率，税率为 20%。同时，企业在未来经营发展阶段面临并购重组时，以自然人股东作为主体时，交易双方的主体条件就不符合财政部、国家税务总局出台的《关于企业重组业务企业所得税处理若干问题的通知》（财税〔2009〕59号）规定的“特殊性税务处理”的要求，导致公司难以享受递延纳税的税务优惠。

税务优势：对于自然人股东直接持股来说，其最显而易见的优势在于股权转让时的税负较低，企业在熬过初创期发展成为一家“独角兽”企业后，会获得大量投资人的青睐，而此时也正是创始人等大股东及时变现一部分的好时机。决策者必然知晓，自然人股东在转让股权时，只需要缴纳个人所得税，即个人转让股权以股权转让收入减除股权原值和合理费用后的余额为应纳税所得额，按财产转让所得缴纳个人所得税，税率仍为20%。

（2）通过有限责任公司间接持股

税务弊端：有限责任公司股权转让所得税高，有限责任公司在股权转让时，首先就是要缴纳5%的营业税，紧接着按照营业税附加税13%的比例，计算营业税及附加税比例就为5.65%，而在企业取得股权转让收入时，25%的企业所得税是少不了的，如果最后希望股权转让价款落入决策者的银行账户里的话，20%的个人所得税更是紧随其后，前后计算，如果通过有限责任公司转让股权，最终承担的税率高达43.39%。如果决策者仅通过有限责任公司间接持股的话，对于企业未来以股权引进投资人转让股权变现的话，税务成本可谓所有类型的持股主体中最高的。

税务优势：将有限责任公司持股模式与自然人持股模式进行对比的话，我们就会发现，自然人持股的劣势的反面就是有限责任公司持股的优势，首先就是根据我国《企业所得税法》第26条第2项的规定，符合条件的居民企业之间的股息、红利等权益性投资收益，为免税收入，无须缴纳企业所得税。初创型企业的创始人如果在未来希望投资上下游企业，购置固定资产，以有限责任公司作为控股平台收取分红，进行再投资的话，如此持股形式可以暂时节省大量的分红所得税。同样地，以法人为主体进行并购重组时，其就可以享受自然人享受不了的递延纳税优惠政策了。

（3）通过有限合伙企业间接持股

税务弊端：目前我国国内合伙企业的相关法律法规仍然不够健全，不同地区关于纳税节点、纳税核算方式等存在区别，国家税务总局与地方政府对有限合伙企业政策存在冲突，因此，对于决策者通过有限合伙企业间接持股而言，最大的风险就是“税务合规”了。

税务优势：《合伙企业法》第6条规定：“合伙企业的生产经营所得和其他所得，按照国家有关税收规定，由合伙人分别缴纳所得税。”在税法上，我们不将合伙企业本身作为企业所得税的纳税主体，而是将其视为一个透明实体，我们穿透这个透明实体直接对其合伙人征收所得税，如此就避免了高额的双重征税。

2. 二人型创始团队

除去一人型创始团队而言，我们更常见的是兄弟二人一拍即合创办公司，二人型创始团队有一个显著的特点，决策者之间的关系往往会非常好，以“江湖”的方式合伙，正是应了那句话：你的就是我的，我们俩之间不用分得那么清楚。但这往往就埋下了矛盾的种子。

我们不要去挑战人性，人是会变的，商海浮沉多年后，谁又敢说自己一定保持初心呢？在这种情况下，二人型的创始团队在设计股权架构之时一定要明晰一个问题——公司里谁是老大！一定要避免的股权架构是平分或者按照65%∶35%的比例去分。

平分的股权，人人都是老大，也意味着人人都不是老大，在面临意见分歧之时，没办法作出决策，公司止步不前，也就意味着公司的顶层丧失了决策机制，从而陷入无端的内耗之中。

67%是我国《公司法》规定的绝对控制权的数字，如果大股东仅持有65%的股权，公司在面对重大决策之时，将会陷入决策者的博弈之中。如何去平衡另一名股东的利益，如何保障公司迈入一个新阶段，这些将会成为核心决策者难以规避的问题。

▶ 案例14【真功夫：股权纷争——平分的典型失败案例】

真功夫是我国知名的快餐品牌，也是规模最大、发展最快的中式快餐企业之一。不过，近几年，其股权之争的知名度恐怕超出了其品牌的知名度。

在2010年之前，真功夫以其独特的商业模式和发展前景，吸引了众多股权投资基金的青睐。2007年10月，真功夫获得了今日资本和联动投资两家私募基金的大额投资。基于如此强劲的发展势头，企业和资本方都决定在2010年上市。

然而，谁也没有料到的是，真功夫会在接下来的股权之争中走向滑铁卢，上市之路也越发遥不可及。下面，我们一起回顾真功夫的案例，或许能够让我们对股权分配给企业和资本的影响进行深入的思考。

真功夫的前身是潘宇海在东莞开的一家甜品店，随后，他的姐姐潘敏峰和姐夫蔡达标各投资了4万元，潘宇海也投资了4万元，于是甜品店改成了快餐店。此时，他们的股权和权责分配是这样的：

蔡达标负责收银：占比25%。

潘敏峰负责店面扩张：占比25%。

潘宇海掌握企业的主导权：占比50%。

（见图2－4）

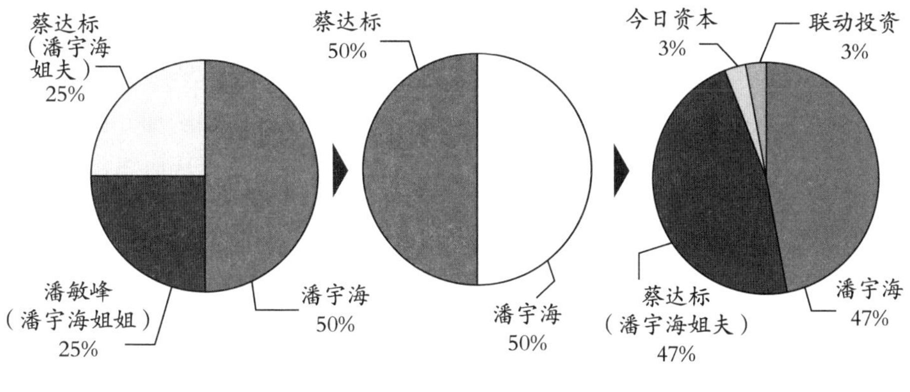

图2－4　真功夫股权分配结构

经过3年艰难的发展，真功夫开始在全国各地开设连锁店，企业走上了快速发展的道路。在这个阶段，负责门店扩张的蔡达标对企业发挥的作用越来越大，于是，从2003年开始，企业的主导权从潘宇海的手中转到了蔡达标手中。

私募基金作为资本方，追求利益最大化是其最终目的，而私募基金投资真功夫，最看中的也是蔡达标的能力。于是，在接下来的股东会、董事会上，私募基金都毫无保留地支持蔡达标。

这样一来，潘宇海便逐渐被边缘化。为了进一步拿到企业的绝对控制权，蔡达标开始辞退一些与潘宇海关系密切的中高层管理人员，企图把潘宇海架空。当然，潘宇海也采取了行动。心有不甘的潘宇海通过翻旧账，控诉蔡达标恶意侵占，并亲手把昔日的姐夫蔡达标送进监狱，蔡达标最终被判刑 14 年。

3. 多人型创始团队

创业之初便有很多志同道合的人，这对很多人来说可能是一件幸事，毕竟公司发展离不开群策群力。但是，在创始人过多的情况下，公司一共就 100% 的股权，决策者对此该如何去设计呢？

在这样的模型之下，我们除了考虑股权数量层面，更重要的还需要考虑公司的实际控制层面以及公司的决策效率。如果每一名创始人都成为公司核心决策者的话，公司经营决策的效率将会受到前所未有的冲击。而由于创始人团队成员过多，每一名股东对公司的贡献一定会有所差异，它不同于一人型创始团队或者二人型创始团队，创始团队对公司贡献无法明确地划分出层级，但是，人一多，最高和最低之间一定会形成一个坡度和阶梯。在这个时候，我们就需要去考虑我们是不是应该成立持股平台，通过持股平台将目标公司股权结构简化，将控制权收拢。此处的核心思想就是：将收益与管理隔离，公司不能面对实际控制人缺位的问题，人多的地方总有“江湖”，股权设计没做好，多人型创始团队的江湖恩怨将会直接导致公司止步不前。

我们有一家客户是做互联网的，他们的创始团队成员多达 8 名，有精通商业运营的，有对公司进行管理的，亦有懂法律、懂财务、自带资源的，每名创始人均有自己发光发亮的地方，都成为公司重要决策者。在创业之初，8 名决策者集思广益，也是将公司做到了行业的领先地位。但是，公司做大了，问题就来了。

随着公司业绩蒸蒸日上，决策者们均意识到了合规的重要性，于是公司决策需要召开股东会，公司账目需要经每一名决策者过目，决策者之间开始一周一小聚、一季一大聚，开会无形地成为每一名决策者的负担。开会频率如此之高，慢慢地有不定期缺席会议的情况，出席会议的人从自己的专业领域出发，对同一个问题都有自己独到的见解，在会上经常是你一句，我一句，根本没有能拿定主意的人，许多会议事项往往议而不决，效率低下。长此以往，公司很多项目悬而不决，发展也是止步不前。

（二）确定股权分配模式

多数决策者在与合作伙伴分配股权时常常会落入四大分配误区：不加区分的平衡分配、利益失衡的一股独大、互相制约型的股权分配以及高度分散的股权分配。在创业前路上已经有很多企业在前述误区中折戟沉沙，也为后来者提供了非常宝贵的经验。

案例15【海底捞：平衡型股权分配之股权重组——挽回五五分的败笔】

1994年，张勇、施永宏等4个要好的年轻人在四川简阳开设了一家只有4张桌子的火锅店，这就是海底捞的第一家店，张勇当时并未出资，其他三人凑了8000元，4人各占25%的股份。后来，这四个年轻人结成了两对夫妻，两家人各占50%股份（见图2-5）。

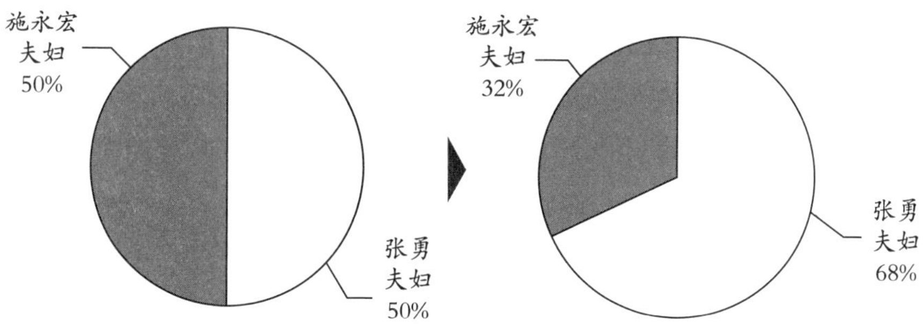

图2-5 海底捞股权结构

2004年，随着企业的发展，张勇认为另外3个股东跟不上企业的发展，最早先让自己的太太离开企业，随后施永宏的太太也离开企业，张勇夫妇与施永宏夫妇各占50%的股份。

2007年，在海底捞步入快速发展期的时候，张勇让无论是从股权投入还是从时间和精力的付出上都平分秋色、20多年的朋友施永宏也离开企业，甚至还是以原始出资额的价格强势让施永宏让出手里18%的股权，此时的张勇夫妇以68%的股权份额成为绝对控股股东，海底捞以匪夷所思的方式解决了股权结构不理想的问题，也形成了有梯度的股权架构。

这一方面得益于海底捞从一开始就是以张勇为主、施永宏为辅，形成了张勇是核心股东的事实，另一方面也得益于施永宏的豁达与忍让，解决了决策与管理僵局的海底捞在此后几年的发展中势如破竹，海底捞的上市与门店全球范围内的扩张充分说明了避免股权均等进而避免公司运转的僵局。

▶ 案例16【独立新媒：一股独大导致的利益失衡】

2012年4月，申音与朱珊珊、孙佳佳、罗振宇创办了独立新媒体（北京）信息科技有限公司（以下简称独立新媒），当时的股权比例是55%：15%：15%：15%。

2013年12月，独立新媒的朱珊珊、孙佳佳两位股东退出，剩下申音和罗振宇两位股东，申音持股82.35%，罗振宇持股17.65%（见图2－6）。

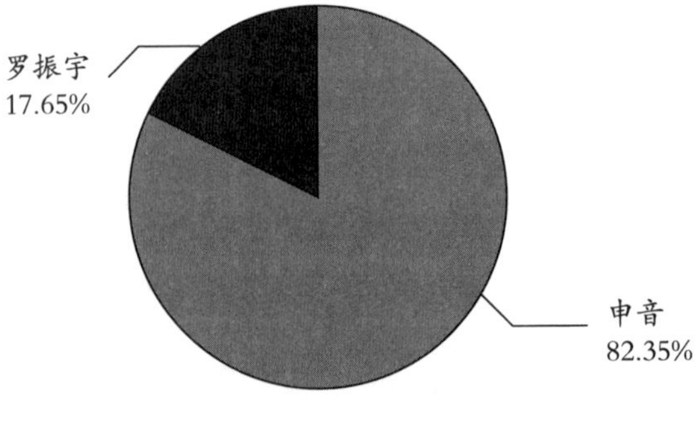

图2－6　独立新媒股权结构

2014年5月，传出申音、罗振宇两人“分手”的消息。对于“罗辑思维”，申音主要负责投资和运作品牌，打造“罗胖”的明星形象，再赚钱。

罗振宇是台前明星，申音是幕后英雄。当“罗辑思维”成功后，各种资源转过来找“罗辑思维”，找罗振宇，罗振宇显得越来越重要。而独立新媒旗下的其他项目不如“罗辑思维”成功。关键是申音、罗振宇之间82.35%:17.65%的股权比例，可能已经无法平衡双方的利益。

2014年6月，罗振宇与李天田、吴声等成立北京思维造物信息科技有限公司，开始运作“罗辑思维”项目。2014年7月4日，独立新媒体的股东发生变更，罗振宇不再持股，申音成为公司唯一的股东，标志双方从法律上正式“分手”。

罗振宇是前台明星，是“罗辑思维”项目运营的核心，申音则是幕后英雄，但对于这个项目而言，双方对各自人力资本的价值贡献存在不同的认知，由此导致的利益分配方式也就存在不同的期望，如果公司在股权层面没有考虑到这种变量因素，就会导致利益失衡。

案例17【西少爷肉夹馍：互相制约的持股比例】

2013年6月19日，孟兵、宋鑫、罗高景三人成立奇点兄弟计算机科技（北京）有限公司，股权比例分别为40%、30%、30%。公司成立之初主要从事孟兵擅长的互联网业务，孟兵和罗高景负责项目开发，宋鑫负责销售。2013年10月，由于业绩实在不佳，三人不再坚持之前的项目，开始转做肉夹馍，开办西少爷肉夹馍店，此时他们的股权结构如图2－7所示。

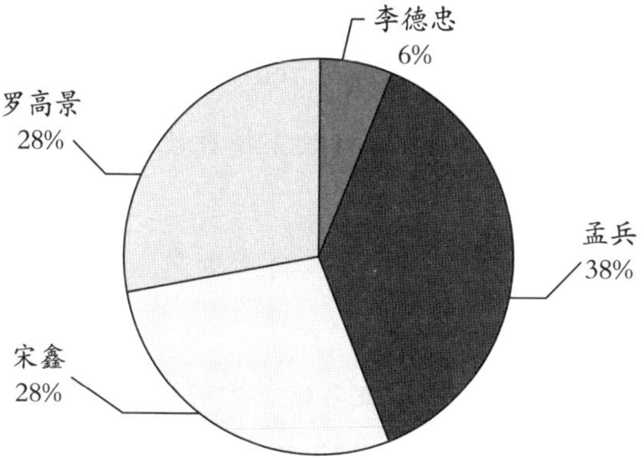

图2－7 西少爷肉夹馍股权结构

2014 年 4 月 8 日，西少爷肉夹馍开业。西少爷开业不到一周，便有投资机构找来，并给出了 4000 万元的估值。创始人认为这时候需要引入投资来扩大业务，但在引入投资、协商股权架构的过程中，孟、宋之间的矛盾被激发。

2014 年 5 月初，西少爷创始人开始与投资人商讨有关投资的细节。当时孟兵为了公司之后在海外的发展，希望组建 VIE 结构，他的投票权是其他创始人的 3 倍，除宋鑫外，其他人都表示同意。

2014 年 6 月 15 日，经大股东投票，宋鑫被迫离开公司经营管理层。对于宋鑫的股份，孟、罗等给出的方案是，以 27 万元加 2% 的股份买回宋鑫手中 28% 的股份。但宋鑫不同意，主张要 1000 万元，理由是当时西少爷的估值有 4000 万元，他可以分得 1/4。由于一直没有谈拢，2014 年 7 月，宋鑫另起炉灶重新开了名为“新西少”的肉夹馍店。“西少爷”正式分家。工商登记信息显示，截至 2018 年 1 月 12 日，“西少爷”的股权结构为孟兵持股 43.61%，罗高景持股 28.2%，奇点同舟餐饮管理（北京）有限公司持股 28.2%。宋鑫在股权上已经与“西少爷”没有任何关系。

▶ 案例 18【万科：股权高度分散——万宝之争】

万科的前身“深圳现代科教仪器展销中心”注册成立，是深特发四级子公司，属国营性质。1988 年万科完成股份制改造，国有股占 60%，职工股占 40%，王石放弃了个人股权，选择做职业经理人。1991 年，万科 A 股在深交所挂牌，大股东深特发公司持股 10%，1993～1997 年，万科最大股东持股比例始终没有超过 9%，1998 年前 10 名股东持股比例总共为 23.93%，是一个典型的大众持股公司。

2000 年，万科引入国资背景的华润，华润成为万科第一大股东，持股 15.08%。

2015 年 7 月 24 日，宝能系通过二级市场购买万科 15.04% 股份，超过华润成为万科最大股东。2015 年 12 月 17 日，王石明确“不欢迎宝能成为第一大股东”的态度。2016 年 6 月 17 日，万科召开董事会，表决通过了万科与深圳地铁集团的重组议案，华润董事投反对票，如果重组成功，深圳地铁集团将持有万科20.65%股权，成为第一大股东，宝能沦为第二大股东，华润成为第三大股东，随后，宝能公开反对万科与深圳地铁集团重组预案，并提请召开股东大会，提议罢免包括王石、郁亮在内的万科10位董事和2位监事。2016年7月3日，万科召开董事会，不同意宝能提请召开临时股东大会的议案。万科股权分布见图2-8。

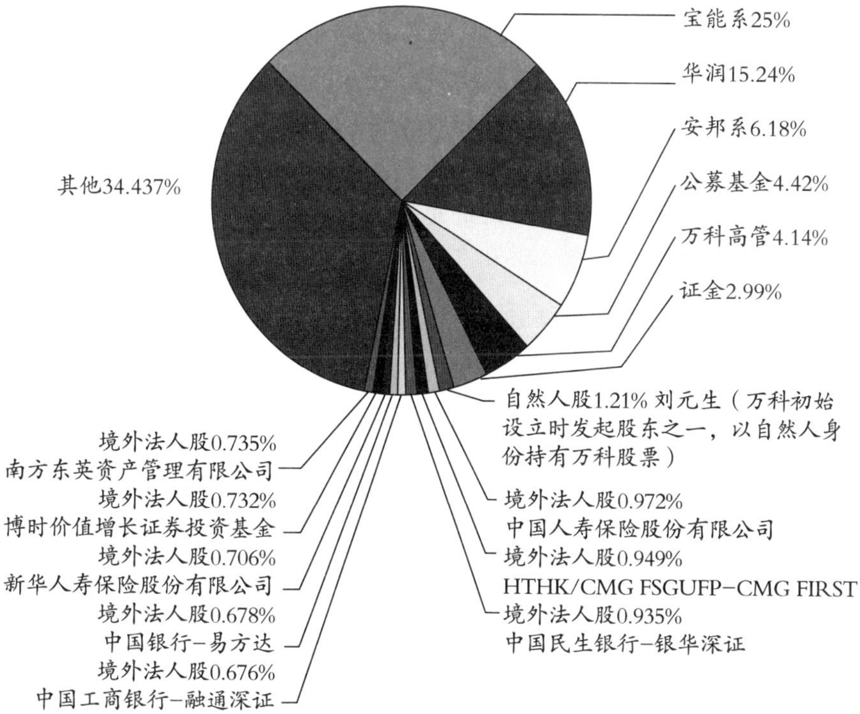

图2-8 万科股权分布

在宝能入驻之前，王石与华润之间一直存在默契。华润作为大股东，自然能分享万科发展的利益，在政商关系、资源合作上给予万科支持。同时，华润不谋求控制权，这样以王石为首的管理层就能够不断连庄，保证自己对公司的绝对控制权。直至宝能出现，当股东里没有任何一方能够实际控制时，各方之间就成了合作与博弈。

万科“人格分裂型”的股权结构的问题主要体现在，王石作为职业经理人，却从事创始人的业务，寻求大股东的控制权，形成了所有权与经营权相分离的局面，导致“所有人不经营，经营人不所有”。

万科这种“人格分裂型”的股权结构导致创始团队与投资人之间在身份、利益与权利上的错位，这一方面不利于激励团队为公司创造价值，另一方面也不利于保障投资人的投资回报。

通过前述分析，我们发现当创始团队为二人及以上时，决策者对股权的分配就变得尤为重要。因此，笔者建议，公司决策者在进行股权分配时可以坚持两种原则：一股独大以及平衡型分配原则，但一定是将“权”与“利”相区分的分配原则，一股独大针对的是权，平衡型分配针对的是利，切不可弄反！

从控制权一股独大的角度看，对于公司而言，公司管理的高效性往往是非常重要的，正如李国庆在“早晚读书”App 中拍视频时说的：“我们筛选评估公司，其中我们最看重的一点就是股权蛋糕怎么分。那我第一个观点就是——不能平分，所以我们很看重创始人团队里一定要有一个人一股独大。”这也是现在我们会建议很多企业采取的“315”股权分配模式：三个人创业，一个老大，老大占股一定要超过 50%，这样才能保证公司最后有一个拍板做决定的人。

▶ 案例 19【青山控股：亲兄弟合伙开公司，老大一股独大】

青山控股集团有限公司（以下简称青山控股）2020 年实现营收 2900 多亿元，是中国最大的民营钢企，同时也是世界 500 强企业，排名 329 位，排名还在小米和格力之前。青山控股早就成为一代“钢铁帝国”，并改变了全球的镍产业格局。

青山控股成立于 2003 年，注册资本 28 亿元，有 14 个直接股东。其中，企业股东 2 个，合计持股 35.2%，自然人股东 12 个，合计持股 64.8%。

第一大股东是上海鼎信投资（集团）有限公司，持股23.7%，第二大股东是项光达，持股22.3%，第三大股东是浙江青山企业管理有限公司，持股11.5%，这三大股东合计持股57.5%，持股超过50%，对公司绝大部分事项实现控制（见图2－9）。

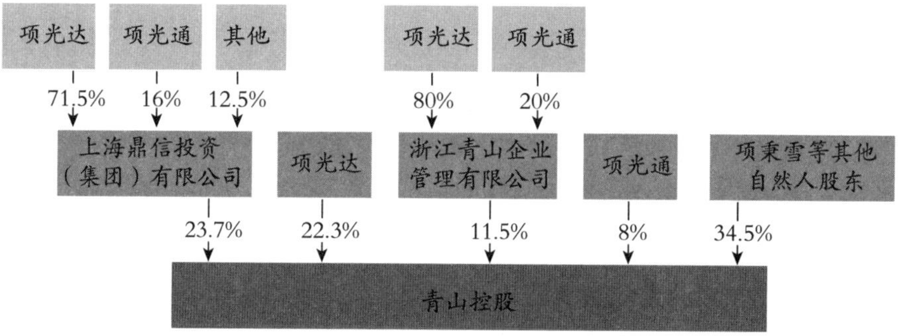

图2－9　青山控股股权结构

再加上第四大股东项光通持有8%的股份，前四大股东合计持股65.5%，已然接近67%的绝对控股线，那么只要这四个股东是一致的，基本上能够牢牢控制青山控股。

通过梳理青山控股的股权穿透图可以发现，青山控股的第一大股东上海鼎信投资（集团）有限公司的背后控制人是项光达，项光达持有上海鼎信投资（集团）有限公司71.5%的股份，是拥有绝对控股权的。而浙江青山企业管理有限公司的背后控制人也是项光达，项光达持有80%的股份，亦拥有对该公司的绝对控制权。

项光达通过直接持股以及上海鼎信投资（集团）有限公司、浙江青山企业管理有限公司的间接持股，控制了青山控股57.5%的股份，是无可争议的实际控制人，也是第一大股东。

项光达是项光通的哥哥，青山控股是一个家族企业，股东和管理层都是家族成员。项秉雪是青山控股的法定代表人，也是项氏家族成员。

即便是亲兄弟，在股权上也不五五开。项光达和项光通两兄弟合计控制了青山控股65.5%的股份，两者在股权上有较大差距，哥哥项光达控制

57.5%的股份，弟弟项光通控制8%的股份。

在上海鼎信投资（集团）有限公司中项光通持有16%的股份，是仅次于项光达的第二大股东，而在浙江青山企业管理有限公司中项光通持有20%的股份，两兄弟在上海鼎信投资（集团）有限公司和浙江青山企业管理有限公司中分别担任大小股东。

项氏兄弟并没有因为亲兄弟的关系而在公司股权上采用平均分配的办法，项光达作为持股超50%的“带头大哥”牢牢掌握公司发展脉络，这样在公司决策方面基本不会出现决议僵局，大大提高了公司运营的效率。所以，我们说，股权设计中一定要有话语权大的一方。

而从分红获利的角度剖析，另一种分配方式则是平衡型股权分配，单打独斗的模式在现在的时代背景下可能已经行不通了，华为、阿里巴巴、腾讯、小米、360、巨人集团等，都早人一步地引进了合伙制度。它们的成功也告诫我们，做大生意必须找对合伙人。现在的年代是合伙制的年代，赚小钱靠个人，赚大钱靠团队，股权分配、股权激励、众筹融资、股权并购是企业的一次深刻变革。但是，分利并不是为了分权，企业发展的过程中，一定要有明确的“老大”。决策者可以总结到如下规律：当“老大”并不能在股权比例上实现控股时，企业往往通过第二、三层次以制度设计以及治理要素保障控制权。比如，小米引入的AB股制度，由创始人雷军掌握公司控制权；谷歌进一步引入C股，纯粹为了吸引投资人，保证投资人的收益权；而阿里巴巴则是从公司治理切入，设立合伙人机制，通过控制公司董事提名权，从而控制董事会，保障公司控制权。

二、第二步——确定公司人力和资金比例

在确定比例时，实践中最常见的做法是依据业务模型分配股权比例。因此，需要先明确企业业务发展模型，进而根据各企业特色调整相应分配比例。

（一）公司业务发展模型

行业驱动力就是指影响一个行业加速发展的核心因素，比如资金、人力，

不同公司在确定商务模式的那一刻起，其行业的内生驱动力就已经确定了。比如投资公司，决定公司体量发展的核心因素一定是资源、资金，这也是典型的资金驱动型公司；而对科技型企业而言，其核心因素可能是人才，人才的汇集，更多知识成果的产出，决定公司发展的体量。而有一些公司资金与人力是并重的，一方面需要大量的科研资金助力企业成果的产出，另一方面也离不开人才的全盘把控。在该种情况下，人力和资金的占股比例就成为重中之重（见表2－1）。

表2－1　商业模式驱动类型

商业模式驱动类型	资金占比	人力占比	代表性行业
资金驱动型	大	小	私募股权资金
人力驱动型	小	大	互联网、法务等服务业
人力和资金驱动型	将主要驱动力列为最重要的股权比例分配系数，建议占比在50%以上，剩余50%的股权则由全部驱动力因素共同分配		科技前沿领域、新消费、新经济等创新企业

不同的行业驱动力是衡量各股东对公司贡献一个重要指标，如果决策者没有确定公司的行业内生驱动力，从而依据一个不切合公司的股权分配方法分配了股权，势必会出现股东贡献与收益不相匹配的问题，从而进一步冲击企业团队的团结和核心成员的积极性。

▶ 案例20【某环保材料公司：公司稳步发展，核心团队却分崩离析】

张总、王总和陈老师共同创立了一家公司，从事环保材料的研发与应用，公司前期启动资金共需人民币1000万元，其中张总出资人民币600万元，王总出资人民币200万元，陈老师出资人民币200万元，而股权比例也就依据他们的出资额进行划分。在公司经营发展过程中，张总占有60%的股权，但并不参与公司的日常经营管理，王总有丰富的管理经验，平常公司里的大事小情都由王总一人经手，陈老师握有公司经营发展所需的核心研发技术，在公司中一手总抓产品研发。

三人齐心协力，在不缺启动资金的情况下，公司很快就开始了盈利并迈入正轨。但是，慢慢地，王总开始对公司经营放权，陈老师也逐渐放下了新产品、新方向的探索研发，察觉到不对劲的张总召开股东会，质问两名股东为什么对公司发展如此不上心了。而二人的回答也是近乎一致：公司现在也不缺钱，所有的管理业务都是我来负责，为什么你能占60%这么多的股权，我们辛辛苦苦一年200万元，而你前期出资600万元，现在一年到头啥也不干分红就能拿600万元。

在这个案例中，公司行业驱动力是典型的人力驱动型，但是公司决策者在划分股权之时却并未将人力进行作价，人性都是不患寡而患不均的，在不合理的股权分配下，每个人的贡献与收益不成比例，核心团队势必会面临分崩离析的场面。

亚当·斯密是最早论述人力资本思想的古典政治经济学家，他认为，人的才能是个人财产的一部分，人力可以和便利劳动、节省劳动的机器和工具一样看作固定资本，人的有用才能与实物型财产并列，是获得收入与利润的一种资本。而随着工业4.0时代的到来，专业的高度分化和综合使人力资本的重要性不断提高。

综上，分析公司发展业务模型，科学地认识核心人才对企业的重要价值，认可多种资本模式都应当参与企业剩余价值的分配，成为决策者如今亟须树立的理念。

（二）资金和人力股权分配建议

根据不同公司对资本及人力不同的依赖程度，我们应当视情况决定是否采取资本与人力不同比例占股方式，应当采取何种比例进行占股。

1. 资本驱动型公司

资本驱动型公司的典型特征就是资金为王，在公司发展的各个阶段中，资金是促使公司扩大经营规模的核心要素，在这样的公司中，公司的核心竞争力不是研发团队，不是运营团队，而是公司的现金流储备量。如房地产行业、机械制造业就属于传统的资本驱动型公司。

在这样的公司中，我们建议决策者在设计股权分配时按出资所占比例分配股权即可，而公司的管理团队、高管等可以以高额的薪资报酬回馈他们的贡献，再辅之以股权激励，以小比例的股权促进公司管理团队的稳定。

2. 人力、资本驱动型公司

而在现在的社会发展背景下，企业想要在市场中脱颖而出，就离不开从传统商业模式中跳脱出来，实现创新，因此，更多的情况是人力和资本缺一不可，此处的人力指的是掌握公司经营发展所需的核心因素创新团队，具有不可替代性的特点，公司规模的扩张与否取决于公司核心产品研发、商务模式创新的进程。互联网行业、医药行业以及新消费领域的企业就属于人力、资本驱动型公司。在这种情况下，用于股权激励的小部分股权对核心成员而言可能就略显不足了。

因此，笔者建议，在分配股权布局的时候，决策者应当深入分析公司的驱动模式，将主要驱动力列为最重要的股权比例分配系数，建议占比在50%以上，剩余50%的股权则由全部驱动力因素共同分配。比如，科技型企业是一种典型的高科技人才驱动型企业，同时又依赖一定的资金和资源，因此，我们建议人力股、资金股与资源股的占比为5∶3∶2。

在案例20中，很明显，人力股部分协调不完整，为了解决如此困境，完全可以资金股占60%，人力股占40%。其中，王总负责日常的管理经营，其人力股即可以作价为30%，而陈老师的研发能力决定公司未来发展的进程，且具有不可替代性，其人力股可以作价70%，而张总作为一个资金投资人不参与公司经营管理，其人力股为0。那么，最终的股权比例见表2-2。

表2-2　股权分配结构

持股情况	张总	王总	陈老师
资金股比例（系数0.6）	60%	20%	20%
所持公司股权	36%	12%	12%

续表

持股情况	张总	王总	陈老师
人力股比例（系数0.4）	0	30%	70%
所持公司股权	0	12%	28%
共计持股	36%	24%	40%

三、第三步——确定股权架构模型

当确定好创始人模型后，决策者就需要考虑股权如何架构了，针对不同的创始人模型，我们也会建议适用不同的股权架构，不同的股权架构为公司带来的影响也是不同的，主要分为单层架构、多层架构以及混合架构。

（一）单层架构

单层架构下，公司股权是由创始团队直接持有，创始自然人会直接显名在目标公司的股权架构中，这种股权架构更清晰明了，股权操作十分便捷，适合创始团队人数不多的情况。

在人数不多的情况下，创始团队直接显名，首先，不会影响公司的决策效率，作为直接股东，可以不经任何其他烦琐的前置程序行使股东权利，将股东的个人影响力直接传达到公司经营层面。其次，创始人自身的资源、名气以及行业地位等对公司吸引投资人、申请相关专精特新资质而言尤为重要，创始人直接显名有利于充分展现自身与公司之间的关系，便于企业发展。

但是，决策者应该认识到，单层架构也是一柄“双刃剑”，股东直接持股目标公司，将会导致公司经营如果出现风险直接追溯到自然人股东。创业公司不可避免的一个弊端就是，公司为了降低经营成本，难免会出现一些不合规的情况，如果日后遭到清算，将会直接追溯到股东个人，对股东个人的日常生活造成影响。

同时，如果创始团队人数过多，自然人直接持股将会导致每一名股东都可以对目标公司直接行使股东权利，一方面降低了公司的决策效率，另一方面也是平添公司经营过程中面临的股东变动的不利风险。因此，但公司发展到更高阶段时，我们并不建议继续使用单层架构。

比如，笔者曾经服务的一家由杭州天堂硅谷投资的企业，其在创立之初就是由所有股东直接持股的，在公司发展之初，在这种持股模式下，大家劲往一处使，直接持股的弊端并没有显现。但是，在公司逐渐成熟，价值显现时，有一些小股东的心思就活泛起来了，公司在引入投资人进行融资时，小股东从中作梗，拒不签署股东会决议，虽然小股东所持的表决权并不能从法律层面阻碍公司通过增资扩股的股东会决议，但是一方面没有任何一个投资人愿意花大价格投资一家股东争议不断的公司，另一方面在办理行政变更登记手续时，缺乏小股东签字的股东会决议效力并不为行政机关所认可，小股东直接显名的情况下可谓对公司发展造成层层阻碍，最终创始人在小股东的要挟下以溢价购买其股权，排除其妨害。

（二）多层架构

多层架构是指目标公司通过设立持股平台以实现投资人间接持股的模式。单层架构虽然有单层架构的好，但我们更推荐决策者考虑多层架构，通过多层架构分别实现吸纳融资、绑定人才及节税的目的。

常见的持股平台有有限责任公司和有限合伙企业，而设立不同的持股平台能实现的目的也是不同的。设立持股平台不仅可以有效地隔离主体公司的经营风险，更可以提高主体公司的决策经营效率、防范股东异常情况的风险等。

通过设立不同的持股平台，将不同定位的股东进行切分，防止公司决策效率过低。在股权激励与股权融资盛行的当下，我们要对持有公司股权的群体进行分类：负责公司经营，行使决策权的股东，我们建议可以设立有限责任公司作为持股平台，由各股东通过持有持股平台的股权间接持有目标公司股权。而另外一些通过投资获取收益或者员工持股的股东，我们建议将其置于有限合伙企业的持股平台中，因为有限合伙企业只有执行事务合伙人可以对外代表有限合伙企业，也即无论大家持有的财产份额是多少，间接持有公司多少股权比例，该部分股权所对应的股东权利，比如知情权、投票权等均由公司核心创始人进行行使，避免公司利用股权吸引过多投资人或人才后，导致公司控制权的分离以及经营决策效率的降低。

另外，通过间接持股的模式，也避免公司股东发生异常情况时，直接对公司经营造成影响。很多股东在经营中难免遇到司法案件或行政处罚，在此种情况下，很容易就会面对其所持有的股权被冻结或强制执行的情况，如果股东直接持有主体公司股权，就会导致主体公司陷入股东个人的纠纷之中，公司的经营风险无形中就被扩大，而如果架设了持股平台，所有的纠纷将会被隔离在上一层股权架构中，对主体公司的影响可谓微乎其微。

在2007年以前，很多决策者会选择让创始人通过有限责任公司进行持股，因为其金字塔架构可以有效地降低创始人的控股成本，如图2－10所示。

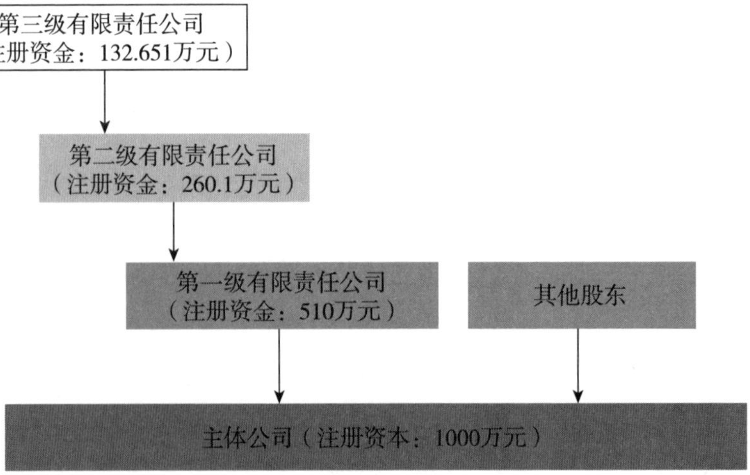

图2－10　金字塔持股结构

通过设置三级有限责任公司持股平台，即可以实际出资人民币 132 万元左右实现对一家注册资金为人民币 1000 万元公司的相对控股。

但是，2007 年 6 月 1 日《合伙企业法》修订后实施，这意味着我国商法步入了一个全新的阶段，从此，中国诞生了一种新的组织体——有限合伙企业。因为有限合伙企业的性质，创始人可以通过近乎可以忽略的成本实现对主体公司的控制，有限责任公司的金字塔结构逐渐被摒弃。

但是，我们可以发现很多公司仍然保留一级有限责任公司持股平台，就比如后文将说明的爱尔眼科，这正是因为在我国税收法律制度下，公司间分红用于再投资的分红款项可以免税，很多投资领域广泛的成熟的企业往往在其股权架构最顶层有一家控股公司作为持股平台，而如此选择更多的就是从税负角度考虑了。

▶ 案例 21【绿地：用有限合伙模式容纳人才】

绿地控股集团股份有限公司（以下简称绿地）的控股股东为上海格林兰投资企业（有限合伙），该合伙企业通过多层有限合伙作为投资人的方式达到了公司控制权不受影响的目的（见图 2－11）。

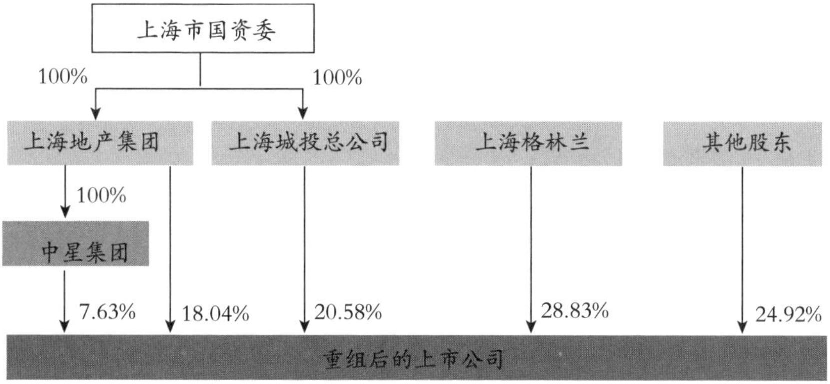

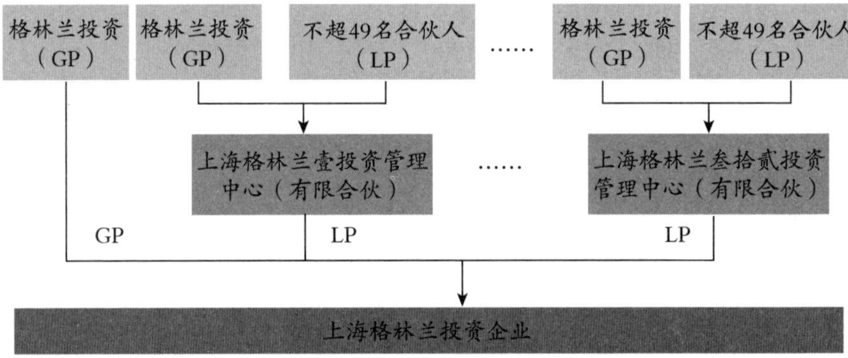

图 2－11　上海格林兰持股结构

如图 2－11 所示，上海格林兰投资企业由管理层 43 人设立，继而格林兰投资作为普通合伙人（GP），其他投资人及持股员工作为有限合伙人（LP），以这样的模式共成立了 32 个有限合伙企业（图 2－11 中仅注明了第壹和第叁拾贰有限合伙企业）；然后，以这 32 个合伙企业为有限合伙人，上海格林兰为普通合伙人，又成立了上海格林兰投资企业（有限合伙），该合伙继而控股绿地。通过双重有限合伙的模式，将其他投资人及持股员工纳入绿地的二次间接股东范围。由于双重模式涉及多个有限合伙，每个有限合伙都可以有最多 49 个有限合伙人，使用这一模式可以将投资人及激励员工的规模不断扩大化，更好实现企业吸引融资、吸纳人才的初衷。

（三）海外结构

除了设立持股平台、采取多层股权架构，我们的股权架构设计中还会涉及更多架构方法，很多公司为了保证控制权的稳定，采用各种先进的控制权设计模式，比如蔚来汽车设计的 ABC 股同股不同权机制，阿里巴巴设计的合伙人制度，但是这些先进的制度往往不被我国的交易所所认可，采用如此制度的公司在国内上市可谓困难重重，它们会选择在海外上市，从而获取融资。此时这些公司就需要设立海外股权结构，比如 VIE 架构、信托架构。

什么是 VIE？VIE 即可变利益实体，最初是一个财务概念，其实际含义是不通过持股的方式来实际控制一家公司，从而实现合并财务报表。在国内语境中，一般是指由于法律法规以及其他原因限制，中国企业不能直接在海外上市，因此就以一种海外全资公司，以协议控制的方式控制内资企业的结构，来合理规避相对应的限制。新浪在纳斯达克上市便是基于这样的架构。由于新浪作为经营性网站必须持有《互联网信息服务管理办法》规定的 ICP 证，然而《外商投资产业指导目录》又明令禁止外资投资持有 ICP 的企业。新浪便以这种以 VIE 架构在美国上市，模式也被称为“新浪模式”。

案例 22【新浪：从新浪模式看如今的 VIE 架构模式】

新浪 VIE 架构模式见图 2－12。

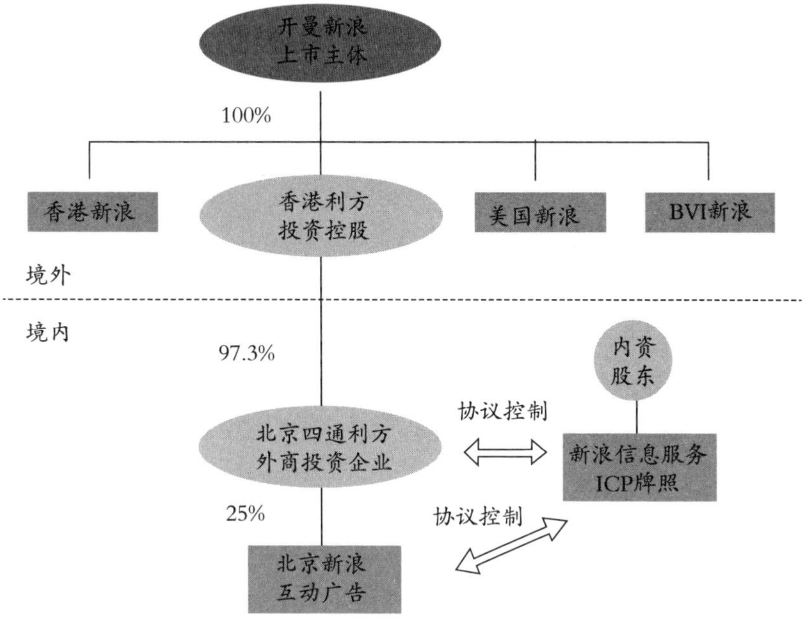

图 2－12 新浪 VIE 架构模式

VIE 架构通过协议控制公司，获取公司经营收益，而不将股东直接显名在公司的工商登记中，在股权架构中，如此模式可以有效地隔离公司经营风险与股东个人风险。

而新浪模式现如今并非搭建 VIE 架构的最优解，其在搭建 VIE 架构过程中并未考虑到税负承担的问题。而在现行实践中如何搭建 VIE 结构呢？

1. 设立海外第一层权益主体——注册离岸公司

英属维尔京群岛（The British Virgin Islands，BVI）是离岸公司注册的优选地区。注册第一层权益主体主要是从创始人最终获得分红的税负角度考虑。BVI 是世界上发展最快的海外离岸投资中心之一，政治极为稳定。BVI 离岸公司的设立程序简单、费用低廉、保密性较好，也可通过当地的优惠政策达到税务减免，实际上基本不用缴纳任何税收。

但是，BVI 注册公司的信息不会被公开，而且法律制度也没那么完善，同时全球一些主要的证券交易市场并不认可在此注册的主体公司上市。此时就需要进行第二步操作，也就是注册开曼群岛公司。

2. 设立海外第二层权益主体——注册开曼群岛公司

开曼群岛在全球的证券交易市场中有很高的知名度并且也具有良好的信誉。在开曼设立公司的程序相对简单，监管也非常严格，同时满足证券交易所的要求。因此，一般企业会选择监管更加严格的开曼公司来作为海外上市的主体，而且全球大多数上市公司的上市主体都是开曼公司。

3. 设立海外第三层权益主体——注册 BVI 公司

在这一步骤过程中，注册双层 BVI 公司的目的，主要是减少股权转让相关的印花税。根据中国香港地区税收规定，境外公司转让香港地区股票时，买卖双方各需要缴纳涉及转让股份的公司净资产的 0.1% 的印花税。在中国香港地区公司和开曼公司之间加一层 BVI 公司，若未来需要处置相关境内业务，可以直接转让 BVI 公司的股权，从而规避掉香港地区税收规定的印花税。对于规模较大的公司来说，0.1% 的税负也不少。

4. 设立海外第四层权益主体——香港地区公司

中国企业通过境外间接上市，通常会在最后一层设置中国香港地区公司，主要是内地和香港地区之间有避免双重征税的协定，对符合香港地区公司规定的股息所得可以按最低 5% 的税率来征收预提所得税。另外，香港作为知名的国际金融中心，有便利的融资和金融服务体系，所以一般会被企业选作为海外的最后一层。

5. 中国香港地区公司在境内设立外商独资公司（WOFE）

在 VIE 架构中，WOFE 的主要作用就是通过一系列协议控制运营实体，确保运营实体的利益和控制权归于 WOFE，再由控股关系归属于开曼设立的上市公司。根据《公司法》的规定，外国公司必须经中国主管机关批准，在中国境内设立分支机构，才能够在中国从事商业活动。所以，通过设立 WFOE 来协议控制国内运营实体是唯一可选的路径。

6. 签署协议，进行利润转移

VIE 架构下，利润一般产生在境内的运营实体，利润转移的路径通常是：境内运营实体→ WFOE→香港地区公司→第三层权益主体→第二层权益主体→第一层权益主体（见图 2－13）。

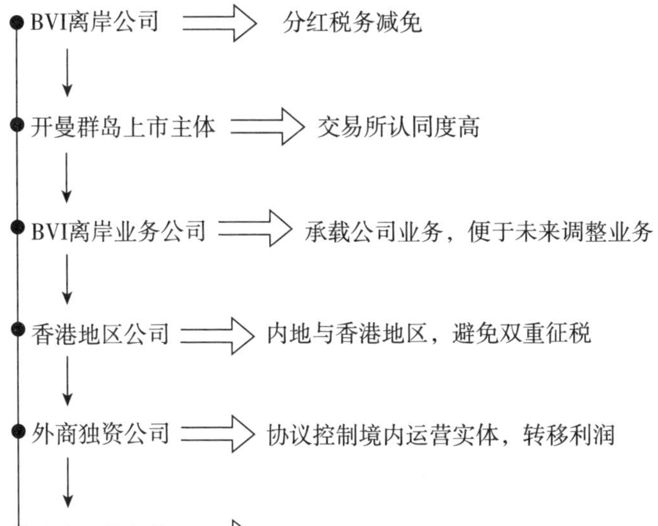

图 2－13 VIE 利润转移路径

另外，先于所有步骤，笔者将其称为第零步：决策者应当确定公司采取何种股权架构类型，是停留于数量层面架构一元股权架构，还是进一步将所有权与控制权相分离，设计二元股权架构，最终以战略性的思维搭建 4×4 的股权架构。之后结合笔者总结的股权设计三步法，具体程序如下：

首先，考虑股权的分配要素，在此步骤中，决策者应当进一步细化考虑股权分配的要素，即从创始人模型入手，明确权与利的分配模式，深入理解一股独大与平衡型分配所对应的核心逻辑——控权分利。

其次，创始人要科学认识企业发展中不同驱动力的重要性，摒弃完全的物质资本模式投入型股权分配理念，最终结合不同驱动要素下合伙人类型确定股东进入、退出机制保证股权分配的合理调整。

最后，在权与利分配完成后，确定股权结构，以权与利的分配结果搭建不同层级的股权结构，将股权分配结果落地实现。通过前述三个步骤合理安排股权，最终在股权战略思维的指导下，完成企业的股权顶层设计。

第三节　股权设计的特殊安排

在对股权进行设计时，除一般性考虑要素外，还需注意部分重要但却极易被忽视的要点，做好特殊安排，有利于企业掌握主动权。股权设计的特殊安排主要包括股权分期成熟机制、股东退出机制和特殊情形的股权安排。

一、股权分期成熟机制

无论是一人型、二人型还是多人型创始团队，在企业发展中对股东的要求都是一致的——专业、专一、专注。大家聚合在一起创业时，不同的创始股东或创始股东引入的联合合伙人往往都负责公司不同的业务领域，或是具有 MBA 背景的管理型人才，或是掌握公共关系资源的公关型人才，或是掌握核心技术的研究型人才，他们与纯粹的货币出资不同的是，货币出资可以在资金到位的一刻确定他们的贡献和能力，但由于劳务具有人身依附性及不可视性，有关知识、技能等信息均内化于人身之中，前述人才的技能不是一朝一夕就能体现的，股权作为创业型企业最宝贵的财富自然不能随意授予，但是在企业资金不足，只能通过股权去吸引优质人才情况下，只能借助股权分期成熟机制调和二者的矛盾。

设计股权成熟机制主要是为了保证创始团队联合合伙人的稳定，一方面股权分期成熟机制可以预留时间，让创始团队充分展现自身能力，而另一方面亦是避免因为创业团队核心人员的中途退出导致公司股权变动，股权是一个创业公司的根本，如果因为股权变动而导致纠纷，对公司未来发展的影响将更为深远。股权分期成熟兑现机制就是指创始团队在股权架构和分配中无法获得全部应获股权，分期成熟兑现，针对成熟的股权创始团队可以享有权利和收益，而未成熟的股权则于退出之日起由其他创始人进行回购。

股权成熟往往以创始团队核心成员能力的展现为条件，公司发展达到一个新的阶段，或是创始团队在公司发展过程中完成自身一开始作出的承诺，方可申请股权成熟。如此一来，既可以激发创始团队奋力创业的积极性，也可以保证股权稳定，并依据各人实实在在的能力分配股权，避免股权分配不合理的情形发生。

常见的分期成熟有四种机制：

（一）直接约定成熟年限

最为简单粗暴的就是直接约定成熟年限，公司创业达到一定年限时，股权自动成熟，此种方法的优势在于操作简单、便捷，但劣势也很明显，即激励性不足。创业本就是艰辛的，在一定年限内核心成员难以看到收益，激励效果不足，很容易使其产生得过且过的不良心态。

（二）分期成熟，匀速兑现

该种方式较为常见，为了使核心团队成员看得见收益，可以获得收获，设计平均成熟机制，每年成熟的股权数量一样，该种方式的优势在于，操作较为便捷，创始团队更易接受，同时也能获得一定的收益，但是劣势在于后续激励不足，由于每年股权成熟数量一样，前期创始团队已经获得了较多的股权，后续成熟股权对核心成员难以产生更强的激励。

（三）递增成熟，保持激励

该种方式为，创始团队第一年可兑现10%股权，第二年可兑现20%股权，逐年递增，该种方式的优势就在于，创始团队股东不会在创业前期就获得自己应获的大量股权，而是贡献越久，所获越大，可以保证长期的激励效果，但是缺点也很明显，虽然较于年限成熟的方法创始团队前期可以获得一定收益，但整体上来看成熟年限较长。

（四）业绩考核兑现

最后一种方式即业绩考核达标兑现，多数企业往往会选择该种方式，业绩考核能最为直观地体现出付出成本及其成果，该种方式对于企业而言是最科学、最公平的，但是缺点也很明显，业绩考核要落地于平常，因此在操作考核过程中难度较大，易引发争议。

而由于企业发展迅速，可能在创始团队股权尚未完全成熟时，就面临并购、融资，无论采取哪一种方式，我们都建议决策者在每一项机制设计的时候预留加速成熟的方法，避免因为股权结构的不稳定错失发展良机。

企业的成长一定是团队稳定、合力进取的成果，因此我们建议决策者将年限与考核相结合，一方面约定每年成熟股权的数量，保持一定年限内的团队稳定，避免企业刚有起色核心成员就变现“跑路”，另一方面通过考核保证企业核心竞争力的迅速形成，以工作考核指标作为每年成熟条件。

而在吸收不同的创始人打造创始团队时，针对不同自带资源的创始人，考核机制的确定也是不同的（见表2－3）。

表2－3　不同创始人考核机制

股东类型	注意考核事项
资源型合伙人	在合伙人承诺资源到位前，建议谨慎交付股权，依据资源到位节点确定股权交付节点

续表

股东类型	注意考核事项
兼职型合伙人	前期以企业顾问的形式列席创始人团队，避免过多的股权授予，在其转化为全职工作者时，再另行承诺股权授予
技术型合伙人	在理论成果落地前，避免过多地授予股权，同时为了促进技术的不断迭代和升级，建议滚动授予股权，持续性激励

二、股东退出机制

公司不同角色对自身的地位都有相当的自信。例如，对于科技型企业，科学家认为科技型企业的发展主要靠自身研发技术实现；对于餐饮业公司，作为厨师的创始人认为公司的经营主要依赖自己的食谱；然而，每个企业的管理人员自然认为公司管理是核心。可见，不同的股东都认为自己的贡献是无与伦比的，几个人一起做生意，能搭伙那一定没问题，搭不了了一定要及时断臂求生，避免过度内耗，在一起的时候不考虑退伙固然是好事，但不代表我们就能不考虑退出机制。退出机制的缺失最坏可能会导致自己的公司引入竞争对手，更多的则是退出时价格谈不拢，让曾经的合作伙伴反目成仇。虽然创业之初谈退出有点伤感情，但总比退出时纠缠不休强得多。

首先，为了公司发展过程中的稳定性，我们建议决策者约定股东获得股权（无论是一次性获得还是分期成熟）后一段时间的锁定期，在锁定期内，全体股东不得对内或对外转让股权。此举与分期成熟，匀速兑现股权有异曲同工之妙，均是为了保证创始团队的稳定性。

其次，进一步对退出的方式进行约定，《公司法》仅规定了其他股东有权以相同条件行使优先购买权，如果我们没有对股东退出的方式进行进一步约定，很容易导致外来竞争者通过高价购买股权的方式进入公司，干涉公司发展。因此，决策者要在创业之初就针对股东不同的退出情形约定强制回购价格，避免退出股东引入外来股东导致公司发展受阻，退出情形我们一般会分为两种。

（一）股东正常退出

在股东正常退出的情形下，我们建议确定一个合理的价格进行强制回购以保障创始股东的利益，毕竟我们更为倡导的理念是好聚好散，而常见的正常退出情形为：

1. 股权锁定期已过，创始团队成员有权退出公司。

2. 创始团队成员退出公司，未对公司造成损害，未违反股东间的约定（竞业禁止义务、保密义务）。

3. 未从公司带走公司核心团队成员。

总而言之，就是在大家好聚好散的情况下，创始人团队其他核心成员给退出股东一份良好的收益，退出股东退出后还是好朋友。

此种情况下，我们建议价格可以定为公司净资产价值或公司估值的折扣。

（二）股东非正常退出

股东非正常退出的情形下，一定是退出股东心中有了自己的想法了，或是在锁定期内不想投入了，或是被更大的利益吸引了。常见的非正常退出情形有：

1. 锁定期内退出；

2. 从事竞业行为退出；

3. 个人行为对公司造成不利影响（如从事违法、犯罪行为，劝诱公司内部员工离职退出，散布不实信息影响公司商誉）。

此种情况下，股东退不退出已经不在于退出股东个人的想法，此时与其说是退出，不如说是除名，因此此时为了避免退出时的纠纷，我们一定要确定好强制回购的方式和价格，避免股权的肆意分散。

此种情况下，我们建议回购价格可以定为退出股东的原始出资额，股东无权享有公司发展的收益。

综合前述约定的特殊安排，我们可以简单地通过下列表格来将退出情形进行分类（详见表2-4）。

表 2－4 不同退出情形的回购安排

退出原因	回购安排
非正常退出	以取得股权的成本价进行回购（原始出资额）
正常退出	（1）取得股权的成本价×公司确认的倍数； （2）公司净资产价值； （3）公司估值并给予一定的折扣

三、特殊情形下的股权安排

“月有阴晴圆缺，人有旦夕祸福”，在股权异动的情况下，股东离婚或意外身故都会涉及股权分割的问题，这种股权异动如果处理不好，可能就会影响公司控制权的稳定，如果未能提前约定好，当面临此种问题时，再想补救，其成本可能会远超公司承受能力。

（一）继承

股权的继承虽然不涉及股权分割的问题，但是相似的是，原股东都会退出公司，转而迎来一名新股东，但是，在考虑股权分配时，原股东的技术、资源、能力都是授予股权时的考虑因素，股权继承者可能并不具备前述能力。

很多决策者考虑此点会在公司章程中约定：如果继承者要继承股东资格的话，需要经公司半数以上股东同意，不同意的股东应当购买继承股权。但是，往往他们只完成了第一步，而最为关键的第二步才是让众多股东难以回购股权的痛点——购买价格。企业发展是一个不断融资、不断投入的历程，即便企业尚未盈利，其市场估值仍然可以保持很高，那么，在回购时，可供参考的市场公允价值（一般是最近一次融资定价）往往会让决策者难以承受，继承股权的价值甚至会超过公司现有资产。因此，我们建议决策者在设计具体规则时，除了考虑第一步，更要考虑第二步，确定一个合理的股权价值变现标准，我们建议一般为公司净资产价值，或者以最近一次估值的折扣价值进行确定。

（二）离婚

如果创始人是在婚后成立的公司，且以婚后夫妻共同财产用于出资，那么依据我国法律的规定，创始人持有的股权应当属于夫妻共同财产，那么在面临离婚时，就会涉及股权分割，如果公司决策者尚未将此纳入考量范围，未对此种情形进行约定的话，经股权分割后，创始人的配偶也成为公司股东，一对缘尽的夫妻共同在一家公司成为股东，那公司未来发展前景可能令人担忧。

因此，与继承股权一样，我们会建议决策者针对股东离婚时的股权进行安排，要明确约定，离婚股东应当以合理的价格补偿给配偶，避免股权分割，如果离婚股东拒不配合的，公司其他股东有权先行行使优先购买权，并就所支付的全部价款向离婚股东进行追偿。

▶ 案例23【土豆网：创始人离婚，股权冻结，良机错失】

2010年11月，经过几轮融资的土豆网，向美国证监会提出IPO申请，但谁也没想到，顺风顺水的土豆网上市却因创始人离婚而耽搁。

在土豆网提交IPO申请的第二天，土豆网创始人王微的前妻就向法院起诉要求分割夫妻共同财产，土豆网股权作为夫妻共同财产的一部分，也被法院依法冻结，这就直接导致了土豆网上市计划的搁浅。

官司持续了半年之久，最终以王微折价补偿为结果，补偿其前妻700万美元，但是土豆网的竞争对手优酷却已经在此期间先行上市敲钟，土豆网一步慢步步慢，最终也是选择与优酷合并。公司决策者的安排疏忽导致企业最终因创始人婚变走向了衰败。

土豆网的选择是创始人予以折价补偿，而另一种保证公司的控制权稳定的方式为投票权委托。

案例 24【亚马逊：贝索斯离婚，亚马逊控制权仍然稳定】

2019 年 1 月 9 日，贝索斯在社交网站（由贝索斯和妻子麦肯齐共同签名）宣布："我们想让大家了解我们的生活现状。正如我们的家人和好友所知，经过长时间的探索和试着分居，我们现已决定离婚，将来还是朋友。"

而该条消息一出，在股票二级市场造成了恐慌，无数投资者担忧会因创始人离婚导致亚马逊控制权不稳，因此股价动荡。但是，商业巨鳄贝索斯很明显并没有让此次离婚进一步影响公司的运营。

根据贝索斯与其妻子达成的离婚协议，其对共同持有的亚马逊股票进行了下述三点安排：

1. 离婚后，贝索斯妻子麦肯齐共获得 4% 的公司股份，但是其应当将股份的投票权委托给贝索斯自行行使。

2. 在未来，如果因麦肯齐持有的公司股份通过拆股或派息所获得的其他任何股份的投票权也应一并委托给贝索斯。

3. 而由于投票权委托协议基于民法原理下的脆弱性，贝索斯与其妻子就前述 4% 的股份未来的安排又达成了一致约定：如果麦肯齐未来转让其持有的 4% 的公司股份，则其应当保证股份的受让人以离婚协议中相同的条款与贝索斯另行签署投票权委托协议。

第四节　股权战略的主体核心——控制权

结合笔者对股权控制权设计的研究，以及在实践中积累的大量经验，总结提炼了控制权"三层次"的设计方法。

一、股东持股比例——数量层次

公司股权数量层面的控制要素，指的是股权控制权的"十条生命线"。简言之，就是直接通过股东的股权比例来决定其在公司的控制权大小。其中主要包括：2/3 以上股权比例具有绝对控制权、1/2 以上股权比例具有相对控制权，1/3 以上股权比例具有一票否决权等，而其中一票否决权除了《公司法》规定中确定的股权数量所对应的股东权利外，更是一种制度建设，分布于公司章程、公司不同阶段所签署的增资协议中，而一票否决权的具体运用将会在本书第四章进行更落地的剖析。

二、收益权与控制权分离——制度层次

股权的量是恒定的，很多企业家在考虑控制权时往往仅考虑到了第一层要素，即数量要素，因此很多决策者会囿于此而无法明晰股权的价值，甚至将股权牢牢地握在手中，不愿意稀释出去，极大地制约了企业的发展，从而错过风口，被市场淘汰。所以，决策者一定要具有股权战略的总体布局计划，将股权的价值最大化地体现，这就离不开我们此处所谈论的第二个层面：收益权与控制权相分离的控制要素，通过制度安排让决策者最终帮助自身实现让利不让权。

该要素包含三种基本类型，一是顶层设计层面，二是股东之间的合作和协议，三是公司制度构建。

首先，顶层设计层面，我们所关注的是不同类型股东的持股模式及持股平台的搭建，通过搭建持股平台，使企业所需的资源型股东等对目标公司实现间接持股，多层股权架构及间接持股的模式下，间接股东就无法对目标公司直接行使股东权利，决策者可以通过控制持股平台，代表持股平台统一行使持股平台所持有的全部股权，保证决策者对目标公司控制权的稳定。而选择何种公司或企业形式作为持股平台，这在本书后文将有详细的阐述。

其次，股东之间的协议约定，通过上述顶层设计可以解决一部分资源型股东的需求，但公司在面对大额融资时，投资人往往手持公司必需的关键资源，提出直接持股的要求，在关键节点的利益权衡下，选择妥协和同意是大部分决策者的选择，这就不可避免地要求决策者或核心股东让渡一部分控制权，在此种情况下，顶层设计已经不能满足决策者保持控制权稳定的需求了，

这就需要除外部投资人外，其他伴随企业成长起来的股东团队展开合作，通过签署相关协议保持控制权的集中。一是通过签署协议，将其他股东的投票权委托给决策者来统一行使的“投票权委托”；二是通过协议约定，在其他股东意见不一致时，其他股东跟随决策者投票的“一致行动人协议”。

▶ 案例25【公牛集团：控制权设计下的兄弟齐心】

公牛集团是一个地地道道的家族企业，实际控制人是阮立平和阮学平两兄弟，从以上架构图中我们可以分析出如下信息：

（1）阮立平、阮学平两兄弟分别直接持有公牛集团17.94%的股份。

（2）阮立平、阮学平两兄弟通过宁波良机实业有限公司持有公牛集团60%的股份。

（3）宁波凝晖投资管理有限合伙企业持有公牛集团0.75%的股份，阮立平、阮学平两兄弟合资成立的宁波梅山保税港区铄金投资作为该有限合伙企业普通合伙人，也就是两兄弟间接控制公牛集团0.75%的股份。

公牛集团控制权设计见图2-14。

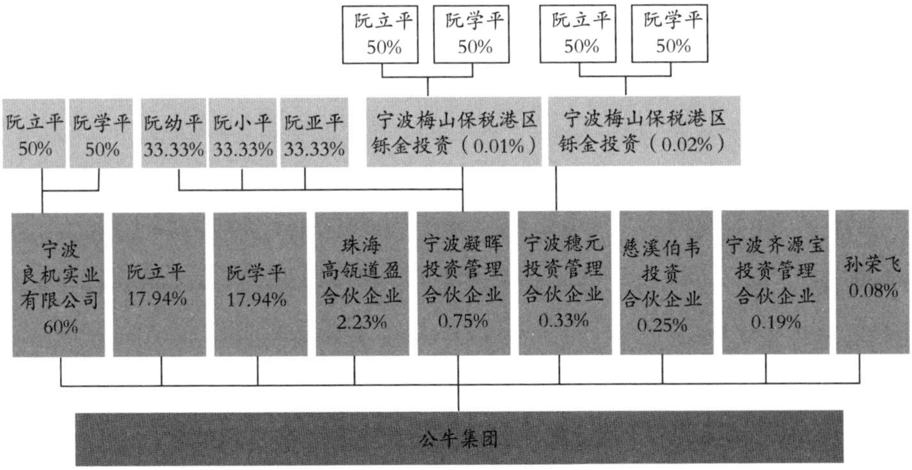

图2-14　公牛集团控制权设计

（4）宁波穗元投资管理有限合伙企业持有公牛集团0.33%的股份，阮立平、阮学平两兄弟合资成立的铄今投资作为该有限合伙企业普通合伙人，也就是两兄弟间接控制公牛集团0.33%的股份。

综上，阮立平、阮学平两兄弟合计控制公牛集团约96.96%股份，是名副其实的实际控制人。

我们可以从以下几个方面分析公牛集团的控制权模式：

（1）顶层设计持股平台的架设：宁波凝晖投资和宁波穗元投资都是有限合伙企业，其执行事务合伙人均为宁波梅山保税港区铄金投资，阮立平和阮学平兄弟二人是宁波梅山保税港区铄金投资的两大股东，从而间接控制宁波凝晖投资和宁波穗元投资所持有集团的1.08%股份。而阮立平和阮学平二人又通过宁波良机实业间接持有集团60%的股份，从而保障两兄弟对集团的控制权。

（2）兄弟合作，以一致行动人协议保障控制权：招股说明书显示，阮立平和阮学平两兄弟于2017年12月27日签订了一致行动人协议。就公司董事会、股东会以及公司重大事项决策时均采取一致行动，如出现意见不一致时，以时任董事长意见为准；若二人均不任董事长，以阮立平的意见为准。

综上所述，阮立平和阮学平两兄弟通过间接持有和直接持有的方式控制公牛集团96.96%的股份，不仅超过了半数，而且也超过了2/3，属于绝对控股，同时，根据一致行动人协议内容，阮立平是真正的实际控制人。

最后，从公司制度的设计上，可以通过设置“同股不同权”的AB股模式，以较小的持股比例获得较大的投票权，最终实现控制公司的目的。AB股模式，即将股票分为A、B两个系列，对外部投资者发行的A系列普通股有1票投票权，而管理层持有的B系列普通股每股则有N票（通常为10票）投票权。公开资料显示，AB股模式逐渐被越来越多的公司所青睐。

▶ 案例26【京东：低持股比例下的绝对话语权】

京东是我国知名自营式电商大企，经过多年的发展，京东的股权不再集中，但是创始人刘强东并未因此丧失对京东的控制权，这得益于其采用了AB股模式。

京东将普通股分为A类和B类，其中，A类股每1股拥有1票投票权，B类股每1股拥有20票投票权。创始人刘强东同时持有A类股和B类股。A类股在任何时候均不可以转换为B类股，B类股可随时自由转换为A类股。

数据显示，刘强东共持有433,181,973股，其中A类25,174,550股，B类408,007,423股，在持股13.8%的情况下，投票权比例高达76.1%（见图2-15）。刘强东曾放言，如果失去了公司的控制权，那么自己宁愿把京东卖掉，足见刘强东对控制权的把握决心，而AB股设计便是他在持股比例不高情况下拥有绝对话语权的利器。

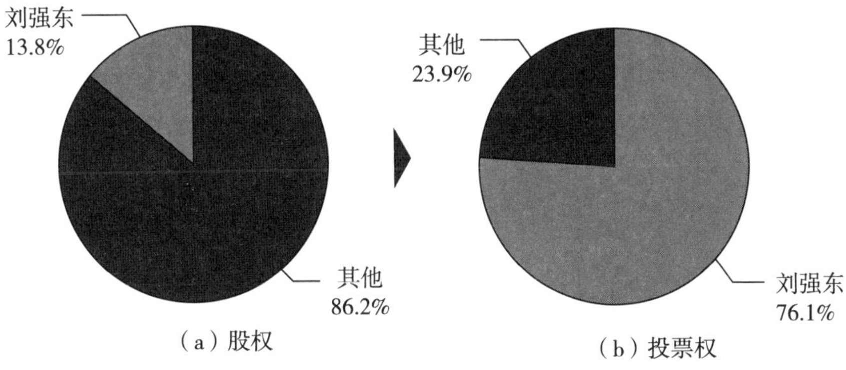

图2-15　AB股模式下京东股权及投票权结构变化

对于有限责任公司而言，《公司法》第42条规定："股东会会议由股东按照出资比例行使表决权；但是，公司章程另有规定的除外。"这是有限责任公司可以约定"同股不同权"设计AB股模式的法律依据。而对于透明度更高的股份有限公司而言，根据《公司法》第103条、第126条的规定，原则上每一股份应具有同等权利，但第 131 条规定，国务院可以对公司发行《公司法》规定以外的其他种类的股份另行作出规定。此处的“其他种类股份”可以视为包括拥有特殊表决权的股份。

我们不难发现，在上述 AB 股发展历程中，从科创板再到创业板，从科技公司再到各行各业，AB 股的安排具有广泛性。对于企业而言，AB 股模式是为其解决困境的上上之策，而如何设计 AB 股模式，如何将 AB 股模式落实在公司发展战略中，离不开企业股权战略的总体规划。

三、公司“三会一层”——治理层次

决策者要想实现特定人的控制权地位，企业治理控制要素不可或缺，了解一个公司的治理机制或者组织架构，才能从公司的治理结构和决策机制上作出安排与设计，巩固维持对公司的控制权。企业治理控制要素，即公司的“三会一层”的治理结构。“三会一层”之间可形成相对有效的制衡机制，包括股东会、董事会、监事会以及管理层的实际控制权内容，如法定代表人、营业执照、公章、关键核心资源。

在企业创始之初，往往不设董事会，设执行董事，执行董事兼任公司总经理，并且均由核心决策者自行担任。在此情况之下，决策者自身就可以完全控制公司，在结合股权设计的基础上，一方面控制公司最高权力机构，另一方面也亲身参与公司经营，作为公司最高的执行机构负责人。

但是，并非所有决策者都掌握专业的企业管理知识，大多数决策者的专业能力往往有所局限。以餐饮公司为例，一个对于满汉全席能口若悬河说上三天三夜的餐饮企业决策者，很可能对餐饮公司的经营管理之道说不出三句话。我们知道在公司发展过程中，公司管理和治理也是必不可少的，随着企业的逐步发展，决策者个人的治理能力会逐渐显现不足，此时就需要引入职业经理人，搭建公司“三会一层”治理体系（详见图 2 – 16）。

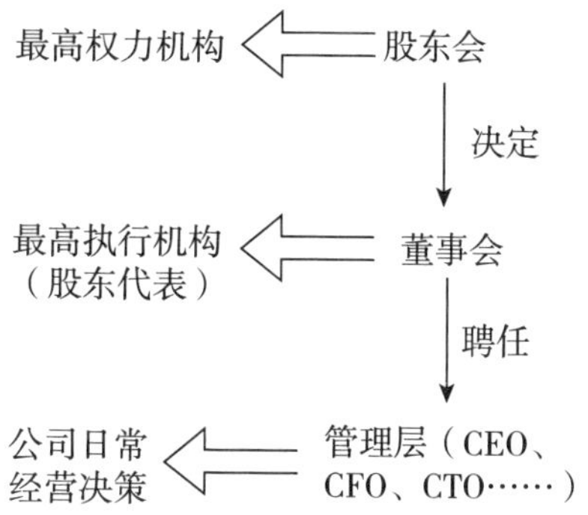

图 2－16　公司治理体系

而在企业发展过程中，我们又逐步衍生出了股东会中心主义与董事会中心主义：股东会中心主义[①]以股东利益最大化为公司治理的目标，对其他利益相关者的利益维护虽然已成为现代公司法新的理念和价值取向，但其也只是公司治理所要追加和兼顾的目标，而非对股东利益最大化的代替。在股东会中心主义中，股东为寻求自身利益而亲自进行管理的利益驱动通常会远胜于合同和法律义务对专门管理人施加的外部压力。同时，股东对公司的直接管理使所有者利益与管理者利益合二为一，根本消除了公司所有与公司经营分离模式下或民法代理关系之下管理者越权滥权这一相伴相生的公司“代理成本”。

董事会中心主义[②]在公司经营效率化和企业管理专业性追求方面具有优势。现代市场竞争和技术进步以及商事交易的复杂多变对公司管理形成更强的外部压力，提出了更高的专业化要求，具有投资财力甚至实力雄厚的股东不一定具有专业的管理能力和素养，将公司经营事务交由具有专业知识和丰富经验的职业管理人专事管理成为最具效率性的现代企业管理方式。此外，将公司主要的经营者权力赋予董事会更尊重和符合公司法人地位、人格独立

① 参见赵旭东：《股东会中心主义抑或董事会中心主义？——公司治理模式的界定、评判与选择》，载《法学评论》2021 年第 3 期。

② 参见赵旭东：《股东会中心主义抑或董事会中心主义？——公司治理模式的界定、评判与选择》，载《法学评论》2021 年第 3 期。

及其法人人格权以及财产权的内在要求，董事会因其董事多不具有股东身份，且其实行董事表决权平等、按人头表决的机制，更能摆脱股东尤其是个别股东对董事会决议的影响，从而可以更有效地发挥隔离作用。

以上分析表明，股东会中心主义和董事会中心主义两种不同公司治理模式各有主要价值目标和法律功能，对于公司经营管理各有其特别优势，因而能够适应和满足不同公司和投资者的差异化需求。公司法定类型、公司规模以及公司的股东和股权结构与股东会中心主义和董事会中心主义的取舍有十分紧密的关联，有限公司或封闭性公司，股东人数较少、规模较小的公司，股权较为集中的公司，更适宜实行股东会中心主义。而上市股份公司或公开性公司，规模较大、股东众多、股权结构高度分散的公司更适宜采取董事会中心主义。看重和强调股东利益至上和对公司经营“代理成本”容忍度较低的公司，股东会中心主义应是其理想的治理模式，而特别重视公司独立人格维持和利益相关者权益保护的公司，董事会中心主义无疑是其更好的选择。对于追求公司经营效率并高度认同和重视职业化的专业管理的公司投资者，他们肯定选择董事会中心主义，而对于自身就是优秀企业家，具有卓越决策、管理能力和丰富管理经验并情愿全力以赴专注公司经营管理的投资者，股东会中心主义也许是理所当然的最优选择。

不同公司治理模式各有所长，各有其短，没有尽善尽美的治理模式，有的只是对投资者和公司最适合、最能满足其不同投资需求、不同股东与股权结构、不同价值取向和目标追求等的治理模式。

而前述无论是股东会中心主义，还是董事会中心主义，我们都应当围绕控制权设计组织结构构成和决策机制。通过控制权设计第一层次，第二层次从股权比例上根本地控制公司，而在公司制度逐渐完善的情况下，结合公司实际情况引入第三层次的治理要素，让决策者除了对公司“大是大非”掌握决策权，同时可以掌控公司的执行机构——董事会，由此控制公司日常经营管理决策，保障企业稳步运行。

第五节 “两翼”是公司发展的重要支撑

股权激励和股权融资即为“两翼”，二者从内外两个层面共同作用，为企业发展提供驱动力。

一、对内股权战略——股权激励：人才是初创型企业的核心竞争力

随着经济的快速发展和新技术的兴起，我国已经步入人力资本时代，人才成为企业的第一资源，如何留住人才成为困扰众多决策者的难题，但是仅仅凭借传统雇佣制下的高薪酬、高福利似乎并不能达到有效吸引、留住人才并使之为公司发展全力以赴的目的。同时，高薪酬、高福利下的高税负，也使企业主面临“费钱不讨好”的窘境，尤其是对于处于初创期的企业而言，对稳定团队的渴求更是远超其他成熟企业，基于上述原因，股权激励在企业中被广泛应用。

随着股权激励的产生、兴起到如今的盛行，截至2021年12月31日，2021年全年市场上已经公布了826个股权激励方案，股权激励俨然成为各类型企业的必备“金手铐”。而自2021年以来，国家不断出台有关股权激励的法律法规、政策，包括：

（1）《科学技术进步法》明确规定，鼓励采取股权、期权、分红等方式激励科学技术人员。

（2）财政部、科技部、国资委为进一步激发广大技术和管理人员的积极性和创造性，促进国有科技型企业健康可持续发展，联合印发《国有科技型企业股权和分红激励暂行办法》。

（3）北京证券交易所的成立开市，进一步放宽了股权激励有关价格、数量等方面的限制；而税收方面我国继续将上市公司股权激励单独计税政策延

至2022年年底。北交所董事长徐明指出，要“持续优化股权激励制度和差异化表决权制度，充分体现市场化、便利性，促进管理层、技术人才和资本所有者形成利益共同体，释放中小企业创新活力”。

从前述文件来看，很多人会陷入一个误区——股权激励仅适用于科技型企业，但是如果我们从A股各板块角度来看，创业板超越主板成为股权激励计划公告数量最多的板块，达到244个；沪主板股权激励计划公告数量为235个；科创板2021年公告了149个股权激励计划；深主板股权激励公告数量为198个。可见，股权激励已经被各种类型的企业普遍运用，而不仅局限于科创板，甚至在其他各领域，股权激励的适用范围早已赶超科技型企业。

▶ **案例27【三一重工：巧用股权激励推动公司成长】**

自1994年成立以来，三一重工以年均50%以上速度增长，已经发展为中国最大、全球第五的工程机械制造商，也是全球最大的混凝土机械制造商。通过打破国人传统的“技术恐惧症”坚持自主创新迅速崛起。2003年7月3日，三一重工在A股上市。其业务和产业基地遍布全球，在国内北京、长沙、上海、昆山、乌鲁木齐等地建有产业园，在印度、美国、德国、巴西建有海外研发和制造基地。

三一重工为了解决人才紧缺的问题，实施了三次股权激励，2012年第一次实施最终并未实现行权和解锁，可以说是失败的，原因是公司订立的考核目标过高，导致公司发展未能达到条件。

随后公司又于2016年开展了两次股权激励，这两次是很成功的，通过实施股权激励，三一重工2018年营业收入和净利润都处于行业首位，增长率也位于行业前列。通过上述具体分析，我们可以清晰地了解到，三一重工的数据表现虽然与行业增长的福利有关，但是数据增长幅度是明显超过同行业其他公司的。

▶ **案例28【澜起科技：激励范围广度创科创板之最】**

作为科创板首批上市企业，澜起科技于2019年10月公布2019年限制性股票激励计划草案，而引人注意的是：本激励计划首次授予的激励对象总人数为306人，占公司员工总数316人的96.84%，包括公司公告本激励计划时在本公司（含子公司）任职的董事、高级管理人员、核心技术人员、董事会认为需要激励的其他人员，且包含部分外籍员工。激励对象范围如此之广的原因在于，公司有较多拥有国际化企业工作背景的优秀人才，只有符合海外集成电路公司股权激励覆盖面较广的惯例和特点，同时充分调动每一名员工的工作积极性，才能更好地发挥团队的创新能力，提升经营效率，促进公司业务的长期稳健发展。同时，本次限制性股票的授予价格低于科创版授予基准价规定，并聘请具有证券从业资格的独立财务顾问对本计划发表独立财务顾问报告。公司将部分外籍员工纳入本激励计划的原因在于，公司致力于国际化发展战略，纳入激励对象的外籍员工在公司的日常管理、技术、业务、经营等方面均发挥不同程度的重要作用。

根据安永华明会计师事务所对公司2019年年度报告出具的审计报告，2019年度公司实现净利润9.33亿元，大于2019年业绩考核目标A：7.59亿元，符合归属条件，公司层面归属比例为100%。通过本次激励计划，促进了公司人才队伍的建设和稳定，大大助力于公司的长远发展，也有助于巩固公司的竞争优势。

二、对外股权战略——股权融资：资本助力项目的落地

股权融资可以为公司创造更加良好的经济效益，保证在未来的很长一段时间内，公司能够不在当前激烈的竞争环境中被淘汰，股权融资是新时代经济发展下的产物，是当前阶段使用频率较高的融资方式。中国银保监会发布《关于保险资金财务性股权投资有关事项的通知》共10条，核心内容是取消保险资金财务性股权投资的行业限制，通过“负面清单＋正面引导”机制，提升保险资金服务实体经济的能力。加大保险资金对实体经济特别是中小企

业和科技企业的股权融资支持，切实降低实体经济企业成本，推动经济体系优化升级。

企业的发展需要资金支持，专业的投资人或投资公司会选择好的项目或有潜力的企业进行投资从而获得收益。经常看到某公司获得了天使投资，某公司进行了A轮、B轮融资，某公司发行私募基金、IPO等相关消息，那么，对于一家企业而言，究竟会面临多少轮融资呢？

（一）公司初创期——天使投资

天使投资是权益资本投资的一种形式。此词源于纽约百老汇，1978年在美国首次使用，指具有一定净财富的人士，对具有巨大发展潜力的高风险的初创企业进行早期的直接投资。天使投资人多指富裕的、拥有一定的资本金、投资于创业企业的专业投资家。

（二）公司成长成熟期——A、B、C、D轮融资

A轮：团队和产品模型已经在市场中初具规模，但是需要资本进行扩充。

B轮：产品已经成形且有规模，不过需要验证商业模式。

C轮：具备持续赚钱的能力，通过扩充资本来压倒对手。具有规模化的商业模式，也是理论上的最后一波融资。

D轮：D轮融资其实是C轮的升级，随后继续融资的话，也是C轮融资的升级版。

而除上述我们常见的A、B、C、D轮融资外，许多企业鉴于前期投入所需的巨额资金，所需要的往往不仅是这常见的三轮或四轮融资，一些我们耳熟能详的企业于公司成长期更是经历了多达七轮融资。

▶ 案例29【美团：以股权换资金，七轮融资下的美团发展】

2010年王兴推出美团网，并获得天使投资人王江的种子投资；同年8月，获得了红杉资本1200万美元A轮投资，美团网上海站、西安站、广州站、无锡站、南京站、石家庄站陆续上线。

2011年7月，美团获得阿里巴巴和红杉资本5000万美元的B轮融资，

美团网获得“年度最佳团购网站”“十大网络购物品牌”“团购之星”等称号。阿里巴巴领投美团网5000万美元。

2014年5月，有消息称美团获得3亿美元C轮融资，领投机构为泛大西洋资本、红杉资本及阿里巴巴跟投，美团C轮融资的估值在30亿美元左右。

2015年1月，美团网完成D轮总额7亿美元的融资，估值达到70亿美元。7月，美团网向媒体证实已经确定全资收购酷讯，该项收购价格为数千万美元。收购酷讯之后，美团网布局酒店旅游、完善产业链的脚步将不断加快；10月，美团网与大众点评宣布合并。大众点评网与美团网联合成立新公司。新公司成为中国O2O领域的领先平台。

2016年1月，美团点评完成首次融资，融资额超33亿美元，融资后新公司估值超过180亿美元。

据公开资料显示，美团自2010年成立后，共完成6轮融资加一次战略投资，已知融资金融直逼百亿美元。

美团作为互联网公司，一家“独家兽”，其在充足的融资资金的支持下，不断地扩张发展。

而除了我们常知的“烧钱”巨头互联网企业外，随着人们生活水平的提高，一些新型消费领域的企业也逐渐崭露头角，在不断吸引融资助力企业发展。

▶ 案例30【帅克宠物：新型宠物经济领域的七轮融资】

山东帅克宠物用品有限公司（以下简称帅克宠物）是一家成立于2012年的综合性宠物食品OEM/ODM代加工企业。2019年8月14日，帅克宠物完成天使轮，2020年12月29日，完成A轮、Pre－A轮融资，2021年4月14日至12月8日完成A＋轮融资，其中，2021年11月8日的融资金额达6690万元。2022年至今，帅克宠物又完成两轮融资。2022年5月高达5亿元的Pre－IPO轮融资已经成为帅克宠物3年内完成的第8轮融资。近年来，国内市场大热，帅克宠物的融资为其迅速扩大规模提供了坚实的资金支撑，而帅克宠物也不负所望，规模效益尽显。2021 年营收达到了 8 亿元，净利润则为 6000 多万元，预计 2022 年营收破 10 亿元。企业的发展壮大需要资金做铺垫，创始团队的资金终究是有限的，无法满足初创型企业的后续发展需求，多轮融资给了企业更大的赢面。

（三）公司开放期——首次公开募股

首次公开募股（IPO），是指一家企业或公司（股份有限公司）第一次将它的股份向公众出售（首次公开发行，指股份公司首次向社会公众公开招股的发行方式）。

也不乏一些企业无论做得多大，始终坚持不上市，它们的底气源于企业稳定的业务及内部充足的现金流，而有些人就会好奇，就算他们有钱，那还会有人嫌钱多吗？下面这三家公司或许就会告诉你原因。

▶ 案例 31【玛氏公司：坚决不上市的“糖果大王”】

提到玛氏公司，或许有人听都没有听说过。但说起其产品德芙、士力架，以及“快到我碗里来”的 M&M 巧克力豆，绿箭、益达口香糖，还有宝路狗粮、伟嘉猫粮，恐怕没人不知道。2015 年年底，国外调研机构 Candy Industry 公布了 2015 年全球 25 强糖果和巧克力公司排行榜，玛氏公司居首位。玛氏家族是一个神秘的家族，家族成员很少接受采访。

作为全世界最大的私人企业之一，玛氏公司坚持不上市，也就不需要公布财务报表，这更为它增添了神秘色彩，当然，这样也保证了公司管理的独立性和对利润的完全控制。

▶ 案例 32【宜家：净利润充足给予不上市的底气】

宜家业绩一直不错，但其创始人坎普拉德早已宣布：“宜家永远不会成为一家上市公司。”对此，坎普拉德给出的官方解释是，一旦上市，股东们必然要求获得更快、更多的回报，这将改变宜家的长远目标和运作方式，但他也承认宜家如果是上市公司，每年就必须拨出大约30%的获利给股东，不上市的话，这些钱就都能成为公司的储备金，以备不时之需。

▶ 案例33【安利：为保持企业发展理念而拒绝上市】

作为全球最大的直销公司，安利现在已经不仅仅是一个品牌，更像一种现象。“安利你看一部电影”“安利你用这个牌子”，现在只要把自己觉得好的东西推荐给别人都可以叫“安利”。

安利不上市是为了保证和延续安利几十年如一日的价值和理念，是着眼于长远发展的考虑，而且安利的财务状况非常健康，不需要通过上市来筹集资金。该公司总裁德·狄维士指出，家族企业的优势在于，所有的管理者都在企业的大家庭中长大，目标一致，即想方设法让公司有更好的明天，因此，在制定企业发展战略时，家族企业更能着眼长远利益。

我们会发现这些坚持不上市的公司除了具有充足的底气，更重要的是它们对企业的长远规划，玛氏公司希望实现对企业的完全控制，宜家希望保证公司的长远目标，而安利则是为了保障家族成员的目标一致。

纵览公司发展融资全程，可见经历多轮融资是公司发展的常态，公司既然不想在融资后失去对于公司控制的权力，那么经常会在面临股权融资方式时涉及一定的法律问题，要想保证公司的发展不会被制约就要及时将涉及的法律问题解决掉，这是能够提升其行业影响力的比较有效的措施之一。

在经济飞速发展的时代，内部和外部股权融资方式在许多公司中得到了广泛应用，但是它们的融资途径是不同的。如今，股权融资的形式越加丰富，外部融资有投资机构注资、在资本市场发行股票等，而内部融资除增资、对外转让股权外，还逐渐衍生出了股权激励这一新方式。当前阶段，各个企业之间的竞争愈演愈烈，所以加强融资是至关重要的。

同时，企业股权融资并不像债权融资，企业不仅能获得资金的支持，还能得到更多资源、智力、IP 的支持。

▶ 案例 34【拼多多：融资的同时引入 C2M 全新智力】

拼多多算是中国互联网界的奇迹，从创立到上市只用了两年多时间。其成立仅一个月便完成了数百万美元的 A 轮股权融资，其 A 轮背后的投资人中孙彤宇是阿里巴巴的“十八罗汉”之一，淘宝网的创始人与总裁。

成为拼多多股东后的孙彤宇，凭借对电商经济的深刻理解、丰富的实战经验，为拼多多的发展增添一份强大智力资本。而对于拼多多而言，这份智力资本的支持远大于 A 轮数百万美元的资金支持。

孙彤宇在拼多多勇敢进行了创新，采用 C2M 模式，落实多人拼单购买的想法，一举突破固有思维，其相对低廉的价格和拼团购买的方式蹿红于用户群体，正式推出一年后，单月成交额超 1000 万元，用户量破亿，可以说，拼多多的股权融资为其带来了坚实的智力资本，可谓一箭双雕。

▶ 第三章 ◀

股权战略之控制权

在一个公司股权战略中，控制权一定是一以贯之的，在控制权设计中所涉及的三层次，分别是股权数量、股权的制度设计与公司治理的核心要素。

针对不同发展阶段的公司，控制权设计所需考虑的层次是环环相扣的。

企业在初创期核心团队往往都是创始人自己打造，股东人数较少，此时决策者可以简单便捷地通过分配股权比例在数量层面实现特定对象控制公司。

而当公司迈入成长期时，其所需要面对的就是融资、融智，股权成为其手中的利器，但是与之对应的就是创始人股权比例的摊薄，仅靠绝对的数量已经无法保障控制权，此时制度化的安排就显得十分重要。

而公司进入成熟期后，规模越做越大，创始人的管理能力已经不足以支撑公司的整体管理和安排，此时决策者可能会选择引入职业经理人、财务负责人等专业人才。而这就需要决策者将控制权渗入公司日常管理中。

但是，任何一件事情都需要一个万全的考虑和发展，更何况是关乎一家公司发展控制的大计，而这需要的就是决策者全局性、战略性的股权思维。

第一节 股权设计数量层次——一目了然的控制权

在股权比例上，共有十个重要数值应当注意。此外，为应对利用股权比例进行的恶意收购，还存在相应的反制裁措施。

一、绝对控制权 67% ①——对公司事项拥有绝对控制权

根据我国《公司法》的规定，股东（大）会作出修改公司章程、增加或者减少注册资本的决议，以及公司合并、分立、解散或者变更公司形式的决议，必须经全体股东（出席会议的股东）所持表决权的 2/3 以上通过。上市公司在一年内购买、出售重大资产或者担保金额超过公司资产总额 30% 的，应当由股东大会作出决议，并经出席会议的股东所持表决权的 2/3 以上通过。

二、相对控制权 51% ②——对公司重大事项拥有相对控制权，但并非拥有绝对话语权

公司股东（大）会决定的普通事项包括向审议批准执行董事/董事会工作报告、审议批准监事会的报告、决定公司经营方针和投资计划等除须经 2/3 以上表决权通过的重大事项以外的事务。而在公司制下，资本多数决为其股东会决议通过的底层逻辑。因此，持有公司 1/2 以上股权的股东被称为“控股股东”，在创始人无法成为绝对控股股东实现对公司的绝对控股的情况下，持股比例超过 1/2 的“控股股东”也能在很大程度上掌握公司话语权。

除特别决议事项外，《公司法》也仅规定了决议事项应经过半数同意通过，因此股东（大）会一般决议事项通过比例也无须必须保持在过半数，创始人可以依据自己手中持有的表决权比例对此进行提高或降低。

在“宝万之争”发生后，数十家上市公司均通过提高通过股权比例预防恶意收购，但多数聚焦于特殊决议事项，针对一般决议事项的通过提高比例笔者却未检索到，不知是哪一家上市公司可以成为“第一个吃螃蟹的人”。

---

① 《公司法》的原文表述为 2/3 以上比例，此处为了方便读者能够更直观的感受如何掌握公司的绝对控制权，笔者将其表述为 67% 的股权比例。

② 此处为了方便读者能够更直观地感受如何掌握公司的相对控制权，笔者将资本多数决及公司章程中规定的“过半数或二分之一”以上表述为 51% 的股权比例。

三、安全控制权34%[①]——具有一票否决权

该股权比例的意义在于阻止其他股东持股比例超过2/3形成绝对控股，即针对他人取得公司绝对控股权的防御性股权比例。如果该持有1/3以上股权的股东不同意，该重大事项就无法获得通过。如此之下，持有大于或等于1/3以上股权的股东便控制了“生命线”，具有“一票否决权”的性质。

当然，除了法定的一票否决权，经常使用的还有拟订的一票否决权，对于拟订的一票否决权，下文有详细阐述，在此不再展开。

四、要约收购线30%

持有一个上市公司已发行的股份达到30%时，继续进行收购的，应当依法向该上市公司所有股东发出收购上市公司全部或者部分股份的要约。

五、重大同业竞争警示线20%

20%以上股权可对其经营决策施加重大影响，因而持有该比例股份的股东如其控制的其他公司与该公司所从事的业务相同或近似，双方构成或可能构成直接或间接的竞争关系及关联交易的情形，公司负有强制披露义务。

六、临时会议权10%[②]

持有公司10%以上表决权的股东，具有请求法院解散公司的权利和召开临时股东（大）会的权利。而股份有限公司连续90日单独或合计持有10%以上表决权的股东还可以提议召开董事会临时会议。临时股东会和临时董事会的重要性在于，经由会议这个平台，参与人可以依法传达信息、平等对话、

---

① 此处为了方便读者能够更直观地感受如何掌握公司的一票否决权，笔者将其2/3比例所对应的1/3表述为34%的股权比例。

② 此处为了方便读者能够更直观地感受如何掌握公司的临时会议权，笔者将其1/10比例表述为10%股权比例。

对新提案进行表决，从而可能从根本上改变公司现有的重大事项的布局，对公司发展起到关键作用。

七、股权变动警示线5%

持有公司5%及以上股份的股东或者实际控制人，其持有股份或者控制公司的情况发生较大变化，投资者尚未得知时，上市公司应当立即将有关该重大事件的情况向国务院证券监督管理机构和证券交易所报送临时报告，并予公告，说明事件的起因、目前的状态和可能产生的法律后果。

挂牌公司任一股东所持公司5%以上的股份被质押、冻结、司法拍卖、托管、设定信托或者被依法限制表决权的，应当及时通知公司并予以披露。直接或间接持有公司5%以上股份的股东，所持股份占挂牌公司总股本的比例每达到5%的整数倍时，投资者应当按规定及时告知公司，并配合挂牌公司履行信息披露义务。

而该比例也并不是一定的，就比如伊利股份此前试图修改公司章程，将5%的强制披露门槛降低至3%，伊利的此番修改显然与现行法律法规中关于信息披露的规定不相符，并增加了投资者的义务。

针对“股东持股达3%须通报”的这一规定，交易所要求伊利股份补充披露上述修改是否符合《公司法》《证券法》《上市公司收购管理办法》等相关规定，是否存在限制投资者依法收购及转让股份的情形。当然，在问询之下，伊利股份放弃了此条修改。

八、临时提案权3%

单独或合计持有公司3%以上股份的股东，可以在股东大会召开10日前提出临时议案并书面提交召集人。

陷入控股权之争的*ST新梅此前有意通过提高临时提案权的比例限制股东的提案权，只可惜其修改公司章程的议案直接遭到了公司股东大会的否决，甚至都未能为社会大众试探出证监会对此的态度。

九、代位诉讼权1%

在股份有限公司中，连续180日以上单独或合计持有1%以上股份的股东，具有代位诉讼权，即代替公司向侵犯公司权利的董事、高级管理人员或者第三人提起诉讼的权利。而在有限责任公司中，所有股东均有权代替公司向侵犯公司权利的人提起诉讼，即使该股东的股权比例小于1%。

十、发起人认购35%

以募集设立方式设立的股份有限公司，发起人认购的股份不少于公司股份数的35%，其余股份应当向社会公开募集。

股权数量是控制权设计的第一层面，股权比例的大小代表股东享有对公司的权利大小，作为创始人的核心决策者在创办企业之初公司合伙人较少的情况下，可以持有很多的股权，与之对应的就是对公司保持充分的控制权。

持股比例对应含义见表3-1。

表3-1 持股比例及对应含义

持股比例	对应含义
67%	完全控制权，持有该比例份额的股东也被称为大股东，对公司事项拥有绝对控制权
51%	相对控制权，对公司重大事项拥有相对控制权，但并非拥有绝对话语权
35%	以募集设立方式设立的股份有限公司，发起人认购的股份不少于公司股份数的35%
34%	安全控制权，拥有公司法赋予的七项权利，也被称为"安全线"，具有一票否决权
30%	"要约收购线"，持有上市公司已发行的股份达到30%时，继续进行收购的，应当依法向该上市公司所有股东发出收购上市公司全部或者部分股份的要约

续表

持股比例	对应含义
20%	"重大同业竞争警示线"，20%以上股权关系对其经营决策施加重大影响，因而持有该比例股份的股东如其控制的其他公司与该公司所从事的业务相同或近似，双方构成或可能构成直接或间接的竞争关系及关联交易的情形，公司负有强制披露义务
10%	临时会议权，可提出质询/调查/起诉/清算/解散公司
5%	"股权变动警示线"，《证券法》规定持有公司5%及以上股份的股东或实际控制人，需披露权益变动书
3%	单独或者合计持有公司3%以上股份的股东，可以在股东大会召开10日前提出临时提案并书面提交召集人
1%	在股份有限公司中，连续180日以上单独或合计持有1%以上股份的股东，具有代位诉讼权

▶ **案例35【比特大陆：股权比例即是王道】**

北京比特大陆科技有限公司是2013年詹克团与其他人出资注册的公司。2015年6月，在北京比特大陆科技有限公司中，詹克团持股61%，吴忌寒持股22.9%，另有赵肇丰、葛越晟、胡一说三位股东，他们在2013年公司成立时已是登记在册的股东。2016年10月，股权结构变为詹克团50.29%、吴忌寒28.28%、赵肇丰8.75%、葛越晟5.83%、胡一说5.83%、宋文宝1.01%，这一股权比例持续到2017年8月融资时也没发生变化。

不论是原先的持股中还是变更后的持股，詹克团都拥有对公司的相对控制权和一票否决权。在公司初创期，从股权数字层面直接控制公司，短平直的管理模式为北京比特大陆科技有限公司的迅速发展奠定了根基。

十一、股权数量层面下恶意收购的反制措施

股权比例肯定是一家公司控制权的根本，如果真的碰到"野蛮人"以高

价恶意收购较大比例的股权时，那对于公司决策者而言一定是很危险的，但是针对恶意收购的方法也有很多，最为经典的就是“毒丸计划”了，这是一种负向重组方式。通常情况下表现为目标公司面临收购威胁时，其董事会启动“股东权利计划”，通过股本结构重组，降低收购方的持股比例或表决权比例，或增加收购成本以减低公司对收购人的吸引力，达到反收购的效果。通过提前授予目标公司股东按照事前约定的高折价认购目标公司股票的认股权证，来保护公司股权结构的稳定，最初的形式很简单，就是目标公司向普通股股东发行优先股，一旦公司被收购，股东持有的优先股就可以转换为一定数额的收购方股票。除了优先股转换外，还有一种“突然逆转毒丸”计划，就是以目标公司发行的买入期权（calloption）的形式出现。根据这种计划，“毒丸证券”的持有人有权以远高于现行市场价格的执行价购入目标公司的普通股或优先股。如果发生合并，这种权利逆转为允许持有者以极大折扣购入收购公司的股份。例如，普通股市价为40美元的公司给予其每一股份以100美元/股的价格购入普通股的期权。当发生合并时，这种权利发生逆转，其持有人仅需花100美元就可购买收购公司价值200美元的股份。盛大、马斯克都是遭遇了“毒丸计划”，导致收购美梦破灭。

▶ 案例36【盛大：“毒丸计划”让收购美梦破灭】

上海盛大网络发展有限公司（以下简称盛大）成立于1999年11月，是集互动娱乐产品开发、运营、销售为一体，涉足周边产品、出版物，形成立体化品牌经营平台的大型集团化企业。国际数据公司（IDC）发布的2003年游戏收入预测表明，盛大是当时中国最大的网络游戏运营商。

新浪是一家服务于中国及全球华人社群的领先在线媒体及增值资讯服务提供商，注册用户超过一亿。新浪拥有多家地区性网站，是中国最具知名度的互联网品牌。

2005年2月，不甘心只做网络游戏的盛大通过公开市场收购了新浪19.5%的股份，其目的就是将新闻资讯、网络游戏、休闲游戏等数字娱乐内容全部植入其数字家庭，实施盛大的数字家庭娱乐战略。但对于盛大的恶意收购，新浪进行了强烈的反制。

2006年3月28日新浪公司宣布，其董事会已采纳了股东收购股权计划，以保障公司所有股东的最大利益。按照该计划，于股权确认日（预计为2005年3月7日）当日记录在册的每位股东，均将按其所持的每股普通股获得一份购股权。

在购股权计划实施的初期，购股权由普通股股票代表，不能于普通股之外单独交易，股东也不能行使该权利。

只有在某个人或团体获得10%或以上的新浪普通股或达成对新浪的收购协议时，该购股权才可以行使，即股东可以按其拥有的每份购股权购买等量的额外普通股。盛大及其某些关联方目前的持股已超过新浪普通股的10%，而收购股权计划允许其再购买不超过0.5%的新浪普通股，其他股东不能因盛大及其关联方这一0.5%的增持而行使其购股权。

一旦新浪10%或以上的普通股被收购（就盛大及其某些关联方而言，再收购新浪0.5%或以上的股权），购股权的持有人（收购人除外）将有权以半价购买新浪公司的普通股。如新浪其后被收购，购股权的持有人将有权以半价购买收购方的股票。每一份购股权的行使价格是150美元。

在一般情况下，新浪可以以每份购股权0.001美元或经调整的价格赎回购股权，也可以在某位个人或团体获得新浪10%或以上的普通股以前（或其获得新浪10%或以上普通股的10天之内）终止该购股权计划。

新浪推出的股东购股权计划（俗称“毒丸计划”）迅速扼杀了盛大进一步增持新浪股票进而收购控制新浪的企图。同时，盛大花巨资打造的“盒子”在市场上遭冷遇，巨额研发费用“打水漂”，盛大的数字家庭娱乐战略宣告失败。之后，盛大对新浪股票的收购转变为纯粹的投资。

▶ 案例37【推特：欲用“毒丸计划”阻止马斯克收购】

2022年4月，在亿万富翁马斯克提议把推特私有化之后，推特的董事会正在考虑采取措施来帮助公司抵挡敌意收购。

推特董事会考虑的方案之一是“毒丸计划”。特斯拉 CEO 马斯克曾提议以每股 54.20 美元现金收购推特，这家社交媒体公司的估值目前达到 430 亿美元。马斯克称这是他“最高也是最终”的收购报价。早些时候，马斯克已经积攒了逾 9% 的推特股份。推特董事会开会评估马斯克的要约，以判断其是否符合公司及所有股东的最佳利益。面对马斯克的攻势，推特采取了防御措施。4 月 15 日，推特宣布董事会全体成员一致通过“毒丸计划”：一旦有实体、个人或团体在未经董事会批准的交易中获得推特已发行普通股的 15% 以上，“毒丸计划”将生效。那么，除去触发计划行使的实体、个人或团体之外，其余的现有股东可按照一定的行权价格购买额外的公司普通股，虽不确定行权价到底是多少，但他们有权增持届时市价为两倍于行权价的普通股。公司表示，此举将减少任何实体、个人或团体通过二级公开市场积累获得推特控制权的可能性，而且前者必须向所有股东支付适当的控制权溢价，并给推特董事会足够的时间来作出明智判断、采取符合股东最佳利益的行动。

“毒丸”策略允许现有股东以折扣价购买更多股份，等于稀释了“敌方”的所有权权益。在公司遭到投资者攻击或面临敌意收购的时候，“毒丸”策略很常用。马斯克曾在一个 TED 会议上表示，他不确定自己“真的能买下”推特。马斯克补充说，他意在保留“法律允许的尽可能多的股东”，而不是自己全资持股。

第二节 股权设计制度层次——持股比例的补强

企业发展过程中一定会面临股权融资以及股权激励，决策者的持股数量可能会基于融资或上市的要求抑或是激励人才而有所减少，决策者往往难以依靠悬殊极大的持股比例控制公司，那么，在数量层面难以保持实际控制人地位时，决策者又该如何继续保证控制权呢？这个时候决策者就应当进入第二个层次——股权的制度设计。

在第二个层次中，主要涉及三种方法针对控制权进行一个制度化的安排——从顶层架构入手搭建持股平台、股东间协议安排绑定控制权以及同股不同权机制的设计。

一、公司持股平台的搭建

对于非上市公司来说，由于股东数量受限，并且具有非公开的属性，股权和控制权的关联将会更加明显，如果贸然通过自然人直接持股的方式，将可能造成股权稀释、控制权受影响，或者决策者自身承担风险过大，前期投入过多，公司决策效率降低等不利后果。

很多公司决策者担心让一些投资人或者员工直接持股不利于股权结构的稳定、不利于优质高效决策，为了更稳定地控制公司，在股权设计时采用了间接持股的方式，这也是有一定道理的。

实践中，大部分公司会采取间接持股的方式，由持股平台持有公司的股份，而员工或者投资人通过持有持股平台的股份而间接持有公司股份，如此一来，投资人与员工就不具有主体公司直接的股东身份，无法直接对主体公司行使股东权利，从而达到保障决策者控制权的目的。由于不同持股平台的经营管理模式存在差异，结合不同公司的需求会采用不同的持股平台保障控制权。在实践过程中，主要衍生出以下两种持股平台的选择：

（一）有限合伙企业

1. 有限合伙企业的概念

有限合伙是指一名以上普通合伙人（GP）与一名以上有限合伙人（LP）所组成的合伙。普通合伙人对合伙企业债务承担无限连带责任，有限合伙人以其认缴的出资额为限对合伙企业债务承担责任。在做股权设计时，以有限合伙企业作为持股平台，通常由公司实控人担任普通合伙人，其他参股人员担任有限合伙人。

《合伙企业法》出台后，有限合伙形式开始大量出现，我们会发现市面上越来越多的公司会选择用有限合伙企业作为公司的持股平台。

2. 有限合伙企业的优势

控股成本低：在有限合伙企业中，普通合伙人对外代表合伙企业，而有限合伙人不执行合伙事务，不得对外代表有限合伙企业。因此，成为普通合伙人就成为合伙的控制人，公司需要股东（包括持股平台）做决策时，大多数决议只需要普通合伙人作出即可，操作更加简便。同时，由于有限合伙人和普通合伙人以其承担无限连带责任与否加以辨别，所以成为普通合伙人对投资金额没有要求，而且由于普通合伙人可以以劳务出资，普通合伙人甚至可以不用投入资金。

正因为普通合伙人可以通过较少的出资获得合伙企业的控制权，有限合伙成为企业在选择持股平台的常见选择。

操作便捷：合伙企业最大的特点是“人合性”，不同于公司的设立，合伙企业中的事项可以通过合伙协议来实现，只要不违反法律强制性规定，合伙人间可以规定任何内容，因此相对于有限责任公司，合伙企业的运作将会更加自由。

3. 有限合伙的劣势

普通合伙人的无限连带责任：正因为合伙企业没有法人资格，难以对外以合伙的财产独立承担民事责任，普通合伙人需要对合伙的债务承担无限连带责任。故对于普通合伙人来说，有一定的风险。因此，实践中也有公司通过再设立一个有限公司，作为持股平台的普通合伙人，通过加入公司有限责任这道“防火墙”，避免个人陷入无限责任中去。因此，笔者在为企业搭建持股平台时，会着重强调：一定不要利用有限合伙企业对外开展业务经营。

▶ 案例38【蚂蚁金服：有限合伙模式下的股权激励】

蚂蚁科技集团股份有限公司（以下简称蚂蚁金服）的两大股东是两个有限合伙企业——杭州君瀚股权投资合伙企业、杭州君澳股权投资合伙企业。通过将相关员工设置为上述合伙企业或上述合伙企业的普通合伙人的有限合伙人，实施股权激励计划。具体可见图 3－1 的结构：

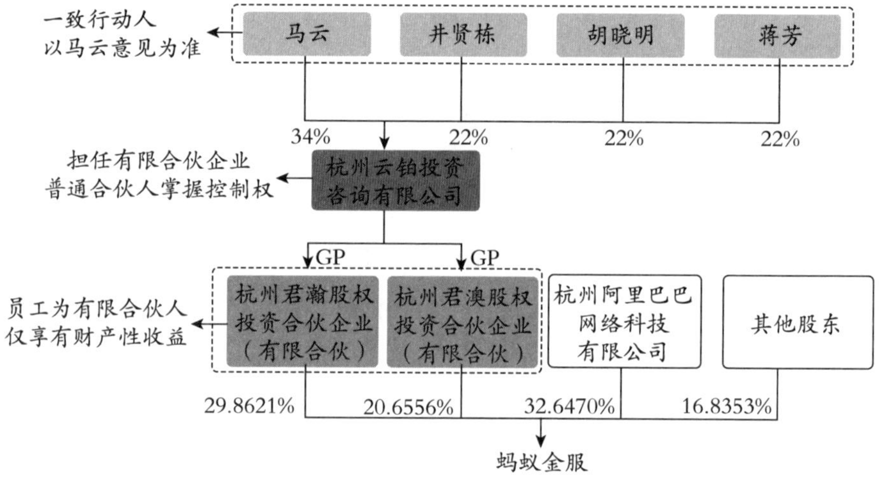

图 3－1　蚂蚁金服股权激励计划

资料来源：截至 2022 年 4 月 25 日通过企查查公布信息查询。

（二）有限责任公司

1. 有限责任公司的概念

有限责任公司指根据《公司登记管理条例》规定登记注册，由 50 个以下的股东出资设立，每个股东以其所认缴的出资额对公司承担有限责任，公司以其全部资产对其债务承担责任的经济组织。

在该种模式下，其他参股股东作为自然人股东，持有持股平台的股权，而持股平台作为公司的法人股东，持有公司的股份。其他参股人员通过此种间接持股的方式拥有了公司的股权，以此达到将其他参股人员利益和公司利益“相绑定”的初衷，实现他们共同分享公司经营收益的目的。

2. 有限责任公司的优势

规范性：有限责任公司的行为受到公司法的约束，设立需要符合法定要求，内部需要设置股东会、董事会（执行董事）和监事会（监事），对于股东、董监高的权利义务有清晰的规定，等等；并且，有限责任公司的成立与变更需要到工商行政部门进行登记，如果未按照工商部门的规定履行相应的行政程序，将可能受到行政处罚，因此，有限责任公司的运作受到法律和行政部门的管理，治理相对规范。

风险隔离：有限责任公司具有独立的法人资格，公司法人人格是指公司作为法人所具有的类似于自然人的独立法律主体资格，英美法学者形象地将公司的独立人格描绘为罩在公司头上的“面纱”，这层“面纱”将公司人格与其成员个人人格分离，使股东免受公司债权人的直接追索。

3. 有限责任公司的劣势

有限责任公司的规范运作是一把“双刃剑”，正是因为其规范性，给公司运转经营的操作也带来一定影响。

控股成本高：对于持股平台，公司无疑需要通过控制该平台从而保障最终控制权的稳定，因此，公司或公司实控人、大股东必须是持股平台的控股股东，其他参股的员工或者投资人只能是小股东。公司无论是通过自身还是大股东持有持股平台的股份，一旦需要对持股平台有完全的控制权，就意味着需要认缴相应比例的注册资本金，这对公司来说也是一笔不容忽视的开支，毕竟这和吸引投资或实施股权激励的规模成正相关，要想股权激励的力度越大，吸引的投资越多，公司需要投入的成本也就越高。

操作流程复杂：有限责任公司作为持股平台，兼具人合与资合的属性，在需要持股平台参与主体公司股东会作出意思表示前，需先经过持股平台内部规定形成股东会决议等法律文件，否则，虽然投资人或员工不能直接干涉主体公司的经营，却可以通过对持股平台主张股东权利，从而影响主体公司的经营计划。

▶ 案例39【爱尔眼科：公司成熟后的风险隔离——有限责任公司为持股平台】

爱尔眼科作为专业眼科连锁医疗机构，主要从事各类眼科疾病诊疗、手术服务与医学验光配镜，目前医疗网络已遍及中国、欧洲、美国、东南亚等，奠定了全球发展的战略格局。公司独具特色的“分级连锁”发展模式及其配套的经营管理体系高度适应中国国情和市场环境，通过不同层级医院的功能定位，提高资源共享效率、医疗水平，不断拓展医疗网络的广度、深度和密度，持续增强集团的整体实力和各家医院的竞争力，实现了经济效益和社会效益的和谐统一，为保持长期健康快速发展奠定了扎实的基础。

其创始人陈邦通过直接和间接持股达到43.86%的股权。其中，直接持股15.77%，通过持股平台爱尔医疗投资集团有限公司（以下简称爱尔投资集团）间接持股27.90%：陈邦通过直接持股79.99%绝对控制爱尔投资集团，而爱尔投资集团又作为爱尔眼科医院集团股份有限公司的大股东，持股34.97%，从而实现陈邦控制爱尔眼科医院集团股份有限公司的最终目的。同时，爱尔投资集团的注册资本为人民币4338.5万元，而34.97%的爱尔眼科医院集团股份有限公司股权所对应的注册资本高达人民币19亿元左右，陈邦巧用有限责任公司作为持股平台，合理有效地起到了风险隔离的作用（见图3-2）。

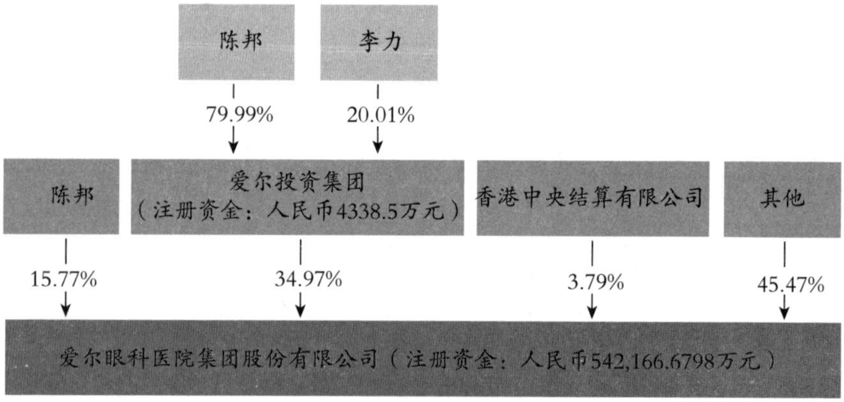

图3-2　爱尔投资集团股权结构

这么做可以带来以下好处：

（1）在稳定其核心决策者控制权地位的基础上，还可以利用持股公司的杠杆作用，花更少的钱做更大更多的生意。

(2) 利用持股公司有税收筹划的空间，少缴个人所得税，增加股东税后收益。

(3) 利用持股公司有利于自然人隔离风险，规避或降低投资风险。

(三) 信托模式

除了前述常见的两种持股平台的选择，另一种持股模式近些年也逐渐走入大众的视野——信托。

1. 信托模式介绍

信托，是指委托人基于对受托人的信任，将其财产权委托给受托人，由受托人按委托人的意愿以自己的名义为受益人的利益或者特定目的，进行管理或者处分的行为。

如果采取信托作为持股平台，具体操作为：公司出资，或者公司和其他参股股东共同出资，将资金委托信托机构购买本公司股票，由信托机构持有公司股票，其他参股股东作为受益人。

2. 信托的优势

其他参股股东进出便捷：信托作为一种持股平台，在出现其他参股股东需要退出的情形时，比如，激励员工的离职，投资人的退出，可直接将员工从受益人名单上除名，不需要通过相应的工商变更登记或合伙人协议来将其除名，其他参股股东拥有的只是受益权，而该权利可以根据委托人与受托人之间的协议予以确认，在任何时候都可以由受托人将其收益权剥夺。

信托财产的独立性：信托财产的一大特点是信托财产的独立性，即信托财产与委托人的财产具有严格的区别，作为委托人的公司股东或实际控制人破产或死亡，或出现其他情况，都不会影响信托财产的持续运营，其他参股股东作为受益人，仍然可以从公司股票中受益。

3. 信托的劣势

成本高：公司的实际控制人或大股东将资金或股票的财产权委托给信托

机构管理，需要和信托机构签订信托合同并支付较为高昂的信托报酬。除了报酬费用外，公司需要自己出资给员工或投资人购买股票，其中的成本也不容小觑。

案例40【龙湖地产：创始人婚变，公司股价平稳运营】

记者出身的吴亚军，在地产界打拼多年后大有所成，但夫妻感情逐年“趋淡”；在默契地维持婚姻关系的同时，她设立一批在境外小岛上注册的离岸公司及信托，于2009年让龙湖地产成功上市，然后再回头从容解决离婚分财产的问题。

龙湖地产上市3年后，吴亚军才与丈夫蔡奎分家。吴亚军离婚消息传出，资本市场持续回响，龙湖地产股价当日跌幅达到4.2%。但是，后来基本保持平稳。可以说，股权架构的设立在其中起到了极为关键的作用（见图3－3）。

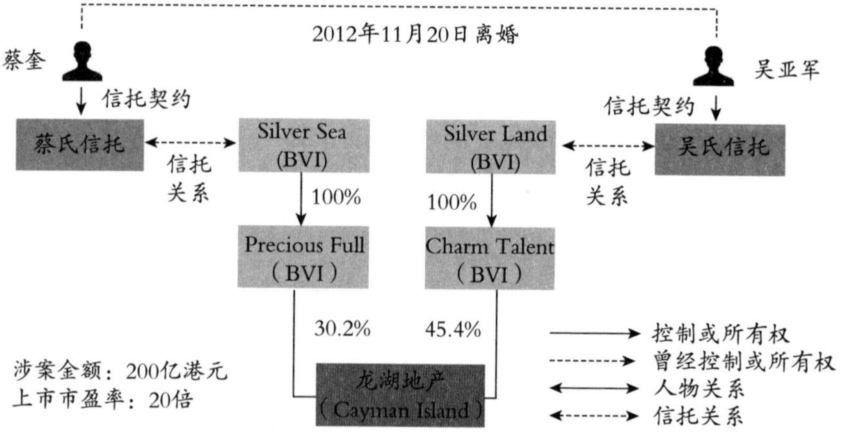

图3－3　龙湖地产上市时股权结构

（1）上市前的隔离架构设计。

2007年，吴亚军夫妇在开曼注册了“空壳公司”龙湖地产，持有者为吴亚军夫妇分别控制的BVI公司Charm Talent和Precious Full。

2008 年，吴亚军夫妇分别设立吴氏家族信托和蔡氏家族信托，两者均为全权信托。

吴亚军夫妇分别作为信托的委托人和保护人，将各自持有的龙湖地产（开曼）的股权以馈赠的方式分别注入汇丰国际的全资子公司 Sliver Sea 和 Sliver Land 中，这两家公司再分别持有各自 BVI 公司的股权。

吴亚军夫妇分别用各自的家族信托持有各自上市公司的股权份额，而同时在披露上两人共同控制上市公司 75.6% 权益。

（2）离婚股权分割。

在离婚前夜，即 2012 年 8 月 6 日，根据港交所公开的资料，吴亚军将此前共同持有的 75.6% 权益的龙湖股份（相当于约 39 亿股），分割为吴亚军持有 45.4% 权益、蔡奎持有 30.2% 权益。

（3）离婚完成。

8 月 5 日为离婚前持有权益情况，8 月 6 日起为婚变后持有权益安排。11 月 19 日，为避免龙湖大量股份落在第三方手上，蔡奎已签署协议书，让吴亚军暂时掌管其 28% 股权。

分割进行得无声无息，股价都没来得及有反应。也因为分割不涉及上市公司股权变动，对公司运营也没有实质影响，股价也没必要有任何反应。

至此，分割完了，婚离完了。

这都得益于在上市时两人就用信托分割好了财产。分割应该只是把各自从对方家族信托的受益人中除名而已。

（四）上市公司“三类股东”

“三类股东”是指发行人在挂牌期间形成的契约型基金、信托计划、资产管理计划等类型的股东。如果初创型企业在设计股权架构时拟采用前述类型作为持股平台，同时又有上市需求的，需要留意证监会对“三类股东”的相关规定。

由于交易所对拟上市的公司有“股权架构清晰、股权不存在重大权属纠纷”的要求，而这三类股东由于实质是名义股东代持实际投资人的股份，往往存在难以穿透、明晰实际控制人的情形，因此，在早些年，携“三类股东”上市需事先清理就成为不成文的“行规”。但在2019年3月25日，证监会发行监管部发布了《首发业务若干问题解答》，针对“三类股东”的核查，证监会已不再要求发行人将“三类股东”层层穿透至自然人，因此，对于“三类股东”不必全部清理或层层穿透，但留下的必须能够满足审核标准。审核标准总结为以下三条：（1）针对发行人在新三板挂牌期间形成契约性基金、信托计划、资产管理计划等“三类股东”的核查，证监会明确，中介机构应核查确认公司控股股东、实际控制人、第一大股东不属于“三类股东”。（2）中介机构应核查确认发行人的“三类股东”依法设立并有效存续，已纳入国家金融监管部门有效监管，并已按照规定履行审批、备案或报告程序，其管理人也已依法注册登记。（3）在发行人方面，证监会要求要根据披露“三类股东”相关过渡期安排，以及相关事项对发行人持续经营的影响，发行人应当按照首发信息披露准则的要求对“三类股东”进行信息披露。

▶ 案例41【西部超导：首家携“三类股东”过会的企业】

西部超导材料科技股份有限公司2003年成立于西安经济技术开发区，总股本44,127.2万股。公司主要从事高端钛合金材料、高性能高温合金材料、超导材料的研发、生产和销售，是我国航空用钛合金棒丝材料的主要研发生产基地，是目前国内唯一实现超导线材商业化生产的企业，也是国际上唯一的铌钛铸锭、棒材、超导线材生产及超导磁体制造全流程企业。公司于2019年7月22日在上海证交所科创板上市，股票代码：688122。而在公司发展过程中，西部超导先行挂牌于新三板创新层，在挂牌期间，通过市场交易融资，引入了多个“三类股东”（见图3－4）。

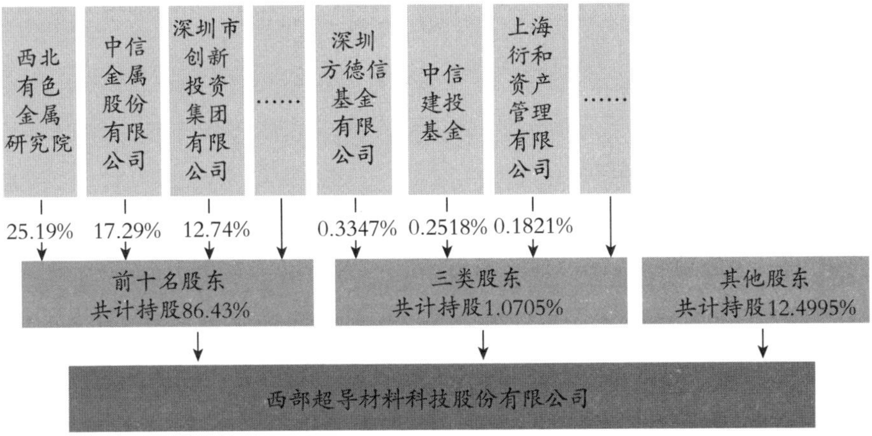

图3－4　西部超导股权结构

西部超导便是按照《上海证券交易所科创板股票发行上市审核问答(二)》问题9的要求对“三类股东”问题进行了一一披露，没有将“三类股东”层层穿透至自然人，也未进行清理，最终成功在科创板首发上市，是首家携带“三类股东”过会的科创板企业。

综上，笔者建议，在选择持股平台时，决策者应当结合设立持股平台的用途及公司发展阶段综合确定。笔者建议企业在初创期可以选择有限合伙企业作为持股平台，关键原因就在于其控股成本低，而且企业的人员必然存在一定变动，在多轮融资、融智过程中，总是会有核心员工及投资人进进出出，在这种情况下，有限合伙企业明显是企业的最优解。而无论是有限责任公司还是信托，对于企业而言，无疑会造成一定的管理压力。但当公司业务逐步拓展，步入发展期与成熟期时，有限责任公司与信托也不失为一种基于风险考量角度的进阶选择。

二、股东间的协议绑定

股东之间的意思自治具有相当的灵活性，在协议层面，股东可以达成一致行动人协议、表决权委托、股权代持协议等，以进行股东之间的利益绑定，进而辅助实现企业控制权的集中。

（一）一致行动人

1. 一致行动人的概念

一致行动人，是指在公司的股东会表决过程中有一致行动情形的投资者，他们之间互为一致行动人。一般情形下，一致行动人之间有股权控制关系，或者存在共受同一主体控制等关联关系。但是，能够成为一致行动人的前提条件是他们可以通过协议、其他安排等方式，共同持有主体公司具有表决权股份，以此才能形成合力达到实际控制主体公司的目的。

2. 一致行动人的法律法规、政策规定

我国法律中最早界定一致行动人概念的法律文件是2002年12月发布的《上市公司股东持股变动信息披露管理办法》，目前已经失效。该办法第9条对一致行动人作出了如下规定：一致行动人是指通过协议、合作、关联方关系等合法途径扩大其对一个上市公司股份的控制比例，或者巩固其对上市公司的控制地位，在行使上市公司表决权时采取相同意思表示的两个以上的自然人、法人或者其他组织。

最新的涉及一致行动人概念的法律文件是在2020年修正的《上市公司收购管理办法》。该办法第83条规定，本办法所称一致行动，是指投资者通过协议或其他安排，与其他投资者共同扩大其所能够支配的一个上市公司股份表决权数量的行为或者事实。

3. 一致行动人签署要点

（1）一致行动的“客体”：签署“一致行动人协议”的客体是目标公司的表决权，是为了在最终决议事项中将各个股东的表决权进行合并计算。

（2）一致行动的“客观行为”：采取一致行动的客观行为是指签署了一致行动人协议的股东保持相同的意思表示，并且一定要注意当一致行动的股东意见不一致时，应当以某一个股东意见为准。常见的有：①以持股比例较大的股东意见为准；②以意思表示一致的股权比例较大方立场为准。也正因如此，部分公司股东签署一致行动人协议后，就相当于在公司股东会之外又建立了一个有法律保障的“小股东会”。

其实，任何一个公司、任何一个决定归根结底都是需要有一个人拍板决定的，人少比人多好决定，一个人比一群人好决定，我们只能尽善尽美地去保证我们这一个创始团体是相对民主的，但是如果要真的遇到这种极端情况的话，我们还有一种确定意见的方法，就是以特定股东意见为准。一群人，无论人多人少一定是要有一个“带头大哥”的，前面说的几种方法都是有人用的，像国内首家公有云科创板上市公司——优刻得，就是采取了第一种方法：“季昕华、莫显峰及华琨为增强共同控制及一致行动关系，先后签署了《一致行动协议》《一致行动协议之补充协议》《一致行动协议之补充协议二》。相关协议对季昕华、莫显峰及华琨未来继续保持对公司的共同控制地位做了一致行动安排，将按互相之间少数出资额服从多数出资额的原则确定一致的表决意见。”① 但是，在蚂蚁金服的股权架构中，马云、蒋芳、胡晓明与井贤栋之间签署的一致行动人协议就是以“特定股东意见为准”，直接确定为以马云意见为准。公牛集团约定以时任公司董事长的股东意见为准：“董事会、股东会以及公司重大事项决策时均采取一致行动，如出现意见不一致时，则以时任董事长意见为准；若二人均不任董事长，则以阮立平的意见为准。”公牛集团相较于一般的意见确定方式而言又多了一丝创新：其以董事长身份为区分，并结合创始人阮立平的核心地位确定了在一致行动人产生分歧时的意见确认方式。

（3）一致行动的“主观目的”：采取一致行动的主观目的一定是扩大其对目标公司的股权控制比例，或巩固创始人对公司的控制地位。两个目的针对的群体是不同的，因此公司实控人在审查公司一致行动人关系时，一定不能忽略小股东之间的联合。

（4）一致行动的“主体”：鉴于前述主观目的，一致行动的签署主体一

① 优刻得《首次公开发行股票并在科创板上市招股说明书》。

定不能局限于公司控股股东、前十大股东，更为重要的一部分是公司的小股东，是一些平常可能容易被忽略的持股比例微乎其微的股东，避免公司被“黑衣骑士”围剿。

▶ 案例42【网宿科技：一致行动人的示范条款】

2005年10月27日，通过股权受让的方式，陈宝珍和刘成彦分别成为网宿科技第一大股东和第二大股东，并持续至今；陈宝珍在2000年1月至2007年5月担任网宿科技监事，刘成彦自2005年10月至2007年5月担任网宿科技执行董事，2007年5月后至今担任网宿科技董事长。自2005年10月27日起，陈宝珍和刘成彦在公司历次股东（大）会表决中均保持一致，共同控制公司，具体如下：

陈宝珍、刘成彦于2009年4月签署了《一致行动人协议》，该协议自双方签署后生效，至发行人首次公开发行股票并上市交易36个月届满后失效，该协议中对双方保持一致行动事宜作出如下约定：

（1）在处理有关公司经营发展且需要经公司股东（大）会审议批准的重大事项时应采取一致行动。

（2）采取一致行动的方式为：就有关公司经营发展的重大事项向股东大会行使提案权和在相关股东（大）会上行使表决权时保持充分一致。

（3）如任一方拟就有关公司经营发展的重大事项向股东（大）会提出议案，须事先与另一方充分进行沟通协商，在取得一致意见后，以双方名义共同向股东大会提出提案。

（4）在公司召开股东大会审议有关公司经营发展的重大事项前须充分沟通协商，就双方行使何种表决权达成一致意见，并按照该一致意见在股东（大）会上对该等事项行使表决权。如果协议双方进行充分沟通协商后，对有关公司经营发展的重大事项行使何种表决权达不成一致意见，双方在股东（大）会上对该等重大事项共同投弃权票。上述一致行动的约定充分保证了陈宝珍和刘成彦两人对公司行使控制权的稳定性和有效性。

（二）表决权委托

1. 表决权委托的概念

表决权是股权的一个分支权利，表决权是股东参与公司经营的重要表现方式。公司股东行使表决权的方式有两种，一种是直接行使表决权参与公司决策，另一种是间接行使，本书中的“表决权委托”就是股东间接行使表决权的方式之一。股东表决权委托包含两层意思：一是委托合同关系，二是代理权的授予，同时表决权委托兼具授权委托书的性质。表决权委托在当下就是一种控制权实现的工具，实现了不转让股权但转让控制权的目的。

2. 表决权委托的法律依据

在我国《公司法》层面上，仅在第四章“股份有限公司的设立和组织机构”中针对表决权委托进行了规定：“股东可以委托代理人出席股东大会会议，代理人应当向公司提交股东授权委托书，并在授权范围内行使表决权。”但并未明确地针对有限责任公司表决权委托进行规定。

但是，投票权委托的真实面目是股权中的表决权可以单独分离行使，基于有限责任公司人合兼资合的属性，在法律没有强制性规定的情况下，从人合属性出发并结合民法的基本原理，投票权委托制度在有限责任公司中也是自然适用的。

3. 表决权委托的注意要点

明确表决权委托约定：在签订任何一个委托或授权书时，涉及的基本要素为：委托期限、委托范围以及委托费用，表决权委托也不例外。而从控制权的角度出发，签署表决权委托协议是为了进一步控制公司，因此，常见的约定为：不可撤销、不设限制［须经公司股东（大）会表决的全部事项］、无偿地将目标公司××%的股权（份）所对应的全部表决权委托给×××行使，×××可依据自身意愿自由行使前述表决权。

亦有表决权委托仅委托部分事项的，常见的表述如下：

委托人不可撤销地承诺，授权受托方按照受托方的意思在目标公司召开股东会审议下述事项时行使委托方作为目标公司股东而依据目标公司届时有效的公司章程享有的表决权：（1）制订中长期发展规划、经营方针、投资计划、融资计划；（2）审议批准公司的年度财务预算、决算、利润分配和弥补亏损方案；（3）选举和更换董事、监事，决定有关董事、监事的报酬事项；（4）固定资产采购及处置；（5）管理机构设置；（6）聘任或解聘公司高级管理层；（7）制定公司基本管理制度；（8）其他股东会一般决议事项。

除此之外，笔者还进一步建议企业家应当对投资人持有的将表决权进行委托的股权再增加一个限制：针对表决权委托的股权（份）的转让需要先行经过公司决策者的同意，首先投资人是一个财务投资人，对他而言未来最大的收益来源一定是公司增值，而表决权委托协议实质上是民法层面的双方平等主体之间所签订的合同，而合同具有相对性，如果该部分股权（份）由第三人受让后，那么新加入的股东并非表决权委托协议的相对方，自然也没有义务遵守表决权委托协议。所以，笔者建议公司决策者在签署表决权委托协议的同时，基于法律规定，在不实质剥夺股东转让股权（份）权利的基础上，对委托人转让股权（份）加以限制，比如，约定受托人有权优先购买委托人拟转让的股权（份），或者要求受让人另行与公司决策者签订符合要求的表决权委托协议。

4. 表决权委托案例解析

几乎所有上市公司控股股东表决权委托公告中都规定表决权委托是不可撤销的，但是表决权委托本质上还是合同，具有天然的脆弱性，根据《民法典》的规定，合同双方可以随时解除合同，这和实践中约定的表决权委托不可撤销显然又有些矛盾，尽管委托双方签订的是不可撤销的表决权委托协议，但实践中存在委托方单方撤销表决权委托的案例。

▶ 案例 43【ST 准油：“君子协议”的破灭——表决权委托协议违约被撤销】

笔者在巨潮资讯网搜索发现，2016 年 ST 准油就公告了控股股东表决权委托同时伴随实际控制人变更的信息，公司的控股股东将其持有的上市公司的表决权全权委托给受托人行使，但不到一年时间，ST 准油控股股东就于

2017年单方撤销了表决权委托，同时在公告中指明是因受托方违约而撤销，受托人了解该信息后，第一时间发布公告称并未违约，并主张委托人单方撤销表决权委托是对双方约定不可撤销表决权委托的违背，所以表决权仍然应该由受托人行使。

理论上，即使签署了“不可撤销”的表决权委托协议，这种协议也只能是“君子协议”，且这种不可撤销的表决权委托不适用强制执行。因此，委托一方单独宣布表决权撤销造成了表决权委托由谁行使不明确，直接导致上市公司控制权处于不稳定的状态，因为违约撤销方大都是委托方撤销，委托方违约撤销后，双方势必产生表决权归属争议，在争议还没有得到妥善解决前，上市公司控制权归属不明。

▶ 案例44【神开股份：股权擅自转让，表决权委托成为一纸空文】

在上市公司控股股东表决权委托协议中，存在将约定中的表决权委托单方撤销然后将相关股权转让给其他人的情况。

神开股份（证券号：002078）的控股股东顾正与其一致行动人于2015年9月通过“协议转让+表决权委托”的方式，将7%的股权转让给业祥投资，业祥投资成为神开股份股东，同时控股股东及其一致行动人将15%的表决权委托给业祥投资行使。此时受托人业祥投资成为上市公司持有表决权最大的股东，一跃成为上市公司控股股东。但在2016年6月，顾正等人单方宣布撤销表决权委托，并将15%的股权以8.78亿元的价格转让给宁波惠佳投资。

从形式上看，将股份转让给他人受托人并不会损失什么，但是无偿的表决权委托大都是基于受托人对表决权委托的期待利益而形成的，而上述行为导致了受托人的期待利益消失。

在此案例中，受托人业祥投资就该问题向法院起诉，虽然后期因未缴纳诉讼费而被撤案处理，但是，这种表决权违约处分中，15%股权所对应的表决权应该由谁行使不能确定，影响控制权的稳定性。

表决权委托目前被广泛应用于控制权交易、争夺、公司治理等场景中，能够平衡法律制定相对于复杂的商业现实需求的滞后性，具有促进资本流动性、让创始人保持充分稳定的控制权、提升上市公司经营管理的积极作用，但在运用表决权委托制度的同时也应当避免上述风险。

（三）股权代持

1. 股权代持的概念

股权代持，也称委托持股、隐名投资，指股权表面是由他人持有，但实际所有权由隐名股东享有。目前法律上对此尚无明确的定义界定，并且从法律性质上来讲，目前学界也并未形成统一的理念，故难以有明确定义。

但从实践角度来看，股权代持常常有两种形式：第一种笔者将其描述为完全的股权代持，即隐名股东因为一些原因，如具有特殊身份、避免关联关系，不适宜在目标公司直接显名，因而采取股权代持的形式持股，由隐名股东履行出资义务，代持人完全依据隐名股东的指示行使股东权利；第二种则是从公司控制权角度出发，为了保持公司控制权的稳定，虽然创始人将股权授予出去，但仍登记在创始人名下，由创始人自行以股东身份行使股东权利，而由代持股权所产生的财产性权益则由隐名股东享有。本书主要针对第二种股权代持进行说明。

2. 股权代持的法律法规、政策规定

在非上市公司，尤其是有限责任公司中，股权代持并没有明确的法律规定，股权代持在遵守我国《民法典》合同编的规定下，是非常灵活的，但签订时也应当着重注意应避免我国《民法典》第 143 条关于民事法律行为有效的法律规定，避免因为主体不适格（如限制民事行为能力人、无民事行为能力人），意思表示虚假，重大误解欺诈等情形签署了无效或可撤销的股权代持协议。

同时，股权代持在公司上市前则必须依据相关监管机构的监管规则，达到“股权明晰”的要求。结合笔者的经验，监管机构对股权代持问题的审核

要点主要为：

（1）公司历史发展过程中股权代持的合理性、合法性；

（2）股权代持的真实原因；

（3）股权代持协议是否存在潜在纠纷，是否会影响股权的最终归属。

3. 股权代持要点提示

虽然在有限责任公司中股权代持是一种灵活而自由的掌握控制权的方式，但是在签署股权代持协议的时候仍有下述两个风险要点需要着重注意：

（1）出于控制权角度签订股权代持协议时，应当明确委托事项的权利行使规则，如果可行的话，尽量将股权中的各项权能的行使规则都做详细的、可操作的约定，比如，表决权的行使（哪些表决事项可以由代持人自行决定行使）、知情权的行使、股权转让的配合。

（2）重点设计违约条款，股权代持协议归根结底是一种民事合同，实质上代持人实现权利是基于隐名股东的委托和授权，是基于民事契约而获得的权利，因此要在股权代持协议中明确约定，隐名股东违约解除代持或越过名义股东要求显名、直接插手公司经营表决事项时的违约责任，在风险来临时，代持人可以及时止损，保障公司的良好运行。

4. 股权代持的判例

▶ 案例45【代持协议违反公司章程的协议效力】

在周某与某粮油实业集团有限公司、某农村商业股份有限公司等股权转让合同纠纷案中，一审法院与二审法院对于股权代持的效力认定上出现完全不同的结果，出现较大争议的原因在于：一是农村信用合作联社章程及农商行公司章程对自然人的持股比例作出了规定，其要求单个自然人持股比例不能超过一定的比例，而且转让股份明显超过公司章程所规定的最高限度。二是涉案的股份系法人股，言外之意是所涉及的股权只能在与股权所有者性质一致的法人中进行转让，不能在与其性质不同的自然人、其他经济组织之间转让。本案中，作为自然人的周某，与其受让的股权所有者性质不相符合，不具备获得该股权的主体资格。而且，在股权代持合同中也明确约定，转让的受让人必须符合股权受让的一般主体条件，说明双方对于周某受让该股份不合规是明知的，而这也是司法实践中关于股权代持协议效力衍生出的问题。

法院在审理过程中在认定周某的请求是否成立时从两个方面进行了分析和判断。一是本案中所涉及的股权代持协议效力问题，二是周某能否依据股权代持协议获得农商行股权问题，即股份制商业银行章程限制股份转让条款对股权获得的影响。一审认为，周某与该公司股权代持协议涉及农商行的股权，此代持协议因为违反了农商行的公司章程规定而无效。二审认为，根据效力区分原则的相关理论和法律规定，协议在未出现无效事由等情况下，仍然应该认定为有效，而受让人能否实际取得该股权，是否可以办理变更登记并不影响股权转让（代持）协议的效力。公司章程的规定虽然限制了股权的任意转让，但是并不影响股权代持协议的效力。对于是否可以取得股权要看公司章程的具体规定，双方之间的协议违反公司章程的规定，周某无法顺利取得该股权，但是可以要求相对人承担赔偿责任。股权代持的效力认定上，不仅需要从内部关系入手分析股权代持的效力，还需要从外部关系上看股权代持的效力。

三、同股不同权机制的设计

或许有人听说过同股不同权，但是大多数人自然而然地将其与“AB 股”等同起来。实际上，严格来说同股不同权含义较广，可以细分为优先股、AB 股等。

（一）优先股

1. 优先股的概念

优先股作为可交易性质的股票，相较于普通股而言享有更高的优先权。优先股是在普通股的基础上进行权利义务的调整而形成的股份，优先股股东对于企业经营过程中产生的利润以及剩余财产相较于普通股股东拥有更高等级的优先权，但涉及企业经营决策等权利时受到一定程度的制约。优先股具有股权和债权的双重性质，该性质决定了优先股难以进行完整的界定。我国法律对优先股的基本权利和义务划定了一个基本范围，给予发行方和投资方自由发挥的空间，以最为灵活的方式进行投融资，投融资双方根据自身需求，对优先股的利润分配权、剩余财产分配权、表决权等方面进行最优安排。

2. 优先股的法律法规、政策规定

截至目前，我国现行优先股制度体系是由《公司法》《证券法》等相关法律作为上位法提供参照，由中国证监会颁布的《优先股试点管理办法》、深圳证券交易所发布的《深圳证券交易所优先股试点业务实施细则》、上海证券交易所发布的《上海证券交易所优先股业务试点管理办法》、全国中小企业股份转让系统发布的《全国中小企业股份转让优先股业务指引（试行）》和第 1、2、3 号指南（以下简称“一指引三指南”）等文件为具体指引所组成的。其中，该制度体系是以《优先股试点管理办法》为核心展开的，且其中有关优先股股东权利保障措施、发行条件、信息披露等规定关乎优先股在实践中的适用和推广。鉴于此，本书将对我国《优先股试点管理办法》中的有关内容进行进一步具体论述。

（1）优先股股东权利保障性措施

权利的实现依赖于制度的保障，优先股股东的权利更是如此。因此，有关股东权利的保障性措施是我国优先股制度得以有效推行和适用的前提，我国《优先股试点管理办法》对此作出了具体规定，针对在适用中发挥主要作用的条款进行重点论述。

首先，《优先股试点管理办法》第 8 条规定了发行优先股的公司应当“在章程中明确优先股股东的有关权利和义务”，其为公司自治原则的体现。鉴于优先股具有一定的特性，难以通过统一的强制性规定来对形态各异的优先股进行保护，所以法律赋予公司章程相应的自治权，如此一来，既能保证公司自治又能兼顾保护优先股股东的权利。

其次，我国《优先股试点管理办法》第 10 条规定，若公司出现以下情形，优先股股东的共益权将不再受限：

①修改公司章程中与优先股相关的内容；

②一次或累计减少公司注册资本超过 10%；

③公司合并、分立、解散或变更公司形式；

④公司发行优先股；

⑤公司章程中规定的其他情形。

《优先股试点管理办法》第 11 条对优先股股东表决权恢复情形也作出规定，在存在未如约支付优先股股东依公司章程所享有的收益，并在时间纬度上达到连续两个或者累计达到三个会计年度的情形时，从股东大会再次批准取消对优先股股份持有人进行利润分配的第二天起，其有权与普通股股东同时行使表决权。

（2）优先股的发行条件

关于优先股的发行条件具体规定在《优先股试点管理办法》中。

首先，在发行方式上，《优先股试点管理办法》第 3 条中对上市和非上市公众公司分别进行规定，"上市公司可以发行优先股，非上市公众公司可以非公开发行优先股"。

其次，关于公开发行优先股时对上市公司的主体资格限制的问题，《优先股试点管理办法》第 26 条规定，需具备以下三项条款之一方可公开发行优先股：①普通股为上证 50 指数成份股；②收购或吸收合并；③减少注册资本回购普通股。

对于采取非公开发行的方式发行优先股的公司，《优先股试点管理办法》第 34 条、第 43 条、第 65 条也作出限制性规定，仅能面向合格投资者。且该办法第 65 条对合格投资者界定了范围。在此基础上，每次发行对象不得超过 200 人，且相同条款优先股的发行对象累计不得超过 200 人。

（3）信息披露条款

进行信息披露是在我国实行股份核准制的重要举措之一，在适用优先股制度过程中，有关信息披露的相关条款规定在证监会颁布的《优先股试点管理办法》等法律文件之中。在此基础之上，全国股转系统"一指引三指南"

对其进行了部分细化。《优先股试点管理办法》第 51 条规定，公司披露定期报告时需设专章对优先股的相关情况进行披露。第 52 条规定，当发生对公司两种类型股票交易产生重大影响的事宜时需履行临时报告等信息披露义务。

3. 优先股的特征及风险点

在决策者面对股权融资，准备采取优先股制度保障控制权时，应当注意以下要点：

第一，优先股的收益相对而言比较固定，在操作过程中，我们往往在该层面上将优先股分为固定股息优先股与浮动股息优先股。股息率在优先股存续期间内是否会经历调整，是区分二者的核心要素。对于决策者而言，我们建议可以采取浮动股息，因为企业发展的一个重要特点就在于面临风口时企业发展迅速，而在崛起前，往往对投资人的资金有较大的依赖，在企业初创时约定的股息率往往偏高，而偏高的股息率在企业崛起后则显得较为不公平，因此，我们建议决策者要在设置优先股时明确约定未来企业不同发展阶段的股息率调整机制。

第二，在公司拥有可分配利润时，应当明确是否必须分配。愿意以优先股的模式进入公司的投资人，关心的往往是企业发展后的投资收益，因此，面对可分配利润时，往往会要求公司及时兑付收益，而我们建议决策者应当优先考虑非强制分红的优先股，因为企业对资金的需求是持续性的，利润预留于公司经营，往往比立刻分红要好得多。为了保持企业不断平稳运营，我们建议决策者一定要在这一点上与投资人据理力争。

第三，根据优先股股东在获取优先分红的收益后是否参与后续分配，可分为参与优先股与非参与优先股，在此基础上，我们更倾向于企业选择参与优先股，可以将前期的股息率以较低的标准确定，并承诺优先股股东可参与后续分配，预留出更多的利润，让企业中更多的核心股东、创始人享有收益，以保持核心团队的向心力。

第四，其中一个谈判要点在于，公司是否可以在某一个阶段强制以一个固定的提前确定的价格回购已发行的优先股。我们知道企业的前途无法准确预测，因此投资人开出的条件一般比较苛刻，优先股确定的股息率往往比较高，而创始人股东如果发行可回购优先股，则其可在企业迈入蓬勃发展期时将前期股息较高的优先股予以回购，在面对更多的投资人时，发行股息更低的优先股，以此来更好地保证企业发展的资金需求。

▶ 案例46【中导光电：多轮稀释后的选择——优先股发行】

中导光电成立于2006年11月，2016年10月12日挂牌新三板。公司主营业务为平板显示器（PPD）和太阳能电池（PV）前后端检测设备的研发、生产、销售。由于中导光电研发投入大，曾在挂牌前多次进行股权融资。

中导光电的实际控制人为李波、胡春宇、陈维华。挂牌时，该3人通过开曼群岛设立的公司对中导光电持股比例合计为27.34%。3名股东中持股比例最高的为李波，间接持有中导光电股权比例仅为18.25%，如果后续再引入投资机构，实际控制人失控的风险非常高。

于是，当再次融资时，中导光电发行了优先股。发行的优先股总数不超过22万股，每股票面金额为人民币100元，募集资金总额不超过人民币2200万元，发行对象以现金认购本次发行的优先股。在其公布的《优先股发行预案》中规定：

除法律法规或公司章程规定需由优先股股东表决的事项外，优先股股东没有请求、召集、主持、参加或者委派股东代理人参加股东大会的权利，没有表决权。

出现以下情形之一的，本公司在召开股东大会会议时应当通知优先股股东，并遵循《公司法》及公司章程通知普通股股东的规定程序：

（1）修改公司章程中与优先股相关的内容；

（2）一次或累计减少公司注册资本超过10%；

（3）公司合并、分立、解散或变更公司形式；

（4）发行优先股；

（5）法律法规、规范性文件及公司章程规定的其他情形。

而前述优先股股东享有表决权的事项并非公司日常经营管理中常见事宜，且此次发行的优先股，公司有权在本次优先股发行后首个计息起始日（发行对象认购款项到账之日）起期满3年之日当年的付息日后针对优先股进行赎回注销，优先股表决权的限制及赎回的约定确保了实际控制人李波、胡春宇、陈维华对公司的控制权。

（二）AB股

1. AB股制度的概念

AB股制度，又称表决权差异安排，核心内涵即同股不同权：将公司股权份额分为A股和B股两个类别，分别对应数量不同的表决权，本书假设A股为1股N票，B股为1股1票（亦可假设B股为1股N票，A股为1股1票，没有强制要求）。A类股票一般由公司创始人或核心管理层持有，B类股票则对外部投资者发行，在该制度模式下，创始人即便持有公司少量股权，也能通过大量表决权掌控公司经营决策，进而实现对公司的控制。

2. AB股制度的法律法规、政策规定（股份有限公司）

《公司法》关于股份有限公司股份的一般规定为普通种类股份，即一股一权，但《公司法》第131条规定国务院可以对公司发行本法规定以外的其他种类的股份另行作出规定，而“其他种类的股份”中的“特别表决权的股份”的相关法律法规依据见表3-2。

表3-2 AB股具体上市政策

板块	具体内容
上交所科创板—上市公司	证监会发布的《关于在上海证券交易所设立科创板并试点注册制的实施意见》《科创板首次公开发行股票注册管理办法（试行）》等一系列文件，确认科创板公司能够设立表决权差异制度、发行有特别表决权的股份。 发行人具有表决权差异安排的，市值及财务指标应当至少符合下列标准中的一项：

续表

板块	具体内容
上交所科创板—上市公司	（1）预计市值不低于人民币 100 亿元； （2）预计市值不低于人民币 50 亿元，且最近一年营业收入不低于人民币 5 亿元。 每份特别表决权股份的表决权数量应当相同，且不得超过每份普通股份的表决权数量的 10 倍
深交所创业板—上市公司	证监会 2020 年发布的《创业板首次公开发行股票注册管理办法（试行）》《深圳证券交易所创业板股票上市规则》等一系列文件，确认创业板公司能够设立表决权差异制度、发行有特别表决权的股份。 发行人具有表决权差异安排的，市值及财务指标应当至少符合下列标准中的一项： （1）预计市值不低于 100 亿元，且最近一年净利润为正； （2）预计市值不低于 50 亿元，最近一年净利润为正且营业收入不低于 5 亿元。 上市公司章程应当规定每份特别表决权股份的表决权数量。每份特别表决权股份的表决权数量应当相同，且不得超过每份普通股份的表决权数量的 10 倍
新三板—非上市公众公司	证监会 2019 年对《非上市公众公司监督管理办法》进行修订，其中新增的第 20 条的内容明确了股票公开转让的科技创新公司关于设立特别表决权股份的要求，并授权全国中小企业股份转让系统对非上市公众公司表决权差异制度的设置、存续、调整、信息披露等事项指定具体规定
深圳地区区域性规定	2020 年 11 月 1 日起施行的《深圳经济特区科技创新条例》在国内立法中首次确立非上市公司的“同股不同权”制度。《深圳经济特区科技创新条例》第 99 条规定，在本市依照《公司法》登记的科技企业可以设置特殊股权结构，在公司章程中约定表决权差异安排，在普通股份之外，设置拥有大于普通股份表决权数量的特别表决权股份。有特别表决权股份的股东，可以包括公司的创始股东和其他对公司技术进步、业务发展有重大贡献并且在公司的后续发展中持续发挥重要作用的股东，以及上述人员实际控制的持股主体。 设置特殊股权结构的公司，其他方面符合有关上市规则的，可以通过证券交易机构上市交易

续表

板块	具体内容
杭州地区区域性规定	2021 年 8 月 27 日，经杭州市市场监管局授权，杭州市萧山区正式获批开展“同股不同权”改革试点，同股不同权登记范围包括在萧山区市场监管局登记的有限责任公司与科技型股份有限公司。其法律依据为《公司法》第 42 条、第 131 条，国务院《关于推动创新创业高质量发展打造“双创”升级版的意见》（国发〔2018〕32 号）与《上海证券交易所科创板股票上市规则》（2020 年 12 月修订）

3. AB 股的特征

AB 股和普通股权结构是两种存在较大差别的公司股权制度，AB 股的特征也明显区别于普通股权结构，本书经过梳理发现 AB 股至少存在以下三项特征：

（1）实行差额比例的表决权

这是 AB 股股权制度最直接的特征。与一元股权结构公司不同，二元股权结构公司下的两类普通股份行使的是差额比例表决权。在我国的法律法规规定的背景下，常见的 A 类普通股每股有 1 票表决权，B 类普通股每股有 N 票表决权。而 A 类股与 B 类股的表决权比例差异，由公司自行设定。在一般情形下，B 类股投票权通常是 A 类股投票权的几倍到几十倍，在极端情形下，甚至有可能达到上百倍（见表 3－3）。

表 3－3　不同地区表决权差额比例

上市地区	表决权差额比例
美国	无限制
中国香港特别行政区	特权股东的投票权最高不得超过 1 股 10 票
中国内地	每份特别表决权股份的表决权数量应当相同，且不得超过每份普通股份的表决权数量的 10 倍

在前述法律规定的背景下，我们会发现赴美上市的京东所设置的 AB 股

表决权差异高达20倍，而在中国香港特别行政区上市的小米、美团等表决权差异为10倍。无论是在科创板抑或创业板上市的公司往往都会设置更为保守的AB股制度，比如，第一个设计表决权差异安排的上市公司优刻得表决权差异仅为5倍，而其他的九号机器人、药明生物等实行表决权差异安排的上市公司也沿袭了该倍数设置，每A类普通股可享有5票投票权。

▶ 案例47【优刻得：表决权差异安排】

在优刻得的招股说明书中我们发现，早于2019年3月17日，优刻得便召开了2019年第一次临时股东大会，表决通过了《关于〈优刻得科技股份有限公司关于设置特别表决权股份的方案〉的议案》，并修改公司章程，设置特别表决权。

而根据其特别表决权设置安排，共同实际控制人季昕华、莫显峰及华琨持有的A类股份每股拥有的表决权数量为其他股东（包括上市后的公开发行对象）所持有的B类股份每股拥有的表决权数量的5倍。季昕华、莫显峰及华琨对公司的经营管理以及对需要股东大会决议的事项具有绝对控制权。

优刻得为首次公开发行股票并在科创板上市而发行的股票，及优刻得在二级市场进行交易的股票，均属于B类股份。

结合科创板关于表决权差异的安排，切中其关键的两个重要审核要点为：①表决权差异安排应为上市前设置，上市后不得设置特别表决权；②AB股之间的表决权差异不得超过10倍。

▶ 案例48【谷歌和蔚来：位于时代前列的三类股票】

谷歌：

GOOGLE CLASS A COMMOM STOCK（简称A），A有投票权。每股A具有1股的投票权。

GOOGLE CLASS C COMMOM STOCK（简称C），C没有投票权。

GOOGLE CLASS B COMMOM STOCK（简称B），B是为两位创办人

Larry Page 和 Sergey Brin 所专有，每股 B 有 10 股的投票权，且 B 可以转换为其他股份，A 及 C 则载明禁止转换为其他级别股票。

蔚来：

在公司上市后，蔚来的股票共分为 A、B、C 三类，A 类股票每股可投 1 票，B 类股票每股可投 4 票，C 类股票每股可投 8 票。

A、B、C 类三类股票的持有人除表决权和转换权不同外，其他方面享有同等权利。

持有 C 类股票的只有李斌 1 人，他的持股比例为 14.5%（包含少于 0.01% 的 A 类股票），能够控制约 48.3% 的投票权。

持有 B 类股票的只有腾讯 1 家，持股比例为 12.9%，拥有 21.5% 的投票权。

除李斌以外的管理团队（含李想等旧董事）持有的都是 A 类股票，共同持股比例为 4.3%，拥有 1.8% 的投票权。

高瓴资本持有 A 类股票，持股比例为 6.4%，拥有 2.7% 的投票权。

（2）享有同等财产收益权

公司股东权利包括财产性权利和非财产性权利两方面，是一种综合性的权利。公司的营利属性决定了股东享有从公司获得财产性收益的权利。而非财产性权利，更多地体现在股东作为公司的创立者，在参与公司治理方面享有的权利。在双重股权架构中，A 股与 B 股虽然享有不同的投票权，但均属于普通股范畴，除了在表决权方面的差异之外，二者并无其他差异。所以，在利润分配、剩余财产分配的顺序和应得利润的权利方面，B 类股并没有比 A 类股享有优先性。但是，在分红比例方面，有时候企业为了能够吸引更多的外部投资者购买其 A 类股，可能会作出给予分红上的福利承诺。除了表决权的差异之外，二者在诸如知情权、诉讼权、监督权等附属性权利方面亦不存在任何差异。

AB 股设计的目的就是保证企业控制权相对稳固，AB 股是基于我国法律法规背景下的同股不同权机制的称呼，但却不只有 A 股和 B 股之分。AB 股的优势在于，其稳定的根本并不在于股权，而是在于持股者。因此，B 类股持有者必须保持相对稳定，这就意味着 B 类股的流通性不能够太强，A 类股和 B 类股在流通性方面存在不小的差异。一般情况下，企业会在一级股票市场上向外部投资者公开发行 A 类股，向创始人团队定向发行 B 类股，规定 A 类股可以在二级股票市场上自由流通，而 B 类股既不可以在二级股票市场上自由流通，也不可以在非公开场合上自由转让。这样设计的好处是让 B 类股稳定在创始人手中，只有发生特定情况，B 类股转化成 A 类股时，才可以进入二级股票市场自由流通。同时，这种股权设计的重点在于，如果大量持有公司 B 类股，等于拥有了公司的控制权。因此，必须保证 B 类股的独立性，即要求 B 类股转换成 A 类股具有单向性。

（三）一票否决权

1. 一票否决权的概念

公司法领域中的股东一票否决权可以定义为作为表决权行使的一种特殊规则，特定股东可以通过行使一票否决权主导表决结果，否决相关议案。这使享有一票否决权的股东能够对公司控股股东或公司管理层的权利进行限制与监督。因此，股东一票否决权必然突破了一股一表决权与资本多数决原则。但需要注意的是，股东一票否决权的创设，事实上使公司运行两种截然不同的表决权制度，在重大事项以外的其他事项的表决中，股东之间的表决权效力并无差异，依旧遵循一股一表决权与资本多数决原则。

表决权行使的原则有一股一表决权与资本多数决。一股一表决权是股东出资平等的体现，体现了出资、决策与风险之间的比例关系。资本多数决体现了公司的“资合”特性，少数服从多数的权利安排体现了民主集中原则，有助于实现股东利益需求与公司作为独立法人利益需求的协调与统一。一股一表决权是资本多数决的逻辑基础，资本多数决是一股一表决权的应有之义。[①]

---

① 参见刘俊海：《论股东的表决权》，载《法律科学》1995 年第 6 期。

2. 一票否决权的法律法规、政策规定

一票否决权的设置分为约定和法定两种形式。

法定的一票否决权即为前文所述的股权生命线中的34%股权比例。《公司法》第43条规定，股东会会议作出修改公司章程、增加或者减少注册资本的决议，以及公司合并、分立、解散或者变更公司形式的决议，必须经代表2/3以上表决权的股东通过。大股东一定要守住一票否决权34%才能安全控制公司，此即法定的一票否决权。

约定的一票否决权，是指在法律规定外，可以在公司章程中通过约定自行设立一票否决权，此即为拟定的一票否决权或者通过提高特别决议事项的表决权比例，从而达到使部分持股比例低于法定的34%的股东也能享有一票否决权。其法理依据在于，《公司法》第42条规定，股东会会议由股东按照出资比例行使表决权；但是，公司章程另有规定的除外，即在立法层面允许有限责任公司设置“一票否决权”。

比如，阳光人寿在参与健耕医药对LSI的收购中就分别在母公司和子公司层面的股东会、董事会均设置了重大事项的一票否决权，而其条款的表述即为常见的私募股权投资条款：要求公司成立董事会，董事会由3名董事构成，其中×××有权向公司委派1名董事。对于公司需董事会审议的特别重大事项，需经×××委派的董事同意后，公司方可施行；公司需股东会审议的特别重大事项，需本轮投资人同意后，公司方可施行。

3. 一票否决权的风险点

一般情形下，公司事项需要董事会过半数成员同意才能施行。但是，对于一些《公司法》规定的特殊事项，则需要2/3董事会成员同意方可通过。

在公司签订融资协议过程中，投资者出于其自身利益的考虑，可能会要求公司的一些事项必须经过其指派的董事同意才能施行。这种方式相当于给予了投资者对于公司相关事务的一票否决权。

而决策者在面临投资人要求一票否决权时有两点是需要尤其注意的：

（1）行使场景：一票否决权的行使场景往往有两种，第一种就是在董事会中为特定主体保留一票否决权的设计空间。第二种就是在股东会层面为特定主体保留一票否决权的设计空间。笔者建议，在可能的基础上，尽量避免授予股东会层面的一票否决权，否则未来公司在面临重大决策时，投资人的不配合往往会使公司丧失救济途径。

（2）表决事项：无论是法定的一票否决权比例还是约定的一票否决权，都有明确的表决事项，法定的表决比例限制在公司特别决议事项，而约定的一票否决权我们也建议如此，避免笼统地授予，将具体决议事项固定，比如与投资者利益直接相关的公司增资、减资、合并、分立、重大资产的剥离。

投资人站在投资者的角度，其并不懂特有领域的公司发展前景，在其局限的目光下，如果让其过度地参与公司经营，一票否决权行使范围过大的话，可能会影响公司的经营效率，这对企业而言无疑是致命的。

综观目前的资本融资市场，投资方要求公司给予其一票否决权的情形还是比较常见的。如果公司急需用钱周转，改变公司经营状况，拒绝投资方的要求，也同样意味着拒绝了相应的融资渠道。

▶ 案例49【优盟科技：80%的股权比例却被投资人“拿捏”】

优盟科技于2014年成立，主要创始人来自阿里等知名企业。2015年9月优盟科技获得1000万元的天使轮融资，融资完成后，创始团队持股80.84%，投资人天津天创华鑫和天津天创鼎鑫合计持股16.66%，其他持股2.50%。一般人看来，持股67%即可拥有绝对控制权，即所谓的2/3以上表决权。优盟科技融资后创始团队持股大于80%，投资人仅持股16.66%。

然而，融资协议中约定，投资人对公司决策有一票否决权，如创始人离职，则要回购投资人的股权。正是因为优盟科技缺乏股权设计的综合思维，导致该协议为公司后续的运营埋下了隐患。融资后不到一个季度，矛盾开始出现。2015年年底，投资人开始发律师函要求创始人回购其股权并退款，创始人与投资人协商不成。2016年9月底，创始人有意找第三方购买投资人的股权，却仍未谈妥。一个月后，投资人提起仲裁，要求公司回购其股权。仲裁最终结果是：不支持投资人请求。尽管回购请求未获支持，但之后其他投资人不敢投资，公司无法继续获得融资。

另外，创始人花很多精力与投资人协商处理，公司业务受很大影响，核心员工开始失去信心，相继离职，员工由80多人锐减到20人。创始团队希望解散公司，股东会会议获得代表80.84%表决权的股东同意，但投资人或不参加会议或行使一票否决权。创始人又想到离职，而根据协议要离职就得回购投资人股份。创始人提起诉讼要求解散公司，两审法院均因不满足公司解散事由而判决驳回。就这样，优盟科技创始团队无力收购投资人股权，也无法解散公司，进退两难，陷入“被绑架”的境遇。

持股比例远超2/3却无法最终掌握控制权，优盟科技为其他企业敲响警钟。对于享有一票否决权的股东而言：首先，股东享有一票否决权的情况下，可以对公司股东会的结果有重大影响，在重大事项的决策中，一旦其决定投反对票，并没有其他权利制约的手段，因此可以轻而易举地改变公司的重大决策。其次，股东一票否决权的权利来源是全体股东的意思自治，是其他股东基于信任在重大事项的决策中自愿接受一票否决权的决策规则。因此，享有一票否决权的股东某种程度上是接受其他股东表决权行使的委托，因而有义务在行使权利时认真考虑其他股东及公司利益。最后，一票否决权的行使直接将享有一票否决权股东的意志上升为公司的意志，不仅对股东及公司产生直接影响，也对公司的消费者、合作方、债权人、员工等多方利益群体产生直接影响，必须妥善谨慎行使。

4. 不同阶段的一票否决权

由于公司是不断发展的，根据公司情况的变化，一票否决权有必要做相应调整。

在天使轮、A轮、B轮融资中，企业需要投资人的资金撑起公司运转架构，同时公司尚未成熟，若无吸引投资人的核心亮点，那么企业与投资人洽谈博弈过程中基本处于弱势状态。在前期投资过程中，面对强势投资人，企业往往只能步步退让。在一票否决权方面，企业倾向于让渡更多权利给投资人，以抓住投资。这表现为决策者给予投资人（多为领投人）单独的一票否决权。单独的一票否决权是指符合持股比例要求的投资人可以直接自行决定是否行使一票否决权，而不需要结合其他投资人股东持股情况有条件地行使一票否决权。

示范条款：股东会会议对前述事项所作决议，须由代表2/3以上表决权且包括A有限公司（领投人）在内的股东表决同意通过后方为有效，其他事项由代表2/3以上表决权的股东表决同意通过后方为有效。

当企业进入发展阶段乃至成熟阶段，在C轮、D轮融资中，投资人的一票否决权便发生改变。经过多轮融资，公司普遍取得实质性发展成果，对整体发展规划有较为明确的认知与安排，公司整体竞争力上升。另外，经过多轮融资，公司股权整体稀释，创始人持股份额较此前有明显下降，为掌握公司控制权，避免投资人权利过大通过一票否决权影响企业重大发展决策，建议决策者要求投资人放弃单独的一票否决权，转而进行投资人整体享有一票否决权的安排，对一票否决权的行使条件及决定事项进行框定，如约定达到投资人全部投票权的51%可以否决特定事项。

示范条款：股东会会议对以上事项所作决议，须由代表2/3以上表决权且包括过半数投资者在内的股东表决同意通过后方为有效。

决策者应当关注融资后企业整体股权配置情况，对投资人所拥有的一票否决权做有利于企业发展的适时调整。

第三节　股权设计公司治理层次——掌控经营下的控制

对于公司控制权的行使，仅仅拥有合适的持股数量或股权制度设计是远远不够的，前述两个层面归根结底还是处于公司的顶层设计阶段。但是，我们要明白，对一个公司实现控制最终还是要落地。充分发挥公司里股东会、董事会、监事及经理的作用，并掌握公司经营所需的核心资源，从而让公司由内至外的控制权都被创始人牢牢地把控，让公司治理体系更加稳固（见图3－5）。

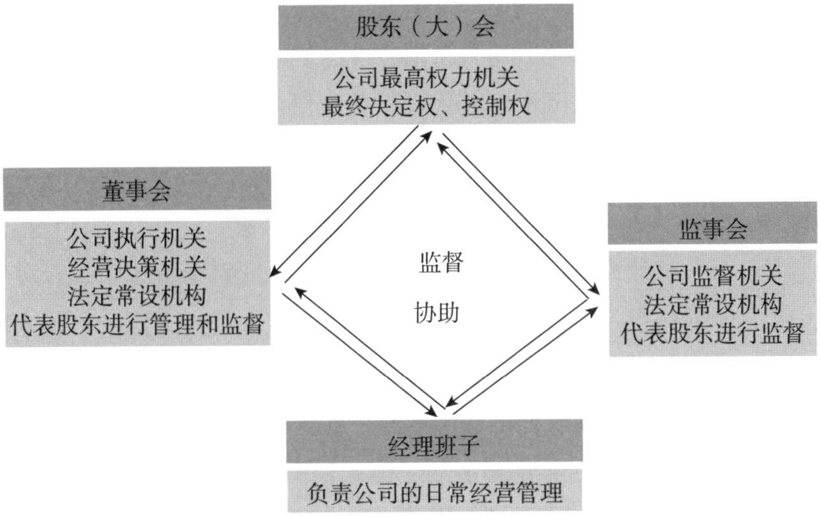

图3－5　公司治理层次

一、股东会

（一）股东会的概念及性质

股东会，是指由全体股东组成的，决定公司经营管理的重大事项的机构。它是公司最高权力机构，其他机构都由它产生并对它负责。股东会有权对公司的一切重要事务作出决议，对公司的运营发展起全局性、指导性的作用。

根据《公司法》的规定，股东会是公司的最高权力机关，它由全体股东组成，对公司重大事项进行决策，有权选任和解除董事，并对公司的经营管理有广泛的决定权。企业一切重大的人事任免和重大的经营决策一般都得股东大会认可和批准方才有效。股东会有两大基本功能，一是调整股东之间的权利义务关系，二是调整所有者与经营者之间的权利义务关系，前者谈的是股权治理或者合伙人机制，后者是公司治理。股东会是公司治理的需求方，股东会产生董事会（执行董事）和监事会（监事），因此，股东会及其职权、机制是公司治理的基石。

股东会是企业最高权力机关，也是企业经营管理和股东利益的最高决策机关，不仅要选举或任免董事会和监事会成员，而且企业的重大经营决策和股东的利益分配等都要得到股东大会的批准。但股东大会并不具体和直接介入企业生产经营管理，它既不对外代表企业与任何单位发生关系，也不对内执行具体业务，本身不能成为企业法人代表。

（二）股东会的职权

股东会是一种非常设的由全体股东所组成的公司最高权力机关，对外并不代表公司，对内也不执行业务。其权限主要是以决议方式对公司重大事项作出决定，如对公司章程的变更、公司的解散与合并、董事和监察人的任免、公司盈利的分配等作出决议，以及听取和审核董事会、监事会或监察人以及审计员的报告。股东会决议事项分为一般决议事项与特别决议事项，法律规定的特别决议事项有七种：公司合并、分利、解散、增资、减资、修改公司章程、变更公司形式。

而在设计股东会职权时，很多公司往往会把一些关乎公司发展的重大情形也列为特别决议事项，比如笔者服务的一家上市公司就明确约定了下述表决事项也为特别决议事项：

（1）单笔担保额超过公司最近一期经审计净资产 10% 的担保；

（2）公司及其控股子公司的对外担保总额达到或超过公司最近一期经审计净资产 50% 以后提供的任何担保；

（3）为资产负债率超过 70% 的担保对象提供的担保；

（4）连续 12 个月内累计担保金额超过公司最近一期经审计总资产的 30%；

（5）连续 12 个月内累计担保金额超过公司最近一期经审计净资产的 50% 且绝对金额超过 3000 万元人民币；

（6）对股东、实际控制人及其关联人提供的担保。

（三）股东会控制权的具体设计

股东会是公司的最高权力机构，股东会议事规则是公司议事规则的核心。所以，股东会议事规则的设计让控制权的实现事半功倍。那么，决策者如何设计股东会的议事规则呢？我们从以下两方面展开：

首先是公司股东会召集程序的章程设计。公司股东会召集制度是指为召开股东会会议所制定的程序，是关于股东会会议召集事由、召集权人、召集时间、召集通知、召集效力及召集冲突的处理等各项规定的总和。

1. 召集主体及召集期限

根据《公司法》第39条的规定，我国关于股东会临时会议召集主体采取法定主义立法例，规定召集权人包括代表1/10以上表决权的股东、1/3以上的董事，监事会或者不设监事会的公司的监事等多个主体。对于定期会议按公司章程规定。据此，公司章程则应明确各个召集权主体发出召集通知的具体事项，包括：明确董事会召集股东会会议的具体时间；明确董事会不履行或不能履行职能、监事会怠于行使召集权的具体标准和期限；明确持有一定表决权比例以上的股东、董事或监事会对临时会议提出提议后，董事会“不履行职务”的期限和答复内容的具体要求，作为对法定规则的补充完善。

2. 召集通知

（1）通知形式：《公司法》对于股东会议召集的通知形式并未作出规定，可根据不同的情况设计章程。如规定仅讨论相关问题或决定非重要事项（需加以界定）可以非书面形式通知。但由于股东会会议通常都是对公司重要事项作出决定，因此一般均规定为采用书面的通知形式。而随着时代的发展，通知形式也越发多元化，书面形式不单单局限于邮寄纸质材料，新的送达方式笔者建议也应当一并予以规定，如微信群聊、钉钉通知。

（2）通知生效方式：章程可规定“交邮主义”或“送达主义”等不同生效方式。

（3）通知发出期限：《公司法》第41条将公司召集通知期限规定为15日，但同时又规定，有限责任公司可以通过章程或全体股东另外约定对这一期限予以变更。据此，公司章程可以针对股东的具体情况对会议召集通知发出的期限作出规定。

（4）通知对象：《公司法》第 41 条规定了股东会会议召集过程中的通知对象为全体股东，在此基础上，还允许公司章程作出某些特殊规定。据此，章程可以根据公司股东表决权的实际情况作出灵活设计确定被通知对象的范围。此外，考虑到通知至会议召开期间有可能发生股东表决权的变化，还需在章程中明确对该期间股东资格及表决权的确认方式。

（5）通知内容：《公司法》对公司股东会召集的通知内容没有作出明确规定，赋予章程一定的自由设计权。但《公司法》第 22 条对召集过程中通知内容瑕疵所涉法律后果做了相应规定：存在该类情形的股东会决议属于可撤销范围。据此，公司章程可对通知内容与会议内容和表决内容的一致性作出明确具体的规定，同时，对议案的修正、临时议案的提出和表决作出详细的规定。

其次是公司股东会表决程序的章程设计。

（1）章程可明确是否将股东会议的股东最低出席数和出席会议股东所持的最低表决权数作为通过决议的前提条件。股东最低出席数的确定可以防止部分小股东拒不出席会议导致股东会无法召开，出席会议股东所持最低表决权数的确定可以防止中小股东滥用人数优势损害大股东的出资权益。例如，章程可以规定股东会议的股东出席数达到全体股东人数的 2/3 即可成功召开，出席股东会议的股东所持表决权应超过全体股东表决权的 2/3，以实现大股东和中小股东的权利平衡。

（2）章程必须明确表决事项获得股东同意并形成决议的条件。

股东会决议通常分为普通决议和特别决议。普通决议决定公司经营管理中的一般事项；特别决议决定公司重大事项，包括修改公司章程，增加或者减少注册资本，公司合并、分立、解散或者变更公司形式等。

普通决议的议事方式和表决程序除《公司法》规定外，由公司章程规定；特别决议必须经代表 2/3 以上表决权的股东通过。

《公司法》第42条规定："股东会会议由股东按照出资比例行使表决权；但是，公司章程另有规定的除外。"由此可见，股东会决议通过的条件包括了《公司法》的强制性规定和公司章程的特别规定。因此，在法律规定标准之上，公司章程可以根据公司的股权结构，针对决议事项的重要程度，在章程中分别规定不同的通过比例。而需要注意的是，《公司法》规定了公司增资、减资、合并、分立、解散、修改公司章程、变更公司形式七大决议事项为特别决议事项，必须达到全体股东表决权的2/3才可通过，因此，在此强制性规定的情况下，公司章程只能约定更高的通过比例，而不能低于2/3。此条也让创始人进一步实现了以较低的股权比例掌控公司发展的战略。比如，小米就规定特别决议事项须经3/4表决权以上同意通过。

（3）章程可以规定股东表决权行使的方式。例如，股东表决权可以亲自行使、代理行使、书面行使；可以当场通过举手、投票等方式行使，也可以会后通过传真、电话、电子邮件、传真、电子数据交换、书面文件等方式确认。

（4）弃权或中途退席对会议法定数和表决效力的影响及章程的处理方式。

①章程对弃权的认定。股东放弃会议的出席权和表决权即是对股东会议的弃权。第一，章程应对属于股东弃权的各种情形加以认定，包括确认股东收到会议通知后，既未亲自出席也未委托代理人出席会议，或出席会议但未参加表决。第二，章程应对股东弃权的后果加以认定。但两者均不得违反《公司法》强制性规定。章程可规定，弃权视为赞成议案，以保证决议的通过达到法定标准。该规定会对那些怠于行使表决权、试图通过弃权制造公司僵局的股东形成有效的制约。

②章程对"中途退席"的认定。在股东会召开过程中，存在股东因种种原因中途退席且并未授权他人行使表决权的情形。对此，如视为其未出席会议，则同样会导致会议因未到法定数而无法形成决议的后果。为防止中途退席引发僵局，公司章程可以规定，股东在股东会表决之前"中途退席"，视

为弃权，并按章程规定的弃权后果处理。对此，可保证股东的出席行为和会议的法定数依然有效，同时，也可防止股东以“中途退席”的方式抵制股东会决议的形成。

二、董事会

（一）董事会的概念及性质

董事会依法由公司股东会选举产生，是公司的代表机关，董事会能够代表公司并行使经营决策权，是公司业务的执行机关，对股东会负责。董事会是公司的法定常设机关。董事，是指由公司股东（大）会或职工民主选举产生的具有实际权力和权威的管理公司事务的人员，是公司内部治理的主要力量，对内管理公司事务，对外代表公司进行经济活动。董事是股东的代表，是现代企业争取控制权的核心组织。

董事会是经营决策机构，也是对内掌管公司事务、对外代表公司的经营决策和业务执行机构。董事会由全体股东或职工民主选举的董事组成，是负责执行股东（大）会决议的常设机构。

（二）董事会的职权

对于股份有限公司而言，由于其股东人数众多，股东会召开难度较大，管理效率较低，因此董事会逐渐成为公司治理的中心机构。

董事是股东委派参与公司经营的代表，董事会可以视为公司权力机构的执行机构，又被称作管理委员会、执行委员会。董事会由三个及以上的单数董事组成。除法律和章程规定应由股东（大）会行使的权力之外，其他事项均可由董事会决定。董事会向股东（大）会负责。

董事会的义务主要有：制作和保存董事会的议事录会议记录，备置公司章程和各种簿册，及时向股东（大）会报告资本的盈亏情况，以及在公司资不抵债时向有关机关申请破产等。

董事会决议事项分为一般决议事项与特别决议事项，一般情况下股东会审议的议案应先经董事会审议通过后再交由股东会审议，因此董事会的职权往往与股东会职权衔接，《公司法》仅规定了董事会审议事项应当经半数以上董事同意通过，但是，在实践中，不乏公司为了控制董事会，将董事会的决议事项分为一般决议事项及特殊决议事项，以保证在董事会层面即可杜绝相关对公司控制权不利的议案审议通过，上升至股东会审议层面，就比如江西赣锋锂业股份有限公司就制定了董事会议事规则：

“董事会对股东大会负责，行使下列职权：

“（一）负责召集股东大会，并向股东大会报告工作；

“（二）执行股东大会的决议；

“（三）决定公司的经营计划和投资方案；

“（四）制定公司的年度财务预算方案、决算方案；

“（五）制定公司的利润分配方案和弥补亏损方案；

“（六）制定公司增加或者减少注册资本的方案以及发行公司债券或其他证券及上市方案；

“（七）拟定公司重大收购、收购本公司股票或合并、分立、解散或者变更公司形式的方案；

“（八）在股东大会授权范围内，决定公司对外投资、收购出售资产、资产抵押、对外担保事项、委托理财、关联交易等事项；

“（九）决定公司内部管理机构的设置；

“（十）聘任或者解聘公司总裁；根据总裁的提名，聘任或者解聘公司副总裁、财务负责人及其他高级管理人员，决定其报酬事项；

“（十一）制定公司的基本管理制度；

“（十二）制定《公司章程》修改方案；

“（十三）管理公司信息披露事项；

“（十四）向股东大会提请聘请或更换为公司审计的会计师事务所；

“（十五）法律、法规、公司股票上市地的交易所的上市规则所规定的及股东大会和本章程授予的其他职权。

“董事会作出前款决议事项，除第（六）、（七）、（十二）项必须由三分之二以上的董事表决同意外，其余可以由全体董事的过半数表决同意。董事会应遵照国家法律、行政法规、公司股票上市地上市规则、本章程及股东大会决议履行职责。”

案例 50【双威教育：丧失董事会控制权导致的资产转移】

从 2011 年开始，双威教育内部的控制权争夺越发激烈，来自中国本土的管理层与美国投资人之间的矛盾日益激化。2011 年 11 月美国投资资讯及分析网站 Seeking Alpha 刊登了一篇质疑双威教育财务造假的文章，文中称“双威教育虚报子公司的营收额，其公布的独立学院收购价远高于实际支付价”，还提出许多疑点，包括双威多次不必要地提高权益资本、伪造银行转账，同时，时任董事长兼首席执行官的陈子昂因拒绝执行股票回购决议不再受到董事会支持。

2012 年，陈子昂宣布辞职，随后美国投资者取得了董事会的控制权，但当时由于双威教育旗下的境内主要资产被转移，导致新任管理层无法实现对双威教育的实际控制。据报道，陈子昂于 2011 年 7 月 1 日至 12 月 28 日，从双威教育下属的两家主要盈利来源公司，即语培信息、双巍信息部分账户中共计划出上亿元资金，同时也带走了语培信息、双巍信息两家公司的工商执照、公章及财务账册。除此以外，双威教育集团下属控股企业投资的三家国内民办学院中已有两家学院的投资企业被陈子昂私自转让给了数位自然人，而该集团董事会此前毫不知情。由此，曾经潜力无限的知名教育公司遭受重创，退至场外市场交易，渐渐淡出公众视野。

案例 51【万科：宝万之争时董事会控制权】

宝万之争过程中，董事会的表决事项成为控制权争夺过程中的重要争议焦点，万科为了防范恶意收购，以重大资产重组为由申请停牌。而在停牌即将到期之日，能否延续停牌成为万科护盘的关键。

在 2016 年 6 月 18 日，万科公司的董事会情况是这样的：董事会成员共有11人，其中，华润方面的股权董事3人，万科方面的董事4人，另外还有独立董事4人。按照公告，现场到会的董事共7人。华润方面的副董事长乔世波因为公务原因未能亲自出席本次会议，授权陈鹰董事代为出席会议并行使表决权；华生教授通过电话参加会议，而且还代表海闻教授行使表决权。黑石集团中国区的主席、独立董事张利平则因飞机刚刚落地，一边过海关，一边通过电话参加会议。

按照万科的公司章程，重大资产重组方案在董事会上获得通过的标准为2/3以上的董事会成员赞成。万科的董事会成员共有11人，过2/3需要8票。而华润方面，是股权董事3人，由华润提名的独立董事1人（张利平）。正常的情况下，华润起码有4票在手，这个数量是有阻击能力的。也就是说，如果华润不想让议案通过，它起码可以保证其他各方无法达到2/3的票数。由此可以看出董事会表决事项的设计对于公司控制权而言是多么重要。

公司得以存在与发展壮大，依赖董事会有效的管理。董事会的管理涉及人、财、物、产、供、销各方面。为了保证管理日常化和制度化，董事会应该制定一整套行之有效的基本管理制度，提高管理效率，促进公司发展。

（三）独立董事

独立董事，是指独立于公司股东且不在公司内部任职，并与公司或公司经营管理者没有重要的业务联系或专业联系，并对公司事务作出独立判断的董事。证监会在《关于在上市公司建立独立董事制度的指导意见》（已失效）中指出："上市公司独立董事是指不在公司担任除董事外的其他职务，并与其所受聘的上市公司及其主要股东不存在可能妨碍其进行独立客观判断的关系的董事。"

独立董事制度起源于20世纪30年代，美国颁布的《投资公司法》是其产生的标志。该法规定，投资公司的董事会成员中应该有不少于40%的独立人士。其制度设计目的也在于防止控制股东及管理层的内部控制，损害公司整体利益。独立董事与一般董事的对比见表3－4。

表3-4　独立董事与一般董事对比

项目	独立董事	一般董事
定义	不在公司担任除董事外的其他职务，并与其所受聘的上市公司及其主要股东不存在可能妨碍其进行独立客观判断的关系的董事	由公司股东（大）会选举产生的具有实际权力和权威的管理公司事务的人员，是公司内部治理的主要力量，对内管理公司事务，对外代表公司进行经济活动
代表利益方	公司	代表股东
专业性	专业	可以是非专业
性质	兼职	可以是专职
职权和义务	（1）独立董事应当认真履行职责，维护公司整体利益。 （2）独立履行职责，不受上市公司主要股东、实际控制人或者其他与上市公司存在利害关系的单位或个人影响	（1）代表股东的利益，为有利于股东的决策提出意见。 （2）参与董事会表决事项的投票

独立董事的立场是公司，而且在如今上市公司治理越发规范的前提下，上市公司的独立董事数量越来越多，创始人希望通过自身委派的股权董事控制董事会的难度已经越来越大，正如前文万科董事会表决之争中，独立董事的态度成为重中之重。因此，笔者建议公司决策者应当在公司发展到一定程度时（如成功上市后）与公司聘请的独立董事保持良好的关系，以便于创始人对公司战略谋划及重大措施的推行与落地。

（四）董事会控制权的设计

1. 董事会结构的平衡

董事会的结构包括知识结构、年龄结构、技能结构、股权结构、职能结构等。一个结构合理、平衡的董事会能够高效地制定出公司关键战略的决策，进而有益于公司长期和短期的绩效。董事会应该明确作为一个团队所需要的技能和阅历，及时补充现有人力资源，并为未来的需要进行人才培养和储备。

2. 保持董事会的多样性

董事选拔的主要目的是提名那些具有各种专业知识、技能和专长的个人，从而有助于公司的正确决策和成功经营。因此，董事会应该扩大人才库，更加广泛地吸收符合公司未来战略要求的候选人，使董事会获得最有价值的人才。

3. 结合公司发展的实际需要

在公司成长和变革的不同阶段和不同时期，要求董事们具有不同的素质和能力。董事会应不断地考虑公司的实际状况和战略需要，决定何种董事素质与能力最有利于推进董事会绩效的改进，有利于公司现在和未来的成功，有利于公司在不同阶段拥有最合适和最有效的人力资源。

4. 董事会制度设计

在董事会控制权设计层面上，已经有很多先例，尤其是在宝万之争爆发后，越来越多的创始人深刻地明白了公司董事会的重要性。前面我们也说了“毒丸计划”可以有效地阻击恶意收购，但是万一阻击不成，我们总得在另一个层面上再进行努力，本书推荐两种方法，很形象地表述为“金色降落伞”策略以及“驱鲨剂”条款。

（1）“金色降落伞”策略

“金色降落伞”策略，是指目标公司与其董事及高层管理层、中层管理人员或普通员工在相关条款中约定，在公司控制权发生变更时，该等人员无论是主动辞职还是被动解职都将获得巨额补偿金。

▶ 案例52【中国宝安：“金色降落伞”条款】

中国宝安公布关于修改公司章程的公告，拟在公司章程中添加防止恶意收购的“金色降落伞”条款：“当公司被并购接管，在公司董事、监事、总裁和其他高级管理人员任期未届满前如确需终止或解除职务，必须得到本人的认可，且公司须一次性支付相当于其年薪及福利待遇总和十倍以上的经济补偿，上述董事、监事、总裁和其他高级管理人员已与公司签订劳动合同的，在被解除劳动合同时，公司还应按照劳动合同法，另外支付经济补偿金或赔偿金。”

中国宝安此举引起了交易所的注意，随后，深交所向其发出《关于对中国宝安集团股份有限公司的关注函》（公司部关注函〔2016〕第102号），要求公司针对前述拟修改条款进行说明。其中，该关注函要求公司说明“金色降落伞”条款制定的原因及背景。中国宝安收到该关注函后立刻作出回应称：“本公司目前正处于产业发展转型和结构调整的关键期，‘建设一个以新材料为主的高科技产业集团’的发展战略初见成效，公司特别需要一个相对稳定和可持续的经营环境，使上述行之有效的发展战略得以深入贯彻落实。本公司的股权结构相对分散，容易成为被举牌目标，公司董事局基于公司的长远发展，为防止恶意收购给公司的正常生产经营活动带来混乱，特向股东大会提议修改《公司章程》，修订及增加有关条款。”

“金色降落伞”策略提高了收购方的收购成本，能够在一定程度上对其形成阻碍。如果补偿金太少，则无法起到反收购的作用；如果补偿金太高，则容易被认为会侵害股东利益。

（2）“驱鲨剂”条款

“驱鲨剂”条款是一种比较温和的反恶意收购战术，主要就是在公司章程中设立一些条款，增加收购者获得公司控制权的难度。例如，提高董事提名的门槛，降低收购人持股变动触发披露义务的法定最低比例或增加相应的报告和披露义务。

▶ 案例53【世联行：“驱鲨剂”条款】

世联行也尝试在公司章程中增添“驱鲨剂”条款。世联行拟修订公司章程，增加条款：“董事会可以向股东大会提出董事、非职工监事候选人的提名议案。连续两年以上单独或合计持有公司的10%以上股份的股东、监事会可以向董事会书面提名董事、非职工监事的候选人，由董事会进行资格审核后，提交股东大会选举。”

同时，世联行还规定，“通过证券交易所的证券交易，投资者持有或者通过协议、其他安排与他人共同持有公司已发行的股份达到3%时，应当在该事实发生之日起3日内，向公司董事会作出书面报告，在上述期限内，不得再行买卖公司的股票。另外，股东所持公司已发行的股份比例每增加或者减少3%，应当依照前款规定进行报告。在报告期限内和作出报告后2日内，不得再行买卖公司的股票”。相比之下，《公司法》对上述持股比例变动的信息披露标准为5%。

除上述方式外，在董事会正常运行的情况下，为了避免董事会表决陷入僵局，笔者建议在设置董事会的公司应当明确制定董事会议事规则，明确约定召集、通知、表决程序的各项细节问题，包括召集主体及权限、通知形式、通知生效方式、通知发出期限、通知对象、通知内容、董事会最低出席人数的确定，明确不同表决事项的通过条件、规定行使表决权的形式及董事拒不出席或中途退场的后果，以避免董事会僵局。

董事会议事规则可做如下规定：

① 召集主体及召集期限：

“有下列情形之一的，董事长应在10日以内召集临时董事会会议：

“（一）代表1/10以上有表决权的股东提议时；

“（二）1/3以上的董事提议时；

“（三）监事会提议时；

“（四）1/2以上独立董事提议时；

“（五）董事长认为必要时；

“（六）总经理提议时；

“（七）《公司章程》规定的其他情形。”

②召集通知。

通知形式：《公司法》对于董事会议召集的通知形式并未作出规定，可根据不同的情况设计章程。如规定仅讨论相关问题或决定非重要事项（需加以界定）可以非书面形式通知。但基于董事会会议通常都是对公司重要事项作出决定，因此，一般均规定为采用书面的通知形式，而随着时代的发展，通知形式也越发多元化，书面形式不局限于邮寄纸质材料，新的送达方式笔者建议也应当一并予以规定，如微信群聊、钉钉通知。

通知生效方式：章程可规定“交邮主义”或“送达主义”等不同生效模式。

通知发出期限：召开董事会定期会议和临时会议，证券部应当分别在召开会议10日和5日以前通知全体董事、监事和高级管理人员。董事会会议的通知方式为书面通知，通过专人送出、特快专递、传真或者电子邮件方式进行。非直接送达的，还应当通过电话进行确认并做相应记录。

情况紧急，需要尽快召开董事会临时会议的，可以随时通过电话或者其他口头方式发出会议通知，但召集人应当在会议上作出说明。

通知对象：全体董事、监事和高级管理人员。

通知内容：董事会秘书负责通知全体董事及有关人员并做好会议准备。董事会会议通知包括以下内容：

会议的时间、地点；

会议的召开方式；

拟审议的事项（会议提案）；

会议召集人和主持人、临时会议的提议人及其书面提议；

董事表决所必需的会议材料；

董事应当亲自出席或者委托其他董事代为出席会议的要求；

联系人和联系方式；

发出通知的日期。

口头会议通知至少应包括上述前3项内容，以及情况紧急需要尽快召开董事会临时会议的说明。

③公司董事会表决程序的议事规则设计。

董事会会议应有过半数的董事出席方可举行。董事委托其他董事代为出席的，该委托的董事不计入实际出席人数。

董事会作出决议，必须经全体董事的过半数通过。董事会根据公司章程的规定，在其权限范围内对对外担保事项作出决议，除公司全体董事过半数同意外，还必须经出席会议的2/3以上董事的同意。

④董事会会议以记名投票或举手投票方式表决。每名董事享有一票表决权，会议表决实行一人一票。

⑤弃权或中途退席对会议法定数和表决效力的影响及议事规则的处理方式：与会董事应当从同意、反对和弃权意向中选择其一，未做选择或者同时选择两个以上意向的，会议主持人应当要求有关董事重新选择，拒不选择的，视为弃权；中途离开会场不回而未做选择的，视为弃权。

三、监事会

（一）监事会的概念

公司股东分散，专业知识和能力差别很大，参与公司日常经营管理的机会和渠道有限。为了防止董事会、经理滥用职权，损害公司和股东利益，就需要设置监事会这种专门监督机关，代表股东行使监督职能。根据《公司法》的规定，监事会是由股东（大）会选举的监事以及由公司职工民主选举的监事组成的，是对公司的业务活动进行监督和检查的法定必设和常设机构。

（二）监事会的职权

监事会的主要职责是对公司内部人员的监督，包括公司董事、高管，也包括公司股东、控股股东和实际控制人。其目标是确保公司能够按照规范的治理要求运行，制止公司内部人员的错误和不当行为，维护公司财产安全。常见的监事会职权为：

1. 检查公司财务；

2. 对董事、高级管理人员执行公司职务的行为进行监督，对违反法律、行政法规、公司章程或者股东会决议的董事、高级管理人员提出罢免的建议；

3. 当董事、高级管理人员的行为损害公司的利益时，要求董事、高级管理人员予以纠正；

4. 提议召开临时股东会会议，在董事会不履行本法规定的召集和主持股东会会议职责时召集和主持股东会会议；

5. 向股东会会议提出提案；

6. 依照《公司法》第151条的规定，对董事、高级管理人员提起诉讼；

7. 公司章程规定的其他职权。

（三）监事会设计注意要点

由于监事会是与董事会并行的机构，其代表股东行使监督职能，保障公司利益，监事会的职权并不体现在日常经营过程中，但是这并不能成为创始人忽略监事会控制的理由，监事会的职责属于引而不发，牵一发而动全身的性质，因此我们建议决策者在设计监事会规则的时候应注意下列要点：

1. 监事在履行监督职能时，会不可避免地接触公司的核心保密信息，因此，公司有必要与监事签订相关保密协议及竞业限制协议，以此保障公司利益不会遭受损害。

2. 应在公司成立之初在公司章程中细化监事行使职权所需的审计费、律师费等费用的类型及标准。

3. 为保障创始人可以通过监事会强化控制权，应在章程中约定，总经理和董事办公的决议需要抄送监事会审查备案。

四、管理层

（一）管理层的概念

管理层指公司、企业或组织机构内部处于管理地位、负有管理责任的团体或人员。企业为实现总体经营目标，形成了管理层。在每个企业中，管理者都是赋予企业生命、注入活力的要素。如果没有管理层的领导，“生产资源”始终只是资源，永远不会转化为产品。常见的管理层岗位有：总经理、财务总监、研发总监等。

（二）管理层的职权

公司管理层一般由董事会或执行董事聘任，对董事会或执行董事负责，在董事会或执行董事的授权下，执行公司的战略决策，实现企业经营目标，并通过组建必要的职能部门，组聘管理人员，形成一个以总经理为中心的组织、管理、领导体系，实施对公司的有效管理。

而管理层的主要职责是负责公司日常业务的经营管理，比如，财务管理事宜、对外签订合同和处理业务、产品研发事宜；定期向董事会报告业务情况，向董事会提交年度报告及各种报表、计划、方案，包括经营计划、利润分配方案、弥补亏损方案等。

（三）管理层控制方法

许多决策者对公司的控制停留在股东会以及董事会的层面上，却忽略了公司的日常经营才是控制权最常见的体现形式，对于一个企业的日常经营而言，各部门直接管理人员以及总经理、财务负责人才是与企业日常管理息息相关的岗位，因此，对管理层的控制对决策者而言也是非常重要的：

1. 管理层关键岗位的控制：决策者难道需要控制每个岗位的人事任免权吗？笔者并不建议决策者如此事必躬亲，我们更建议决策者把控总经理、财务、研发三个关键部门。总经理是统筹公司全部部门的领导，多数情况下是由决策者自己兼任，后期可能会寻找职业经理人，如果该岗位未能控制，很容易再现苹果公司乔布斯中途出局的情形；而财务总监与研发总监则是接触公司最核心商业秘密的人员，同时是掌握公司最重要的两个发展因素的岗位：现金流及研发技术。因此，核心决策者一定要通过控制前述三个关键岗位，将自身的控制渗入公司经营。

2. 关键岗位控制方法：关键岗位的控制方法就是控制人事任免权，笔者建议可以将前述岗位的任免权直接在公司章程中予以固定，确保核心岗位人员只能通过创始人的提名而决定是否聘任。

五、法定代表人

（一）法定代表人的概念

法定代表人，是指依法律或公司章程规定代表公司行使职权的负责人，是一名自然人，其与我们平常常说的法人是存在根本上的差别的。法定代表人是任何公司必不可少的，关于公司法定代表人在公司的重要地位想必创办过公司的人都是知道的。因为法定代表人这一特殊的职位就赋予了当事人相关的权利，对于如此重要的一个职位是公司实际控制人所必须掌握的核心资源。

（二）《公司法》对法定代表人的规定

《公司法》关于法定代表人的资格规定如下：

根据我国《公司法》的规定，公司的法定代表人是公司的董事长，同时，我国《公司法》第146条规定有下列情形之一的，不得担任公司的董事、监事、高级管理人员：

①无民事行为能力或者限制民事行为能力。

②因贪污、贿赂、侵占财产、挪用财产或者破坏社会主义市场经济秩序，被判处刑罚，执行期满未逾5年，或者因犯罪被剥夺政治权利，执行期满未逾5年。

③担任破产清算的公司、企业的董事或者厂长、经理，对该公司、企业的破产负有个人责任的，自该公司、企业破产清算完结之日起未逾3年。

④担任因违法被吊销营业执照、责令关闭的公司、企业的法定代表人，并负有个人责任的，自该公司、企业被吊销营业执照之日起未逾3年。

⑤个人所负数额较大的债务到期未清偿。公司违反前款规定选举、委派董事、监事或者聘任高级管理人员的，该选举、委派或者聘任无效。

（三）法定代表人对保证控制权的重要性及风险

1. 法定代表人掌握代表企业签订合同的最终决定权

在订立合同过程中，法定代表人签字常常是合同的生效条件。如果未经法定代表人同意或者授权，其他任何人以公司的名义签订合同都被认为是一种越权行为。

2. 法定代表人是公司财务的最终控制者

人民银行对企业贷款实行“贷款证”管理，只有获得“贷款证”的企业才有资格向金融机构申请贷款，而企业申请“贷款证”必须提交法定代表人的身份证明，法定代表人身份是“贷款证”必须记载的内容。企业和商业银行之间的借款合同、担保合同非经法定代表人或者法定代表人授权的代理人签署不发生效力。

人民银行对企业存款实行预留印鉴的管理方式：印鉴包括企业财务专用章、法定代表人章和财会人员章，因此，如果没有法定代表人同意，企业无法到银行支取存款。非经法定代表人签名，法人机构签发的票据不生效力。如果商业汇票和支票的出票人为“单位”，一张有效票据必须有该“单位”的公章和法定代表人签名。

3. 法定代表人的权限渗透企业的全部活动

从典当公司资产、委托拍卖公司财产到转让一辆公司的旧汽车都必须提交法定代表人签署的证明文件或者法定代表人身份证明。法定代表人还是企业治安保卫工作的负责人和企业雇员计划生育工作的负责人。

4. 法定代表人与公司诉权

在法人参加的民事诉讼中，法定代表人处于不可替代的位置。“法人由其法定代表人进行诉讼”，法定代表人姓名为起诉状和上诉状的必备内容。按照最高人民法院的司法解释，法人“正职负责人”为法定代表人；设有董事会的法人，董事长为法定代表人；法人起诉，需提交“法定代表人身份证明书”，在诉讼中更换法定代表人，需提交新的法定代表人身份证明书；法人向法院提交未经法定代表人签署的诉状，受诉法院应令其补正。立案时限从补正后交由法院的次日起计算。如果法定代表人消极抵制，法人无从启动或者参加诉讼；如果法定代表人主动参与，则没有任何理由阻止其代表公司行使诉权。

5. 法定代表人的风险

对于企业法定代表人来说，法律赋予其的权力真可谓不小。所以，法定代表人行使权力的同时承担较大的风险，这些风险也就是企业法定代表人需要承担的各项责任，包括民事、行政和刑事责任。风险来临的形式不胜枚举，而最直观的一点为：如果公司因经营不善被列为失信被执行人，法定代表人会被列为限制高消费人群，自身征信和生活将受到最为直接的不利影响。

▶ 案例 54【西岛公司：被罢免的法定代表人阻碍公司经营应承担赔偿责任】

案情简介：

2006 年 3 月至 2007 年 10 月，高欣任西岛公司执行董事。2007 年 10 月 9 日，西岛公司股东章永葆、杨兴文与股东高欣发生纠纷，章永葆、杨兴文拿走公司财务专用章，2007 年 10 月 16 日，西岛公司召开临时股东会并形成决议，罢免了高欣的执行董事职务，同时决定由章永葆担任西岛公司执行董事。高欣反对，诉至一审法院，要求确认股东会决议无效。一审法院驳回了高欣的诉讼请求。高欣不服上诉，二审法院维持了一审判决。由于高欣拒绝移交公司印章、营业执照、财务账册等公司财产。2007 年 12 月 24 日，西岛公司以损害公司利益纠纷将高欣诉至一审法院，一审法院判决高欣交付证照。高欣不服上诉至二审法院，二审法院维持原判。2014 年 2 月 8 日，西岛公司再次以高欣“任职期间偷税，导致公司被处罚，被罢免后依然非法控制公司导致公司无法补交税款及罚款，造成重大损失”为由，诉至一审法院，请求高欣赔偿损失。一审法院酌定其应承担次要责任，判决高欣应赔偿 30% 损失。高欣不服，提起上诉。二审法院对一审法院酌定高欣承担次要责任的判决内容予以维持。

法院认为：

公司变更法定代表人，需提供加盖公章的申请表、股东会决议、营业执照等材料。如营业执照丢失补办，需登报公告，凭公告补办，但也必须在申请书上加盖公司印。高欣被罢免执行董事后，仍非法控制公司，且拒绝交付公司印章、营业执照给公司补缴税款造成了一定的障碍。此外，高欣多次与西岛公司之间就罢免其执行董事、任命章永葆为执行董事的股东会决议效力纠纷以及公司证照返还纠纷持续诉讼，致西岛公司维系公司正常运转受阻，直至三股东自愿替代公司履行才平息涉税处罚，因此，应当承担次要责任。

因此，法定代表人对公司有非常重要的作用，决策者在选择法定代表人的时候可以综合衡量以下因素：

（1）信任与制衡。从权力位阶上看，董事长高于总经理，当法定代表人的身份赋予董事长时，董事长的实际权力大增；当法定代表人的身份赋予总经理时，由于公司的经营由总经理组织实施，同时又能对外代表公司，故总经理的实际权力大幅膨胀，且存在架空董事会、董事长的可能。如何在董事长、总经理身上分配公司经营管理的掌控权，需股东综合考量。

（2）公司控制权之争。对公司运营的参与、控制程度，是每个股东十分重视也应该重视的问题。从实务角度看，决定公司控制权的因素有：公司法定代表人，董、监、高的构成，公司及法定代表人印章管理，财务资料的掌控，等等。其中，法定代表人及印章对控制权有特别重要的意义。当一方股东提名董事长人选，另一方股东推荐总经理人选时，法定代表人由谁担任，财务负责人由谁提名，对公司控制权将直接产生重大影响。

（3）董事长、总经理的身份特征。当董事长为股东推选、总经理为社会招聘的职业经理人时，法定代表人一般不宜由总经理担任。当董事长、总经理一方不符合法定代表人的任职条件时（如被工商局列入禁止担任法定代表人的名单），只能由另一方担任。

【法定代表人权利限制的合同条款】

示例如下：

乙方在任职公司法定代表人后，须遵守下列规定，违反下列规定造成公司、甲方或其他股东的损失的，由乙方承担该损失。

（1）按照公司章程的规定及股东会的决议行使法定代表人职权，不得超越该权限，包括但不限于对外订立合同、为他人或其他企业提供担保、审批各项公司事务、对外应诉等。

（2）对公司的财产进行处分须提交股东会决议，包括但不限于转让、转移、抵押、质押、出租、赠与等。

（3）对外投资、融资、以公司的资产为其本人或其他单位或个人的债务提供担保须提交股东会决议。

（4）委托他人代为处理公司事宜须提交股东会决议。

（5）不得自营或者为他人经营与公司同类的业务。

（6）不得利用法定代表人的名义收受他人财产、对外进行许诺等。

（7）不得利用法定代表人的身份从事任何侵害公司利益及甲方或公司其他股东利益的行为。

（8）不得利用公司从事违法犯罪活动，给公司、甲方或其他股东带来任何形式的财产损失或民事、刑事责任。

六、公司印章

（一）公司印章的概念

公司虽然有独立的法人人格，但公司是拟制的法人，其对外的法律行为仍由自然人代为实施，因此，每个公司都有印章，公司的印章也代表公司的权力和义务。

（二）公司印章的保管

公司的印章该由谁保管？由于法律上未明确规定，根据司法实践，对公司的印章的保管，一般情况下是按下面的几种方式确定：

1. 根据公司制定的章程确定印章的管理和使用。有的公司章程对该问题专门作出规定，根据《公司法》的规定，公司章程对公司内部人员有法律约束力。

2. 按公司制定的印章管理和使用制度确定。对于公司印章的管理和使用，有的公司制定有专门的规章制度，有效的规章制度具有法律约束力，对印章的管理和使用应当按规章制度办理。

3. 由股东会或股东大会决议印章的管理和使用。股东会或股东大会是公司权力机关，当然有权对印章管理和使用事项进行决议，有效的股东会决议和股东大会决议具有法律效力。

4. 没有上述方式确定印章的管理和使用的，则一般情况下都是由公司的法定代表人直接管理、使用。这种情况在中小公司较为常见，法定代表人实际也是公司的大股东或是实际控制人，对印章的管理和使用没有明确规定的情况下，公司的印章、证照都是由实际控制人或大股东掌控。

（三）公司公章管理的风险及应对

公司的印章本质上属于公司的财产，是公司开展日常经营活动及对外实施民事法律行为所必需的物品。对印章的管理和使用最终是由股东对公司的控制权来决定，如果没有对公司的控制权，即使抢夺了公司印章，明显属于非法占有，应当予以返还。最高人民法院发布的《民事案件案由规定》第八部分有“公司证照返还纠纷”案由，其主要是针对非法占有、抢夺公司印章、证照的诉讼所设立的案由，如果公司印章、证照被非法占有、抢夺的，可以通过法院诉讼，请求判令对方返还。

除了前面抢真章的，笔者还遇到很多用假章的，往往就是下面这些情形：

1. 法定代表人盖假章的效力

《民法典》第61条第2款规定：“法定代表人以法人名义从事的民事活动，其法律后果由法人承受。”因此，只要是法定代表人加盖公章的，或者在法定代表人签字为真实的情况下，应当认定其代表法人的意志，印章真伪不影响企业应承担的责任。

▶ 案例55【一尺水投资公司：司法实践中的假章态度】

在阳朔一尺水实业投资开发有限公司（以下简称一尺水投资公司）、王杰等民间借贷纠纷申请再审案中，最高人民法院认为，“涉案《借款合同》、《借款担保合同》、《委托担保合同》中一尺水公司的印章与一尺水公司现在使用的印章样本不一致，但其法定代表人丁磊的签字是真实的，丁磊时任该公司的法定代表人的身份是真实的，王杰有理由相信作为一尺水公司法定代表人的丁磊履行职务行为的真实性，丁磊的行为代表了一尺水公司的行为。法定代表人任职期间持有的公司印章与任职前、免职后的公章是否一致，必须经过鉴定机关的鉴定方能识别，若将此全部归属于贷款人的审查义务范围，则已超出贷款人合理审查范围，亦有违合同法保护交易安全和交易稳定的立法初衷。王杰基于对丁磊的法定代表人身份真实性的信赖，已尽到合理的审查义务，主观上构成善意”。

2. 职务代理人盖假章的效力

职务代理的认定不以公章真假作为构成要件，故在相对人所提供的证据能够证明构成职务代理的情形下，法人或者非法人组织以合同上加盖的是假章、所盖之章与备案公章不一致等为由进行抗辩，并申请对公章进行鉴定的，法院应不予支持。

3. 与备案公章不符的公章效力

根据最高人民法院民二庭第 18 次会议纪要，最高人民法院法官认为，要求相对人在任一交易活动中都去核查公章的真伪，是不符合交易便捷原则的，因此，相对人不应负有审核某一公章是否为备案公章的义务。故在公司使用备案公章以外的其他公章的场合，法院不能以相对人未尽审核义务为由，认定公司的该枚公章为假公章，除非公司能够举证证明该枚公章确实是伪造的、废弃不用的公章。当然，相对人也可以通过举证证明公司使用的该枚备案公章以外的公章曾在此前的交易中或者在其他的交易中使用过等事实，证明该枚公章就是公司的公章。

▶ 案例 56【江苏省第一建筑安装集团股份有限公司：司法实践中假章效力的认定】

在（2018）最高法民申 3381 号案中，最高人民法院即查明江苏省第一建筑安装集团股份有限公司（以下简称江苏一建）员工熊华水私刻公司印章，加盖在《担保具结书》《建设工程施工合同》上，而该印章还出现在江苏一建向其他单位和部门提交的相关文件材料上。最高人民法院认为，债务人江苏一建员工熊华水使用同一枚私刻的印章进行有密切关联的一系列行为，债务人仅选择对其自身有利的部分进行追认，明显与情理不符……在公司印章不唯一的情况下，公司即使能够举证证明该印章确系伪造，也不能仅以此为由否定持该印章签订的合同对公司的约束力……公司对外使用的公章只要在某一交易中承认其效力，则不论该公章是否经公司授权、是否系他人私刻或伪造、是否进行工商备案，均不得在另一交易中随意否定其效力。

4. 假章假用的效力

除了在表见代理情形下，假章假用并不导致法人承担责任，笔者曾经协助某公司处理过这样的案件，某公司曾经的交易对象伪造了该公司的公章加盖于合同、结算单上，并向公司开具了增值税专用发票，后以此虚构应收账款并质押登记。公司对此取得了以下证据证明交易非真实：到主管税务机关打印交易对象伪造合同上所载期间的所有月份所有发票清单并请税务机关加盖“税收业务专用章”，证明公司对交易对象开具的增值税专用发票没有抵扣；联系结算单所载的船运公司，取得涉及船舶的港航交接清单等运输信息材料，证明货物流不存在。

▶ **案例 57【腾讯：假章假用，“南山必胜客”也难以分辨】**

2019 年 3 月，腾讯与老干妈公司签订了一份《联合市场推广合作协议》，协议约定腾讯投放资源用于老干妈油辣椒系列推广，此后腾讯已依约履行相关义务，但老干妈未按照合同约定付款。腾讯多次催办仍分文未获，因此不得不依法起诉。然而，老干妈方面的回应却是不曾与腾讯进行合作。6 月 30 日，老干妈公告称，从未授权腾讯公司或他人与腾讯公司就“老干妈”品牌签署《联合市场推广合作协议》，且公司从未与腾讯公司进行过任何商业合作。

7 月 1 日，据贵阳市公安局双龙分局通报，有 3 名犯罪嫌疑人曹某、刘某利、郑某君伪造老干妈公司印章，冒充该公司市场经营部经理，与腾讯公司签订合作协议。其目的是获取腾讯公司在推广活动中配套赠送的网络游戏礼包码，之后通过互联网倒卖非法获取经济利益。

在腾讯给老干妈打了大半年广告之后，实际上双方并未真正进行过推广合作。疑云散去后，腾讯官方微博发文直呼“一言难尽”，并自嘲：为了防止类似事件的发生，准备好 1000 瓶老干妈作为奖励，欢迎广大网友踊跃提供类似线索。

七、其他核心资源

（一）关键资产

任何公司都有关键资产，掌控了它就可以掌控公司。当年马云把支付宝从阿里体系中独立出来，主要是为了阿里的控制权。不走这一步，他随时面临失去阿里控制权的风险。走了这一步，形成了既定事实，马云就掌握了阿里的控制权。因为马云已经控制了支付宝，把他赶下台，阿里就会失去支付宝这一关键资产，这是阿里不能承受之重。

（二）老板商誉

为什么有的老板非常固执地要亲自担任公司代言人，把自己与公司深度捆绑，将个人形象照遍布各地的户外广告中呢？节省代言费当然是原因之一，但更深层次的动机，恐怕还有控制权保护。当老板名字成为公司商誉的核心要素，控制权更迭，将使公司价值严重受损，这是所有股东都不愿意看到的。

▶ 案例 58【格力：董明珠亲自下场代言】

现在是移动互联网高速发展的时代，企业打造品牌的最好方式，已经从过去的请明星代言，到了创始人亲自为品牌代言。从产品的角度来看，无论什么领域都充满了竞争者，一个行业可能有几千上万种品牌，要想脱颖而出的话，必须打造品牌。请明星代言，是为了给产品树立品牌，产品品牌是没有温度的，而创始人亲自为品牌代言的话，企业创始人就是人性化的品牌，给产品赋予了人的温度。提到空调的话，可能会想起格力、美的、奥克斯等，但提起董明珠，人们会立马想到格力。从个人品牌的角度来看，董明珠的个人品牌，无疑是打造得非常成功的。董明珠一直代言格力的举措无疑是将自己的名字与公司商誉、公司品牌牢牢地结合在了一起，而公司商誉与公司品牌作为公司重要的资产也就长期牢牢地控制在董明珠手中了。

（三）虚拟资产

商标、专利、版权、域名、专有技术、商业秘密等，都属于虚拟资产。

虚拟资产有一个特点，舒之弥四海，卷之不盈怀。其扩张的边际成本很低，价值可以无限放大，但储存、维持和控制它们的成本却极低。如果公司的商业模式是建立在这些虚拟资产之上的，那么，控制了这些虚拟资产，就可以控制公司。

案例 59【迪士尼：庞大的虚拟资产帝国】

迪士尼于 1927 年推出第一个动画形象“米老鼠”，而后又为它设计了一系列的朋友：米妮（1928 年）、高飞（1932 年）、唐老鸭（1934 年），甚至还有宠物布鲁托（1931 年），这些早期形象到 1955 年共出演了 87 部动画电影。2003 年，福布斯公布了“全球十大虚拟人物财富榜”，米老鼠荣登榜首。

如今，迪士尼正全面布局元宇宙游乐场，迪士尼在 2021 年 12 月的最后一周成功获得了世界虚拟器技术专利，而元宇宙公园一旦启动，将为游客带来更为逼真、高度沉浸的 3D 虚拟体验，迪士尼乐园计划用人工智能、虚拟现实、机器人、物联网等技术，将虚实共生的园内外整体体验向更高层级的沉浸感和个性化推进。此次布局，能够让迪士尼更好地连接物理世界与数字世界，让迪士尼在虚拟世界不受限制地继续讲述自己的故事，从而获得更大的利润空间。

▶ 案例60【南极人：万物皆可南极人】

南极电商的前身是南极人。南极人成立于1998年，最初以生产保暖内衣为主，因市场定位准确且注重广告宣传，南极人很快成为中国驰名商标。但随着保暖内衣行业竞争日趋激烈，南极人优势渐弱，开始从传统生产制造业向品牌授权模式转型。

2013年，南极人的品牌授权营收暴涨，当年品牌授权收入达到1939.18万元，同比增长高达341.95%。品牌授权属于轻资产模式，风险较小，不必承担生产线、库存及市场竞争等方面的压力。而为了管理自己授权的品牌厂家，2015年南极人正式更名为南极电商公司，随后开始了大规模品牌授权，授权范围也从服装拓展到洗衣机、油烟机、鞋垫、保温杯、卫生巾、洗衣液，甚至涉足养生食品与宠物食品等领域，被网友戏称“万物皆可南极人”。

南极电商公布的2019年财报数据显示，公司合作的经销商已达到4513家，授权店铺为5800家，财年期内新增的合作供应商达到1113家。公司营业收入39.10亿元，利润12.06亿元，品牌授权的相关营收达到13亿元，虽然只占总营收的三成左右，但贡献了超过90%的利润。由此可见，商标这种无形资产能够为公司带来大量利润，实为公司的重要资产。

（四）渠道资源

前些年渠道很重要，甚至有些人可以“挟渠道而令诸侯”。现在，从总体上来讲，渠道的重要性已大不如从前。但在有些特殊行业，尤其是严重依赖线下的行业，渠道的话语权依然强势。这些行业中的公司是可以通过控制渠道强化对公司的控制权的。

▶ 案例61【Burton单板滑雪：掌握渠道，降低库存——物流全渠道体验】

美国单板滑雪公司Burton拥有一个物流应用程序，该应用程序可连接所有销售点并将其绑定到 Burton 后端系统中，同时提供全方位的体验。客户可以从任何渠道（商店、经销商和 Burton 的电子商务网站）购买。如果 2 月 Burton 仓库的滑雪板或儿童背包用完了，员工可以搜寻商店并将产品迅速发送给买家。员工自己可以随身携带平板电脑，为要运输的特定物品贴标签和包装，然后将这些物品迅速发送给买家。该应用程序使 Burton 能够通过其销售渠道转移货物，并避免了庞大的库存携带成本。运营一年后，Burton 平均每天发货 56 次，连续 200 天发货稳定，并产生了 10 倍的投资回报率。该公司一直保持历史性的低库存，避免了低价商店销售，并将夏季的抛售变成了“购物事件”，而不是清仓销售，从而确保公司利润的平稳。

（五）上游资源

在有些行业，尤其是资源类行业，“得上游者得天下”。比如锂行业，全球的锂矿就那么多，谁能把上游资源控制在手里，谁在公司就有话语权。与之类似的还有影视行业，掌握上游著名导演、演员资源的人，也会在公司拥有话语权。

▶ 案例 62【宁德时代：为了不被“卡脖子”——宁德时代对锂资源的渴望】

加拿大公司 Millennial Lithium Corp，于 2021 年 10 月 1 日表示，中国电池制造商宁德时代已同意以 3.77 亿加元（约合人民币 19.2 亿元）的价格收购该公司的消息，宁德时代证实，已与前者签订收购 100% 股权的协议。该公司在阿根廷拥有两处世界级锂盐湖项目。宁德时代同时表示，此次收购是公司供应链布局的重要举措，将进一步保障宁德时代长期稳定的锂原材料供应。

2021 年以来，新能源汽车和锂电池市场持续火爆，锂电池上游原材料价格快速攀升。其中，正极材料是锂电池最为关键的原材料，包括碳酸锂、氢氧化锂等。目前碳酸锂、氢氧化锂、电解液等都出现不同程度的上涨，有的原材料相比年内涨幅已经超过了200%。2021年以来碳酸锂产品价格持续上涨，目前电池级碳酸锂价格已经接近19万元/吨。

很多人会很奇怪，宁德时代要自己买矿，目的到底是什么呢？作为一个生产企业，这么做的核心价值又是什么？

首先，对于宁德时代来说，它最核心的原材料就是锂。锂电池是当前整个新能源汽车产业最核心的电池，所以，在这样的情况下，作为原材料的锂矿到底能够有什么样的发展情况，有怎么样的供应状态，实际上会直接影响像宁德时代这样公司的市场表现。所以，对于当前的宁德时代来说，最需要的就是对于产业上下游有足够的控制，对于产业下游来说，宁德时代在市场上的号召力和影响力还是非常大的，对于产业上游而言，宁德时代则需要进一步加强，这也是当前宁德时代大规模入股巨型锂矿的原因所在。

其次，我们看到当前整个碳酸锂产品的价格持续上涨，这种产品价格持续上涨的情况，对于产业中下游的企业来说无疑是有巨大压力的，如此快速的价格上涨，如果企业不能够将原材料的价格锁定的话，将会导致自己的利润被原材料的价格上涨大幅度吞噬，这无疑是非常不利于自身产业发展的。

▶ 案例63【赢联盟：铁矿石产业链"补铁成功"】

2020年6月9日下午，经几内亚政府内阁全体会议授权，几内亚矿业地质部部长马加苏巴代表几内亚政府与赢联盟正式签署《西芒杜铁矿1、2号矿块基础公约》。这也意味着，几经波折之后，西芒杜铁矿1、2号矿块项目的开发权争夺战终于尘埃落定。

赢联盟由韦立国际、山东魏桥、烟台港集团和法国UMS公司组成，前三家均为中资企业。而作为世界上尚未开发的储量最大、品位最高的优质露天赤铁矿资源，西芒杜铁矿1、2号矿块品为66%～68%，是世界少有的高品位矿区，初步估算储量在36亿吨以上，开发运营后每年的铁矿石供给量将超过1亿吨。此次由中资企业联合开发，对中国钢铁企业解决铁矿石供给

“卡脖子”情况有重大意义。

作为全球最大的铁矿石买家，中国钢铁产业铁矿石对外依存度已经高达80%。只是，庞大需求并没有使中国钢铁企业获得在铁矿石定价权中应有的话语权。

由于必和必拓、力拓、淡水河谷和FMG四大矿山对市场的垄断，从长协到后来的月度定价、普氏指数定价，在铁矿石定价权的博弈过程中，由于手中缺少稳定的资源供给保障和储备，中国钢铁企业往往处于“被动挨打”的局面。钢价小涨，铁矿石价格跟风，钢价回落，铁矿石价格不动甚至拉升。不少钢铁企业曾感慨自己成了矿山的“打工仔”。

一方面，在资源禀赋方面，西芒杜铁矿1、2号矿块资源多为硬质的赤铁矿，品位高，块矿产出率高，这种品位资源物理和冶金性能很好，适合高炉直接入炉，深度开发后市场竞争力高，完全可以和澳大利亚及巴西的铁矿石资源媲美。

另一方面，在空间距离上，西芒杜1、2号矿块到中国的运输距离和巴西相比具备一定优势，加上非洲能源成本远低于澳大利亚和巴西，项目成熟运营后，在市场具备一定价格优势，这将对“高烧不退”的铁矿石价格形成降温作用。

掌握上游资源“补铁成功”，铁矿石产业链资源保障又有新突破，未来，中国钢企看四大矿山“脸色”的局面有望得到缓解。

（六）核心数据

公司的核心数据对公司的运营与发展十分重要，如果数据丢失或泄露，将会给公司造成巨大的伤害，公司的核心数据包括：（1）公司的财务数据和财务分析报告；（2）公司的合同文档；（3）公司的技术资料；（4）公司的客户档案；（5）公司的员工合同和工资档案；（6）公司未来几年的战略规划；（7）公司员工电话等。

▶ 案例 64【沃尔玛：掌握核心数据】

早在 1969 年沃尔玛就开始使用计算机来跟踪存货，1974 年就将其分销中心与各家商场运用计算机进行库存控制。1983 年，沃尔玛所有门店都开始采用条形码扫描系统。1987 年，沃尔玛完成了公司内部的卫星系统的安装，该系统使总部、分销中心和各个商场之间可以实现实时、双向的数据和声音传输。采用这些在当时还很超前的信息技术来搜集运营数据为沃尔玛最近 20 年的崛起打下了坚实的基础，从而发现了“啤酒与尿布”关联。

如今，沃尔玛拥有全世界最大的数据仓库，数据仓库存储沃尔玛数千家连锁店在 65 周内每一笔销售的详细记录，这使业务人员可以通过分析购买行为更加了解他们的客户。通过这些数据，业务员可以分析顾客的购买行为，从而提供最佳的销售服务。沃尔玛一直致力于改善自身的数据收集技术，从条形码扫描，到安装卫星系统实现双向数据传输，使整个公司充满数据基因。

沃尔玛始终以数据驱动决策、以数据驱动流程、以数据驱动产品，数据也就成为沃尔玛的重要资产与扩张全球的底气。

▶ 案例 65【泡面吧：核心技术丢失导致全面崩盘】

2013 年泡面吧开发了原始代码，并在此基础上创建了在线编程教育网站，泡面吧的三个创始人分别负责技术、融资和运营。2014 年泡面吧发起了 A 轮融资，此时公司总估值接近 1 亿元人民币，在泡面吧收到的多家投资机构给出的风险投资协议书中，开出的最优条件是出资 300 万美元，占股 20%。同年 6 月 17 日，三位创始人在讨论股权融资协议时，因“股权比例和谁是老大”的问题发生了激烈的争执。一位掌控核心技术的创始人把代码、项目删除，封锁全体员工所有的邮件，并提出了他的谈判条件：第一，要回美国完成学业；第二，要做 CEO；第三，要做大股东。后双方谈判未果，以创始人互相开除对方结束。

▸ 第四章 ◂

股权战略之股权激励

在这个创新变革奔涌而出的时代，随着人才重要性的逐步凸显，建立长效的人才激励机制已经成为公司股权战略中必不可少的一环。

第一节　股权激励的现实意义

按不同时代进行划分，股权激励的现实意义可分为三类：一是传统意义，该时期股权激励主要作为公司内部治理工具，作为公司薪酬绩效的补充；二是新时代下的意义，该时期下的公司发展从单打独斗变成了上下游企业的紧密合作，股权激励成为绑定公司外部合作商的利器；三是共同富裕背景下的意义，该背景之下企业需要承担更多的社会责任，实现共创共建共享，激发人才的创造力，推动社会经济发展。

一、股权激励的传统意义

股权激励已盛行多年，股权激励的传统意义，主要有如下几点：

（一）绑定人才

近年来，众多城市展开了“人才抢夺大战”，纷纷抛出各式优惠政策的“橄榄枝”，毕竟，新时代之下，城市间竞争的本质就是人才的竞争。比如，武汉推出“百万大学生留汉创业就业”“百万校友资智回汉”计划；成都实行45岁以内全日制大学本科及以上毕业生凭毕业证落户、在住房方面免费入住青年人才驿站；杭州专门出台落实“人才生态37条”的有关补充意见，通过重磅政策招才引智。① 的确，城市之间这些“抢人”措施，大多都见效显著。以杭州为例，杭州2019年以55.4万的人口增量位列全国第一，近三年人才净流入率、互联网人才净流入率保持全国第一，在激烈的“人才抢夺战”中拔得头筹。

而将城市缩影成为一家企业，如何保证企业员工愿意投入心力为企业创造价值便成了一道难题。高薪挖人、放权管理等方案屡见不鲜，但在长期实践的过程中我们会发现，这些方法可能会让人才进入公司，但却并不能留住人才，人才依然可以在获得即时的报酬后另觅下家，以获取更高的工资，更广泛的管理权限，但是股权激励作为一种长期的激励计划，以激励未来为原则，让人才可以享受未来公司发展成熟后的增值收益，而非眼前的短期收益，将员工收益与公司发展相绑定，如果员工中途离职，则其前期的努力与时间就是竹篮打水一场空。

（二）助力公司管理

有数据表明，20世纪以来，在美国排名前1000位的公司中，绝大多数公司对核心管理人员、技术骨干等关系企业发展大计的员工都实行了股权激励。

比如大家所熟知的微软、阿里巴巴、华为、小米等企业，都是在股权激励下快速成长起来的。越来越多的事例表明，股权激励已经成为现代企业提升绩效、实施人才战略不可或缺的管理工具。

通过股权激励让激励对象成为股东，也就让这些高层次人才与决策者、大股东的利益保持一致，激励对象也就有了归属感和认同感。各式人才摆脱了“打工者”的身份和角色心理，一定程度上可以发挥人才的主观能动性，

---

① 参见葛熔金：《杭州八大举措全球引才2万人，最高给予800万元购房补贴》，载澎湃新闻2020年2月25日，http：//www.thepaper.cn/newsDetail_forward_6147412。

使人才的价值得到完全发掘，从而促进企业一步步从初创到腾飞。

（三）减轻企业资金压力

本书的第一章为读者剖析了企业发展的特点，其中对人才和对资金的双重需求，导致企业希望通过高薪高福利的现金待遇吸引和绑定人才。对于处在发展初期的企业而言，往往会面临资金短缺的问题。因此，企业引入股权激励作为一种长期的激励行为，可以作为固定薪酬的替代或补充，能够适当地降低企业现金流压力。由于激励对象获得股权也需要支付对价，因此企业通过股权激励不仅节省了资金，还会获得激励对象的投资资金。

从外部看，如果企业需要引入外部投资，在投资时，投资者评估的内容除了企业自身的价值，还有核心项目团队的稳定性，一个有着分享精神的决策者、一批稳定的管理人员和核心员工是最好的投资对象，这样的企业往往能为投资者带来更多的回报。

而依靠股权激励缓解企业内部压力、完成融资需求的典范就是华为公司第一阶段下的股权激励。

（四）降低高管税负压力

华为的任正非曾说过："钱分好了，管理的一大半问题就解决了。"

一方面，正如公司发年终奖一样，如果年终奖并未与个人业绩指标关联，只要日常工作循规蹈矩、不出错就能够拿到的话，那么每个人都会觉得年终奖就是自己应得的，没有必要因此感激公司、为公司的发展贡献"多余"的力量。另一方面，如果公司拿出 100 万元支付员工薪酬，员工真正拿到手的到底有多少？根据《个人所得税法》的规定，我国现行的个人所得税的免征额为 5000 元，超过 5000 元的部分按照税率表分梯级计算。如果某员工年薪为 100 万元，扣除免征额、"五险一金"之后，以杭州为例，员工社保缴费共需负担 10.5%，社保缴费基数上限为 19,783 元，即员工 1 年需要承担的社保费用就为 24,926.58 元，而杭州公积金缴费比例为 5%～12%，缴存上限为 36,675 元，以 8% 折中计算的话，员工每年公积金也需要缴纳 35,208 元。而除此之外，更大的负担则在个人所得税，以个人所得税累计税率计算，年薪百万元的话，月工资为 8.3 万元，即便计算上全部的专项扣除以及专项附加扣除计算税负，也要达到将近 20 万元，这样员工真正拿到手的工资可能只有 70 万元左右。即企业主拿出 100 万元成本的“诚意”诚聘英才，但是员工真正看到的只有 70 万元。

雇佣制下，税负问题成了横亘在企业主和员工之间的一道难以逾越的鸿沟，导致了双方共同的损失。

而股权激励则不同，股权激励所获得的收入无须与工资合并为综合所得计算，只需依据固定税率 20% 缴纳个人所得税，而不用累进计算至 45%。50 万元的年薪水平扣除免征额、“五险一金”后，月工资约为 3.6 万元，算上全部的专项扣除以及专项附加扣除，以此计算税负，仅为 4 万元左右，另外加上股权激励所得的 20% 固定税率下的个人所得税，也仅为 14 万元左右，如此一来，大大降低了企业高收入人才的税负压力。

二、新时代下的股权激励意义

随着时代的发展以及商业模式的不断创新，股权激励已经从内部意义更多地拓展至外部绑定意义，起到了一个企业发展过程中上下游核心合作资源的整合作用。

上文提到股权激励多产生内部效益。实际上，股权激励对外而言也具有整合上下游的作用，并且此种链接上下游、形成产业链的作用原理与员工内部股权激励原理没有实质差别。

由于机理相同，企业发展到一定程度通常有代理商或经销商，笔者在此仅以下游进行说明。下游主体在活动中时常陷入消极状态，品牌、产品不是自己的，所以并不会为了更高销量或推广品牌而费尽心力。为解决这一问题，企业不妨考虑对下游采取股权激励计划。以排名考核等方式制定标准，对符合标准的下游主体授予股权资格，以激励下游主体为共享企业发展成果而提高效能。

案例 66【格力电器：绑定上下游，打造利益共同体】

格力电器从一个默默无闻的小企业成为空调行业的霸主，很大程度上得力于其开创的“与地方经销商结成利益共同体”的营销模式，从而有力拓展市场。

格力电器很早就利用股权激励制度与经销商进行捆绑以实现渠道的共赢共享。2007 年 4 月 28 日，格力电器公告，大股东珠海格力集团公司于 4 月 25 日与河北京海担保签署股权转让协议，向京海担保转让其持有的格力电器股份 8054.1 万股，占格力电器已发行总股份的 10%。权益变动后，格力集团仍持有格力电器 29.74% 的股份，第一大股东的地位保持不变。值得注意的是，京海担保是由格力电器重庆、河南、河北、山东等 10 家销售公司合资注册成立的公司。这 10 家销售公司及其股东都是格力电器的核心经销商，每年的销售额占格力电器内销总额的 65% 以上。格力电器董事会秘书刘兴浩对本次股权激励颇为赞同，其认为空调行业竞争激烈，拥有可控的渠道，对企业的发展显然极为重要，很多空调品牌就是因为没有自己的渠道，失去了对市场的主动权，从而被淘汰出局。本次转让 10% 的股权引进格力经销商作为格力电器的战略投资者，与经销商建立一种产权关系，从制度上将经销商与格力电器的利益牢牢捆绑在一起，有利于充分调动经销商的积极性，促使厂家和渠道建立更加和谐、共赢的战略合作伙伴关系。

而除了明星企业格力，上海泰金电子科技有限公司（以下简称泰金科技）成立于 2004 年，是专业从事通信、计算机、网络、智能安防系统产品研究、开发和生产的科技企业。2017 年泰金科技对经销商实施股权激励，本次股权激励中授予经销商的股份总额占整个泰金公司股权总额的 25%。通过股权绑定经销商，泰金科技与经销商形成利益共同体，共享收益，同时实现资源互补、优势互补，双方共同快速地成长。

三、共同富裕时代背景下的股权激励

股权激励是一种让员工与决策者共享企业发展收益、打造共创共享氛围的激励工具，有助于实现共同富裕。

▶ **案例67【吉利汽车：股权激励下的共同富裕】**

浙江知名民企吉利汽车于2021年6月25日正式启动“吉利共同富裕计划”，7月3日发布共同富裕计划行动纲领，进一步完善和实施包括全员收入增长计划、全员家庭健康保险计划、全员职业提升计划等一系列举措，实现员工共同富裕。8月30日吉利汽车发布共同富裕计划细则，作为该计划的一部分，吉利汽车董事会共批准3.5亿股额度，第一批向1万多名员工授予其中1.67亿股，按照吉利汽车（HK.0175）当日收盘价计算，市值约为45亿港元。此后，根据员工入职和晋升发展等情况，吉利汽车还将继续实行股份奖励计划，让更多员工分享企业发展成果。

▶ **案例68【比亚迪：“零元激励”样本】**

2022年4月22日晚间，比亚迪在深交所公告，拟推出员工持股计划，参与总人数不超1.2万人，总额在18亿元至18.5亿元。

值得注意的是，上述参与对象均无须出资，能以0元/股的价格，受让公司拟回购的股票。

▶ **案例69【腾讯：“阳光普照奖”的激励】**

腾讯在2021年年初发了一次“阳光普照奖”，传闻每位腾讯员工都将得到100股腾讯股票，解禁期一年。如果按当时的股价计算，100股腾讯股票市值在7.4万港元左右，折合人民币6.1万元左右。此外，入职未满1年的员工也可拿到这份奖励。后续腾讯作出回应，称此笔奖金面向的人群是公司中表现优异并且作出特殊贡献的员工，具体金额为100股的一次性激励。但还是有很多员工和企业家都沸腾了，员工大多表示羡慕，企业家的关注点在于这些简单操作的全员激励，自家的企业是否也能实施。

从上述例子可知，如今的股权激励已经逐步在共同富裕理念的影响下，进一步扩大激励范围。

企业作为最重要的市场主体，在推进实现共同富裕中具有难以取代的地位。

共同富裕拆成基本的两个方面就是“共同”和“富裕”，“富裕”是社会发展水平的集中体现，通过社会经济成果表现出来。企业是创造财富的重要力量，企业的发展为实现共同富裕提供了推力，而正因如此，企业的发展水平在很大程度上影响共同富裕的实现速度。“共同”要求人人共建共享，共建关乎主体参与共同富裕工作的积极性，如何规划调整收入、做好收入安排则是共享的主要内容。在初次分配上，企业切实做好员工薪资发放工作，是其助力共同富裕的另一主要方式。

股权激励作为完善薪酬体系、提升企业发展效率的手段，为企业在当今时代背景下承担社会责任、促进共同富裕提供了一条捷径。同时，在共同富裕的时代号召下，股权激励整体有了新的变化趋势。

近几年，大批公司实施股权激励计划，激励对象的范围普遍有扩大之势。公告显示，多家企业的激励对象人数占员工总数的比例已然超过 90%，更有甚者高达 100%，谓之全员激励。与此同时，知名大型企业的激励人数更为可观，有近 40 家公司公告的激励计划中激励对象人数超过 1000 人，而长城汽车公告的激励人数近 9000 人。股权激励为员工提供了新的收入来源，股权激励的广泛应用意味着相当一部分员工群体的收入提升。股权激励与传统薪酬体系并存，使薪酬体系进一步优化，有利于强化利益分配的公平性与合理性，这便与共同富裕的内涵相呼应。

股权激励使员工与企业紧密结合在一起，在员工与企业间达成利益共享，实现双赢。对企业而言，员工因激励机制而努力工作，员工群体形成多劳多得的工作氛围与理念，企业便可在员工的共同推动下得到更好的发展。企业产能增加、市场竞争力增强，即可为社会创造更多的财富。

案例 70【泸州老窖：白酒企业的共同富裕】

2021 年 9 月 28 日，泸州老窖股价以 3.9% 的涨幅，在白酒板块“万绿丛中一点红”。泸州老窖股份公司出台股权激励计划相对较晚，但在笔者看来，“好饭不怕晚”，其出台员工股权激励计划正当时。

本次泸州老窖的股权激励覆盖面广，并大幅向中、基层骨干员工倾斜，让大多数老员工都能享受企业高质量发展的红利。股权激励还促进公司建立、健全长效激励约束机制，充分调动公司员工的积极性，有效地将股东、公司和核心团队三方利益结合在一起，使各方共同关注公司的长远发展。而其他几个酒企，股权激励中一线员工的持股比例也占绝大多数（见表 4－1），白酒企业也紧随共同富裕的脚步，运用股权激励落实共同富裕精神。

表 4－1　各酒企一线员工持股比例

单位:%

公司名称	一线员工持股比例
洋河股份	91.72
泸州老窖	82.11
舍得酒业	89.34
水井坊	66.83
山西汾酒	84.62

第二节　股权激励的宏观模型——“四位一体”

随着股权激励的价值显现，以及官方对股权激励的认可，越来越多的公司开始实施股权激励。但每个公司都面临不同的情况，需要有不同的模式。

这里不得不提到笔者在《12 步玩转股权激励》一书中所提到的“四位一体”的人才激励模式。所谓“一体”就是企业的战略目标，“四位”分别是企业文化、薪酬绩效、税务筹划、股权激励。这种人才激励服务模式就是以公司战略为核心，围绕这一核心，从企业文化、薪酬绩效、税务筹划和股权激励四个方面入手，全局性地解决问题。

一、“一体”——企业战略是核心

企业战略就是企业根据环境变化，依据本身资源和实力选择适合的经营领域和产品，形成自己的核心竞争力，并通过差异化在竞争中取胜。而“战略”这一概念过于宏观，要提升企业战略的实践性与可操作性，需将企业战略细分为各种次级目标，只有一步一步落实细分目标，并在此过程中及时调整，才能最大限度优化并发挥企业战略的作用。

股权激励是股权战略中不可或缺的一环。企业的一个重要特点是，一旦企业形成核心竞争优势，那么对企业而言，其会迅速发展壮大。因此公司战略规划更是重中之重。然而在快节奏的腾飞过程中，公司并没有太多缓冲时间去制订战略和规划。企业应当把握腾飞的契机，避免因战略问题制约企业发展。

有了明晰的战略目标，团队成员才能明确自身努力的方向，才能对企业的发展轨迹有大致的预判，从而让团队成员认识到股权激励这一手段能实现企业的美好发展蓝图。阿里巴巴、华为和小米等公司的战略目标就不是老板一个人的筹谋划策，而是集公司上下员工智慧与认同的成果。

▶ **案例 71【长城汽车：股权激励展现公司战略方向】**

在汽车制造业领域，长城汽车的股权激励肯定是绕不开的。2021 年 5 月 25 日，长城汽车发布史上最大规模股权激励计划：拟分别向 8784 名激励对象授予股票期权 39,710.1 万份，向不超过 586 名激励对象授予限制性股票 4318.4 万股。截至成稿时，长城汽车 2020 年和 2021 年两期股权激励计划授予对象总人数达 10,669 人，占企业员工总人数的 16.89%。

大规模的股权激励、阶梯式的行权方案，以及预留的 20% 股票期权和限制性股票，有助于长城汽车吸引更多优秀的管理人才和业务骨干的加入，赋能长城汽车在各领域吸纳全球优秀人才，进一步满足长城汽车对核心技术人才和管理人才的巨大需求，从而激发企业创新活力，为企业的持续快速发展注入新的动力。

从长城汽车此次股权激励计划设定的目标看，2021 年到 2023 年销量年增长率要分别达到 34.2%、27.5% 和 47.4%；净利润同比增速要达到 26.8%、20.6% 和 40.2%；到 2023 年长城汽车销量要达到 280 万辆，净利润达到 115 亿元。这是什么概念？数据显示，2020 年一汽—大众销量为 211 万辆，上汽集团净利润为 200 亿元。也就是说，股权激励计划要求到 2023 年，长城汽车的产销规模与一汽—大众比肩，赚钱能力顶半个上汽集团。

所以，股权激励一定要起到公司战略风向标的作用，设立考核机制，制定行权指标，才能让员工们勠力同心，使命必达。

二、“四位”之一——企业文化

在股权激励中，企业需要将企业文化宣贯给激励对象，毕竟只有目标一致，才能够做到共建共享，保障股权激励的贯彻落实。

企业文化由企业的发展目标、人文关怀、管理理念等组成，它们相互叠加组合，体现了企业的文化价值观。员工工作时的精神面貌与态度就是企业文化最好的体现。

人才激励的实质是让骨干员工享受到一定程度上当老板（股东）的体验，从而将员工与公司拧在一股绳子上。但也不是任何员工都能获得这种体验，只有认同公司经营理念、认同企业文化的员工才可能和企业“心连心”，如果在企业文化上无法达成一致，那么将来员工与企业大概率会走向不同的方向，这样的员工无法也没有必要引入激励对象的群体中来。

实施人才激励具有双向效果，在激励过程中，公司的企业文化会通过人才激励这一现实载体展现给公司全体员工。例如，很多连锁公司都希望让老员工带动新员工的发展，那么在股权激励的考核中，不妨将“每年带徒数量”写入个人层面的业绩指标中，这样期望享受公司股权激励的对象就会主动传授核心行业知识给新员工，完成相应指标，同时传播企业文化。

▶ **案例72【威星智能：奠定共创共享的价值理念】**

浙江威星智能仪表股份有限公司（以下简称威星智能）（证券代码：002849）自2018年实施股权激励以来，成功塑造了“付出与回报相匹配”的价值理念：一方面，公司以创新成果作为重要的考核指标，促使员工积极提升创新能力；另一方面，只有激励对象有升职加薪的机会。在这样的双重动因下，企业优秀人才为公司创造了更多的技术成果，他们也获得升职加薪的机会，这亦会激发其他员工向优秀人才靠近，整体向上的工作氛围自然形成。

三、“四位”之二——薪酬绩效

股权激励与公司薪酬体系密不可分，具体来说，股权激励是公司薪酬体系的一部分，同时又以公司绩效制度为依托。

股权激励授予一定的股权给激励对象，其表现形式自然可视为员工薪酬的一部分，然而仅有股权是不够的，普通员工不能只靠每一段时间获得股权收益生活。有股权激励也必须有工资、奖金、分红等中短期薪酬。股权激励与中短期薪酬共同构成并优化了员工薪酬体系。“固定薪酬＋公司股权”的动态模式意味着员工利益随公司发展形势而变动，由此促使员工持续为公司发展作出贡献。

企业实施股权激励并不会颠覆公司原有的薪酬体系，原有的薪酬是基于员工过去的表现所给予的报酬，而股权激励更多的是对员工未来创造更大价值的展望，两者面向不同，是并行且不可相互替代的。股权激励建立在公司原有薪酬制度之上，进一步提高了公司整体薪酬体系的吸引力。因此，若公司原有薪酬体系就不具有科学性，那么在此基础上实施股权激励就如同在浮沙上造房，并无意义。企业意欲实施股权激励，应当先评估企业原有薪酬制度，若薪酬制度不完善，则首先应当做相应优化与调整，然后再结合调整后的薪酬制度制定股权激励方案。股权激励虽具有优越性，但并非孤立存在的，绝不能将股权激励与传统薪酬制度割裂开来。

确定采用中短期与长期薪酬相结合的模式后，企业要想打好这一套“组合拳”，便应面向不同人群采取不同的组合方式、组合力度。无论企业规模如何，在员工薪酬上都是有层次的，大致可分为底层、中层、高层三个层次，那么在进行股权与工资、奖金等比例划定时便不能一视同仁。若对所有员工都采取同等比例员工薪酬和股权的发放方式，那么于低于高都无法兼顾。笔者建议，对于企业中收入较低的员工来说，可以将工资作为薪酬的主要部分，适当引入股权激励，在保障该部分员工整体收入稳定、获得现金的前提下让员工尝到股权激励的甜头。对于中等收入员工，则可提高股权比例，相应降低传统工资比例。对于高收入员工，股权激励便成为主要的薪酬形式，传统工资只占薪酬体系的一小部分，在薪酬体系上更具灵活性、非传统性。图4－1为企业薪酬绩效模式中的一种，供读者参考。

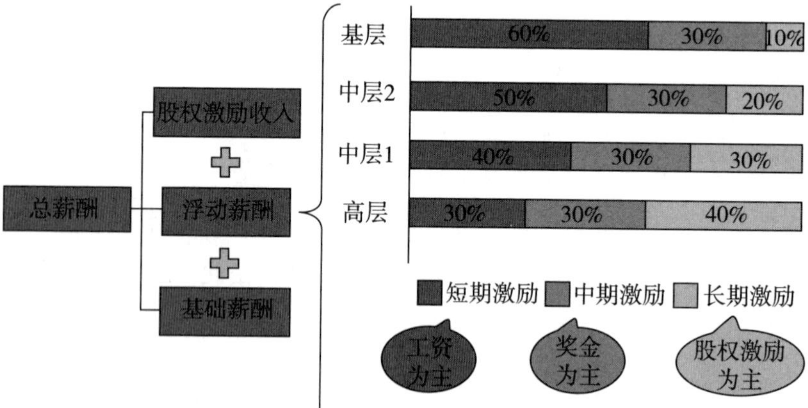

图4－1　企业薪酬体系示例

薪酬体系之外，考核是股权激励中极其关键的一环，对于企业而言，明确的项目呈现、核心竞争力的形成是决定公司腾飞的关键因素。因此，必须制定完善的考核机制，将公司所需的项目要素落地为考核指标，使员工明白只有达到考核要求，才能够真正享有公司的股权。合理的绩效考核制度有助于激励效果的实现。

四、“四位”之三——税务筹划

正如上文所述，税收的强监管时代来临，高薪资往往面临高税负，加之现今金税三期的推出，也令之前种种避税手段难以规避税务部门稽查的风险，而股权激励的确能够让高收入对象实现多得财富少负税。许多企业决策者设置的“一元年薪”，如刘强东的“一元年薪”、马斯克为自己设置的特斯拉股票激励计划，一方面，是以低年薪的方式降低税负，通过调节高层员工的薪酬构成，起到使个人规避高税收的作用，而对于企业，根据2016年财政部、国家税务总局联合印发的《关于完善股权激励和技术入股有关所得税政策的通知》，对符合条件的非上市公司股权激励实行递延纳税政策，对上市公司股票期权、限制性股票和股权奖励适当延长纳税期限，由6个月延长至12个月，这可以增加企业现金流，有利于企业经营。另一方面，工资是死的，但股票有增值空间，马斯克就是凭借特斯拉股票成为世界首富。

在不考虑专项附加扣除和社保扣除等情况下，纯发工资的百万年薪员工税后收入约为73万元。若同样百万年薪的员工采用“50%工资+50%股权期权”模式，又是如何呢？假设员工税前50万元年薪，则税后收入为40万元左右；另外，50万元期权收益根据《个人所得税法》第3条的规定，应纳个人所得税，适用比例税率，税率为20%，则税后收益为40万元，与税后年薪相加共计80万元。这样便可看出两者税负之间的差距。笔者的这一算法较为简单，实际上由于股权价值的波动性，引入股权这一激励手段后员工实际获得的收益并不是固定值：若企业发展向好，股票不断升值，则员工获得的收益只增不减，而在法定计税的方式下，无论工资金额增长多少，税率都是固定的20%，股票激励更能显现和传统高薪工资在税务方面的对比优势。

股权激励是激励人才与做好税务筹划的双赢手段。实施股权激励以后，因股权增值所缴纳的税收远比薪酬增长的税负低许多。

▶ 案例73【刘强东："1元年薪"的背后玄机】

2015年8月，刘强东在结婚前，对外宣布将未来10年的年薪降至1元且没有现金奖励。当网友打趣"刘强东10年薪酬也买不起一杯奶茶"时，殊不知刘强东也为自己配上了一项股权激励计划。根据该计划，刘强东将被授予2600万股A股股权，相当于公司所有流通股的0.9%。刘强东获得该笔股权的每股执行价格为16.7美元，相当于每股美国存托股份（ADS）33.4美元。未来10年，当京东股价达到或超过33.4美元时，刘强东就可以将他手中的股权套现。如果按33.4美元的行权价格计算，刘强东的这些股权价值4.34亿美元。这样的股权激励除了将刘强东与京东绑定得更深外，也使京东的成本支出和刘强东个人的税收负担都大幅减少。

此外，由于股权激励具体方式的不同，税负也有所不同，企业在落实股权激励时还应当在激励内部载体等方面进行税务的考量；历史上平安保险就吃过这样的亏。

▶ 案例74【平安保险：高昂税负激励效益】①

由于当时制度的限制，2007年平安保险在上市前选择将员工受益计划设计为法人持股，具体而言就是由新豪时公司和景傲实业这两家员工投资集合相关公司代表员工持股。2010年4月，首批平安保险限售股解禁，计算下来1.9万名平安保险员工平均每个人出售所持股票获益为200万元。但是出售的主体是法人，根据国家有关税法规定，新豪时公司和景傲实业应按照国家法规缴纳企业所得税和代扣代缴个人所得税。根据当时法规和政策，深圳企业所得税税率2010年为22%，2011年为24%，2012年以后为25%；个人所得税税率为20%。

按照新豪时公司解禁细化方案，新豪时公司将委托一家代理公司在二级

---

① 参见《中国平安造富神话几近破灭 新豪时公司回应录》，载中国经济网，http://finance.ce.cn/rolling/201003/17/t20100317_15617351.shtml。

市场并通过大宗交易方式减持，这意味着员工股权益人一是要支付印花税，二是要向代理公司支付手续费，三是由新豪时公司按当时规定缴纳22%～25%的企业所得税，四是新豪时公司向员工股权益人支付收益时还要代扣代缴20%的个人所得税。

如此一来，解禁后持股员工至少要承担42%的税负，“人均200万元”的财富神话将大打折扣。按照25%的税率缴纳企业所得税后只剩下150万元，再下分给员工又要扣缴20%的个人所得税30万元，两道税扣减到最后员工需要负担80万元的税费。如此种种竟然还不包括管理费等相关费用的扣减，再扣去8%管理费等相关费用（见图4-2），即再减去16万元，200万元中共需要扣减96万元，那么员工实际到手只剩一半，因此员工抱怨连连，此次股权激励引来平安保险员工的极大不满。

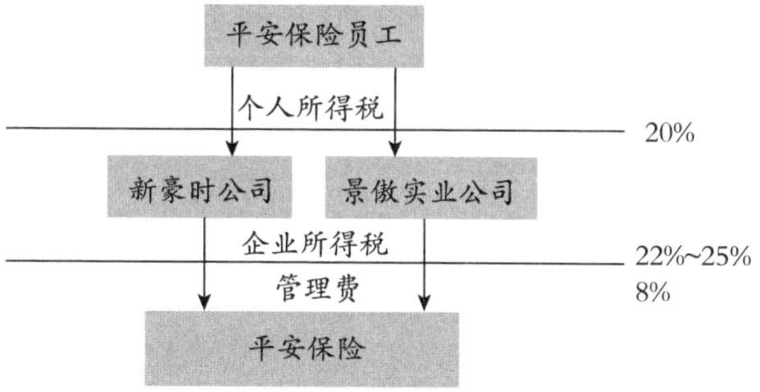

图4-2　案例税、费展示

不过现在情况发生了变化。针对上述类似的情况以及未来鼓励企业对人才进行股权激励，2016年财政部、国家税务总局联合印发了《关于完善股权激励和技术入股有关所得税政策的通知》，取消了股权激励中的企业所得税，目前只收取20%的个人所得税。股权激励自此成了一条员工和公司实现互利共赢的好途径。

五、“四位”之四——股权激励

常见的人才激励模式有业绩分红、项目跟投等，股权激励是其中颇具优势的一种。在遵循公司战略的基础上，满足条件的激励对象获得公司股权并就该部分股权享有相应的股东身份和权利。在企业文化的基础之上、有完善的薪酬绩效方案以及税务筹划加持，科学的股权激励制度便能尽其所能发挥激励员工之效用，同时实现员工利益与公司利益的最大化。

股权激励提升了公司优秀员工的黏性，并形成员工与公司共同持续发展之力。此处选取股权激励中的两大特点加以解释：分期授予与股东身份。

分期授予在期权股权激励中称作“分期行权”，在限制性股票股权激励中称作“分期解锁”；“分期”重在阶段性地激励对象。各阶段的员工考核均与相应时段公司的阶段性战略目标相配合，员工与公司之间的“同频”弱化了员工与公司之间的割裂感，对留住员工具有重要作用。激励对象大多是企业的核心项目成员，但是这一类人才是否掌握相关经验及知识并不是一朝一夕或仅仅通过面试就能确定的，而是需要经历时间的考验。因此，分期授予，视项目落地实际效果决定股权的激励与授予对初创型企业而言尤为合适。

股东身份是指在股权激励中，激励对象可以取得公司股权的身份。有了这一身份，员工在意识层面会更倾向于把自己理解为“老板”，一旦有“当家作主”的意识，员工就会把企业真正放在心上，有更加强烈发展企业的欲望。且股权激励具有长期性，并且与公司发展成效相挂钩，企业发展好，股权有了增值，激励对象才“有利可得”，员工为了获利，自然会想办法提升股权价值，而员工能做的就是好好工作，推动企业进步。

▶ 案例 75【方太集团：走自己的全员身股制道路】

方太集团（以下简称方太）创建于 1996 年，目前在全国已有员工近 16,000 人。作为一家以智能厨电为核心业务的幸福生活解决方案提供商，方太长期致力于为人们提供高品质的产品和服务，打造健康环保有品位有文化的生活方式，让千万家庭享受更加幸福安心的生活。

方太早在 2008 年就开始考虑股权激励，最开始方太考虑采用同市面上大多数企业一样的方案——仅对骨干层实施股权激励，不过这种思路很快就被方太否决了。经过十余次的修改与调整，方太于2010年正式实施身股制。方太董事长茅忠群坚持认为，儒家思想强调仁义平衡，做事要合理合宜，既然身股制的性质是激励机制，那就应该全员覆盖。不过身股制下虽人人有份，但也人人有别。根据人力资源部薪酬福利中心负责人高旭升的说法，影响员工身股数的因素主要是岗位价值，也就是职等，具体影响最终收益的则有个人绩效、出勤、团队贡献（事业部利润状况），以及集团利润状况等。

方太整个公司以及不同事业部的身股定价和各自的绩效相关，集团公司根据集团利润有身股单价，各个事业部和分公司则根据各自剩余利润有自己的身股单价。集团部分面向所有员工，事业部只面向该事业部的员工，每个员工都同时获得集团利润分红和所在事业部或分、子公司利润分红，公司最后根据员工的岗位情况综合核算。

全员身股制具体要点归总如下：

（1）员工获得身股无须付费，但是离开即自动退出。同时，身股不是完整意义上的股权，只是分红权。

（2）适用对象：在公司工作满两年的方太员工，自动成为公司身股激励的对象。

（3）分红比例：公司上年度净利润总额约5%的分红。

（4）员工额定身股数：以员工职位等级为基础，结合岗位价值和贡献来确定某个员工的身股数，具体由人力资源部和各部门负责人对员工岗位价值、贡献评估后确定。

（5）员工分红身股数 = 员工额定身股数 × 员工个人综合评定系数 × 出勤系数。

（6）分红期：一年。

身股制在集团总部实施后取得了良好的效果，这一制度便被各个事业部及驻外分、子公司所沿用。除范围扩大外，身股制本身也发生了变化。2012年集团副总裁级别岗位身股实行独立计算，部长和总监级别身股数量显著提升。分、子公司身股分红与集团总部剥离开，同时侧重于分、子公司经理。

方太的身股制在具有“普惠性”的基础上强化合理差别，颇具特色，这也与方太推行的以儒家思想治理企业的观念相符。身股制的实施得到了员工的肯定，方太也在实践中不断优化这一制度。可以说，方太的身股制夯实了企业发展的基础。

股权激励于企业具有难以言喻的力量，企业应视自身情况适时调整，发挥股权激励的作用，助力企业向好前进。

第三节 股权激励的微观实操——“12D”模型

笔者将股权激励需考虑的各个细节整合为“12D”模型，从12个角度出发，为企业家制定科学的股权激励方案提供指导。

一、定目的：企业实施股权激励的目的

股权激励的目的将决定整个股权激励的走向。

（一）股权激励的目的之一是在员工、股东、公司之间实现利益绑定

许多人才在企业创始之初为企业立下汗马功劳，但随着时代的进步、年龄的增长，在新业态面前显得力不从心，开始躺在功劳簿上睡觉。对于这些公司元老，如果随意劝退将支付高额的经济补偿金，有可能失去元老所拥有的行业地位及人脉资源，更有可能导致公司的商业机密被泄露。而通过股权激励的方式，既可以一种温和的方式对退休元老进行利益平衡，也可让现职员工更认可公司的文化制度，获得安全感和归属感。

（二）股权激励的目的之二是为公司补充流动资金

企业的两大难关，一个是人，而另一个就是钱。股权激励并不当然意味着免费转让，即便是股权激励，获得股权也是需要支付一定对价的，只不过

基于股权激励的性质，企业往往会设置较低的价格来鼓励员工参与激励，譬如定价低于每股实际净资产。华为最初的股权激励就是一个很好的例子。华为曾以 1 元/股的价格向内部员工授予股权（高于每股净资产），以此解决了资金难题。对于企业来说，资金短缺不仅会使业务开展受阻，还会打破企业稳定的氛围。股权激励的特性则以十分委婉的方式帮助企业一定程度上缓解了这些问题。

（三）股权激励的目的之三是帮助完善公司的治理结构

证监会发布的《上市公司股权激励管理办法》第 7 条规定："上市公司具有下列情形之一的，不得实行股权激励：（一）最近一个会计年度财务会计报告被注册会计师出具否定意见或者无法表示意见的审计报告……（五）中国证监会认定的其他情形。"第 31 条规定："上市公司应当聘请律师事务所对股权激励计划出具法律意见书，至少对以下事项发表专业意见：……（二）股权激励计划的内容是否符合本办法的规定……（五）上市公司是否已按照中国证监会的相关要求履行信息披露义务；（七）股权激励计划是否存在明显损害上市公司及全体股东利益和违反有关法律、行政法规的情形……（九）其他应当说明的事项。"上市公司实施股权激励的前提条件是完成了公司治理整改。这一要求倒逼意欲实施股权激励的上市公司重视公司治理问题。此后，上市公司都会将完善公司治理水平、提高上市公司经营管理和规范运作水平作为股权激励方案的目的之一。而利用股权激励完善公司治理结构主要体现在降低代理成本、防止内部人控制和防止高管追求短期利益三个方面。

1. 降低代理成本

当企业发展到一定程度时，有些仅擅长自身专业领域的决策者也逐渐明白，自己在企业治理方面确实存在短板，因此越来越多的企业在一段时间后开始寻找职业经理人打理自己的企业，但他们也发现，企业主和经理人之间会出现信息不对称的情况。股东追求股权价值最大化，而经理人则希望自身效用最大化，因此经理人可能一心谋取个人利益，对公司发展不利，这被称为代理成本。

股东不得不设置激励和约束机制来约束经理人的行为，降低代理成本。基于前述理论，股权激励可以使经理人具备“企业主”心理，当经理人也成为企业股东，便会做出同时有利于自身与企业的行为。

2. 防止内部人控制

内部人控制常出现在企业所有权与控制权分离的情形，所有者与经营者的利益不一致，导致出现内部人控制的情形，作为企业的股东无法有效地对经营者的行为进行监督，从而导致股东利益受损。

公司发展到一定规模后，一般股东人数众多、股东持股较为分散。因为股东持股较少，而非管理型人才股东对公司治理又不甚明白，因此其对公司事务管理也就不会特别上心，往往抱着随波逐流的态度任凭他人决策。慢慢地，经营者开始掌握公司的实际控制权，其可能枉顾公司发展，一味追逐自己的利益。

▶ **案例 76【宝万之争：华润为何“反水”?】**

前几年知名的“宝万之争”来自万科分散的股权结构以及内部人控制等问题。

长期以来，万科股权高度分散，一直处于无实际控制人状态。2015 年 7 月之前，万科第一大股东即作为投资者的华润集团从不干涉万科的经营管理，实际决策权掌握在以王石及郁亮为首的管理层手中。

但华润集团却从万科的盟友走向了万科的对立面，而华润“反水”的重要原因就是万科私自进行资管计划，想通过资管计划进一步加强对于企业的掌控，避免外界资本的收购。由于万科没有在事前进行信息披露，只是低调进行自身股份的收购行为，引起了社会上的猜疑，大家纷纷指责万科管理层压低股价是为了降低资管计划的成本，存在管理层“自肥”问题。

3. 防止高管追求短期利益

高管最关注短期利益，即短期内能不能让雇主满意，而企业发展前景具有较高波动性和不可预见性，对于公司及股东来说，应该在短期利益的基础上兼顾公司未来发展的中长期目标。

（四）股权激励的目的之四是降低成本，完善薪酬体系

如果说如今大部分公司盛行的绩效、奖金是短期现金激励，那么股权激励就是企业中长期的激励模式，它与其他薪酬绩效制度起到一个相辅相成的作用，共同构成企业的“全面薪酬体系”。工资奖金的发放取决于员工短期内的表现，而股权激励则立足于公司长期的发展，同时基于股权激励长期激励的性质，其考核也是将公司的战略目标与员工表现相挂钩，进一步有效完善公司的业绩考核方式。

（五）股权激励的实施也可能基于特殊目的

特殊目的往往指的是推进特殊项目。事有缓急轻重，若有紧急发展规划项目，在人力、物力、财力等资源有限的情况下，有些公司会基于该项目对特定人员进行股权激励。

▶ 案例77【仁会生物：为项目而生的股权激励】

仁会生物是第一家挂牌前就开始实施股权激励计划而后成功挂牌上市的新三板企业。

2014年2月，仁会生物公告了股权激励方案，方案显示，此次激励对象为7人，都是在公司工作满6年且为公司主要产品研究和开发工作作出重大贡献的高级管理人员、中级管理人员及核心研发技术人员，并且行权条件是公司在2015年12月31日前通过GMP认证并获得相关证书。

仁会生物的股权激励方案显示，公司紧紧围绕“谊生泰”这个项目制定股权激励方案，无论是在激励对象、行权条件还是有效期等方面，都体现了公司对“谊生泰”项目及该项目研发人员的重视。

二、定对象：让企业看到更多的机会

股权激励的对象不是广义上的“员工”，而是具有价值的“人才”。这些

激励对象或拥有关键技术，或掌握核心业务，或控制关键资源，总而言之都具有一定的核心能力。想要做好这一点，需做到以下三点：

（一）清楚地了解法律规定的激励对象

股权激励从舶来品到被越来越多的公司企业所接受，非上市公司的激励对象往往参照上市公司的相关规定，一般的激励对象范围依旧是公司董事、中高层管理人员、核心技术及业务骨干和其他公司董事会认为对公司发展有重要作用的人员。相关法律法规规定如表4－2所示。

表4－2 与激励对象有关的法律法规规定

法律法规名称	可以成为激励对象	不可以成为激励对象
2005年《上市公司股权激励管理办法（试行）》（已失效）	上市公司的董事、监事、高级管理人员、核心技术（业务）人员，以及公司认为应当激励的其他员工	1. 独立董事； 2. 最近3年内被证券交易所公开谴责或宣布为不适当人选的； 3. 最近3年内因重大违法违规行为被中国证监会予以行政处罚的； 4. 具有《公司法》规定的不得担任公司董事、监事、高级管理人员情形的
2008年《股权激励有关事项备忘录1号》（已失效）	—	1. 持股5%以上的主要股东或实际控制人原则上不得成为激励对象。除非经股东大会表决通过，且股东大会对该事项进行投票表决时，关联股东须回避表决。 2. 持股5%以上的主要股东或实际控制人的配偶及直系近亲属若符合成为激励对象的条件，可以成为激励对象，但其所获授权益应关注是否与其所任职务相匹配。同时股东大会对该事项进行投票表决时，关联股东须回避表决

续表

法律法规名称	可以成为激励对象	不可以成为激励对象
2008 年《股权激励有关事项备忘录 2 号》（已失效）	—	上市公司监事不得成为股权激励对象
2016 年《上市公司股权激励管理办法》（已修正）	1. 上市公司的董事、高级管理人员、核心技术人员或者核心业务人员，以及公司认为应当激励的对公司经营业绩和未来发展有直接影响的其他员工。 2. 在境内工作的外籍员工任职上市公司董事、高级管理人员、核心技术人员或者核心业务人员的，可以成为激励对象	1. 独立董事和监事； 2. 单独或合计持有上市公司 5% 以上股份的股东或实际控制人及其配偶、父母、子女； 3. 最近 12 个月内被证券交易所认定为不适当人选； 4. 最近 12 个月内被中国证监会及其派出机构认定为不适当人选； 5. 最近 12 个月内因重大违法违规行为被中国证监会及其派出机构行政处罚或者采取市场禁入措施； 6. 具有《公司法》规定的不得担任公司董事、高级管理人员情形的； 7. 法律法规规定不得参与上市公司股权激励的； 8. 中国证监会认定的其他情形
2018 年《上市公司股权激励管理办法》（2018 年修正）	1. 上市公司的董事、高级管理人员、核心技术人员或者核心业务人员，以及公司认为应当激励的对公司经营业绩和未来发展有直接影响的其他员工。 2. 外籍员工任职上市公司董事、高级管理人员、核心技术人员或者核心业务人员的可以成为激励对象	同 2018 年版

续表

法律法规名称	可以成为激励对象	不可以成为激励对象
《上海证券交易所科创板股票上市规则》（2020年12月修订）	上市公司的董事、高级管理人员、核心技术人员或者核心业务人员，以及公司认为应当激励的对公司经营业绩和未来发展有直接影响的其他员工，独立董事和监事除外。 单独或合计持有上市公司5%以上股份的股东、上市公司实际控制人及其配偶、父母、子女以及上市公司外籍员工，在上市公司担任董事、高级管理人员、核心技术人员或者核心业务人员的，可以成为激励对象。科创公司应当充分说明前述人员成为激励对象的必要性、合理性	激励对象不得具有《上市公司股权激励管理办法》第8条第2款第1项至第6项规定的情形
《深圳证券交易所创业板股票上市规则》（2020年12月修订）	单独或合计持有上市公司5%以上股份的股东或实际控制人及其配偶、父母、子女以及上市公司外籍员工，在上市公司担任董事、高级管理人员、核心技术人员或者核心业务人员的，可以成为激励对象	1. 最近12个月内被证券交易所认定为不适当人选； 2. 最近12个月内被中国证监会及其派出机构认定为不适当人选； 3. 最近12个月内因重大违法违规行为被中国证监会及其派出机构行政处罚或者采取市场禁入措施； 4. 具有《公司法》规定的不得担任公司董事、高级管理人员情形的； 5. 法律法规规定不得参与上市公司股权激励的； 6. 中国证监会认定的其他情形

续表

法律法规名称	可以成为激励对象	不可以成为激励对象
《北京证券交易所上市公司持续监管办法（试行）》	单独或合计持有上市公司 5% 以上股份的股东或实际控制人及其配偶、父母、子女，作为董事、高级管理人员、核心技术人员或者核心业务人员的，可以成为激励对象。上市公司应当充分说明前述人员成为激励对象的必要性、合理性	1. 上市公司独立董事； 2. 上市公司监事； 3. 《上市公司股权激励管理办法》第 8 条规定不得成为激励对象的人员

1. 主要股东或实际控制人能否成为激励对象？

2008 年公布的《股权激励有关事项备忘录 1 号》（已失效）第 2 条规定，持股 5% 以上的主要股东或实际控制人原则上不得成为激励对象。除非经股东大会表决通过，且股东大会对该事项进行投票表决时，关联股东须回避表决。持股 5% 以上的主要股东或实际控制人的配偶及直系近亲属若符合成为激励对象的条件，可以成为激励对象，但其所获授权益应关注是否与其所任职务相匹配。同时股东大会对该事项进行投票表决时，关联股东须回避表决。但是 2018 年修正的《上市公司股权激励管理办法》第 8 条第 2 款明确规定，单独或合计持有上市公司 5% 以上股份的股东或实际控制人及其配偶、父母、子女，不得成为激励对象。2018 年该办法修正时对该条并无修改，也就是说主要股东或实际控制人不可以成为主板上市公司的激励对象。

而根据《上海证券交易所科创板股票上市规则》第 10.4 条第 2 款的规定，单独或合计持有上市公司 5% 以上股份的股东、上市公司实际控制人及其配偶、父母、子女以及上市公司外籍员工，在上市公司担任董事、高级管理人员、核心技术人员或者核心业务人员的，可以成为激励对象。科创公司应当充分说明前述人员成为激励对象的必要性、合理性。因此，不同于主板对这一类人员成为激励对象的限制，科创板的激励对象范围有所扩大。

2. 外籍员工能否成为激励对象?

2016 年颁布的《上市公司股权激励管理办法》第 8 条第 1 款规定："在境内工作的外籍员工任职上市公司董事、高级管理人员、核心技术人员或者核心业务人员的，可以成为激励对象。" 言外之意，在境外工作的境内上市公司外籍员工不可以成为股权激励对象。

但 2018 年修正的《上市公司股权激励管理办法》将第 8 条第 1 款修改为"外籍员工任职上市公司董事、高级管理人员、核心技术人员或者核心业务人员的，可以成为激励对象。" 虽然仅仅删去了六个字，但是意义发生了翻天覆地的变化——境内上市公司外籍员工，无论是在境内工作还是境外工作，都可以被纳入股权激励的对象范畴。

（二）扩大激励范围

企业家不应当抱着固有思维看待股权激励的对象，事实上，跳出局限性思维可以充分发挥股权激励的作用，在激励范围上，可以有意识地向纵横两个角度延伸。

1. 纵向延伸：激励对象范围可适当放宽

股权激励不应该是僵化的，能够在公司发光发热创造价值的人才，都可以是股权激励的对象。

《上市公司股权激励管理办法》第 8 条第 1 款规定，"激励对象可以包括上市公司的董事、高级管理人员、核心技术人员或者核心业务人员，以及公司认为应当激励的对公司经营业绩和未来发展有直接影响的其他员工，但不应当包括独立董事和监事"，可见股权激励对象的选定具有相当的灵活性。

2. 横向延伸：跳出企业内部，着眼于产业链

公司处于复杂的社会关系中，从来不是孤岛，在企业经营与发展的环节中，少不了上下游合作。跳脱出股权激励只能作用于内部的局限性思维，将战略目光放到更加广阔之处，便可以发挥主观能动性，打造上下游利益共同体。如新能源领域的股权激励往往不局限于自身主体公司，更是结合股权激励布局上下游企业，通过收购矿业公司、参股下游车企，从而实现全产业链

人才的激励，助力企业的发展。

3. 应有尽有的股权激励需慎重

首先，并不是所有员工都是战略意义上的核心人才，如果不加筛选、甄别就实施全员激励的话，对真正付出心血、作出贡献的优秀人才其实并不公平；其次，太容易拿到的股权，员工未必会珍惜；最后，对公司而言，全员激励就意味着要拿出更多的股权与员工分享，一招不慎可能就会影响公司的控制权，同时，公司要为全员激励付出大量的人力、物力、财力，这就与股权激励的初衷相去甚远。

4. 激励对象的名额数量确定

笔者对激励对象占总员工数量比例的确定提供了表4－3、表4－4以供参考。

表4－3　依岗位级别的激励对象数量

岗位级别大类	岗位级别	职位设置	激励对象数量占总员工数量比例/%
决策管理层	10	董事会	2
	9	总经理/副总经理	2
	8	董事会秘书/总经理助理	1
中级管理层	7	技术总监/人事总监/财务总监	5
	6	企划主管/市场主管	5
	5	项目经理/项目副经理	3
核心骨干层	4	研发工程师	10
	3	研发骨干	8
	2	研发专员	6

表4－4　依行业属性的激励对象数量

行业属性	行业特点	代表行业	激励对象数量占总员工数量比例
人力资本型	1. 企业对人力资本需求大； 2. 部分核心岗位长期处于供不应求的状态； 3. 行业竞争力度大	1. 销售行业； 2. 客服行业； 3. 传媒行业； 4. 金融行业	20%～30%
高新技术产业	1. 企业的技术团队决定了企业的发展速度； 2. 研发、设计和技术支持等岗位的人才需求大； 3. 企业需要研发总监等带领团队	1. 通信行业； 2. 生物行业； 3. 医药行业； 4. 电商行业； 5. 网游行业	25%～30%
劳动密集型	1. 一线岗位的需求量大； 2. 企业的组织架构简单； 3. 岗位的技术含金量不大； 4. 岗位的人员流动性大	1. 物流行业； 2. 餐饮行业； 3. 制造行业	15%～20%

不同行业各具特点，企业应当根据行业需要确定激励对象数量的比例，初创型企业可以参考表4－3、表4－4各产业相关数据予以确定。

（三）不同阶段确定不同的激励对象

企业发展的不同阶段人才需求也不同，因此即便是同一家企业在长期发展过程中的激励对象也不是一成不变的，在此笔者将根据企业发展的不同阶段对激励对象的范围进行说明。

1. 初创期的激励对象范围

初创期企业的人员构成简单，工作目标明确——打造企业核心竞争力、开发好的产品或者项目以在市场中立足。因此可以将项目成员作为激励对象，稳住创业根基，同时缓解资金紧张的境况。

2. 成长期的激励对象范围

发展至成长期，企业具有一定规模，不仅要解决内部问题，还要看到外部需求。一方面，要继续激发管理人员及项目团队的活力；另一方面，也要扩大市场。因此，激励对象范围可以从项目团队扩大到管理团队、运营团队和销售团队，有余力者还可以将激励对象的范围进一步扩大到上游供应商、下游经销商和合作伙伴。

3. 成熟期的激励对象范围

成熟期的企业已经具有较强的稳定性，在这个阶段，企业开始追求全方位更上一层楼。成熟期的公司，管理是重中之重，同时，也需要推出新的产品或服务以防被时代所淘汰。因此，成熟期企业激励对象重点为管理人员和创新团队。

▶ **案例78【金蝶软件：不同的发展阶段，不同的股权激励】**

金蝶国际软件集团有限公司（以下简称金蝶软件）是香港联交所主板上市公司、中国软件产业领导厂商、亚太地区企业管理软件及中间软件龙头企业、全球领先的在线管理及电子商务服务商。

金蝶软件在公司不同发展阶段所激励的员工范围就截然不同，2009年，金蝶软件董事会审议批准发放3000万股期权，用于激励集团ERP业务骨干员工。金蝶软件董事会认为，2013年是金蝶软件向移动互联网转型成效显著的一年，其通过互联网转型已累计实现300万客户数和2000万用户数。2014年金蝶软件加速向移动互联网转型，以“小、美、快”的互联网文化，为员工提供更广阔的职业舞台，而当公司继续发展，迈入业务转型期时，金蝶软件董事会会议审议通过2014年集团2500万股期权授予计划，用于激励推动公司移动互联网转型的骨干员工。

三、定进入：筛选出最适合被激励的员工

股权激励不是一个短期的事情，它是一个中长期的激励制度，是一群人基于同样的目标或愿景选择在一起合作，共同努力去推动目标的实现，所以公司应筛选出最适合被激励的员工。

笔者认为，公司在实施股权激励时应该遵从以下原则，如表4－5所示。

表4－5　股权激励原则

原则	具体内容
公平公正原则	股权激励不是交换人情的工具，需要本着公平公正的原则，制定所有规则和机制
过往贡献度原则	股权激励要求对员工有足够的了解，员工的过往贡献度就是评定员工能力的最好途径之一，贡献度大的员工应该最先被激励
可持续贡献原则	根据员工过往贡献度和当前工作表现，结合公司未来的发展目标和发展趋势，制订股权激励计划
不可替代性原则	股权激励应是宁缺毋滥的事情，制订股权激励计划时需要审慎确定具体对象的人数和质量，有限的股权一定要留给最有价值的核心员工，若一时间没有合适的人选，可以暂时将股权预留出来，等待合适的对象和时机
动态管理原则	股权激励是一项长期的工程，股权激励也需要实时调整，避免老员工不干事、新员工没有期盼。建议成立股权激励管理委员会，对激励对象的工作表现进行定期考核，以确定员工激励程度

公司确定股权激励可以参考以下标准，如表4－6所示。

表4－6　股权激励确定标准

标准	具体说明
司龄	鉴于公司发展节奏可能很快，司龄的要求可以略有放宽，建议为一年左右即可
职级	公司的职级体系可以划分为核心层、中间层、骨干层、基础层。通常公司会把职级门槛设定在每一个职种的中高级以上，并且职级越高的员工越有机会成为激励对象
岗位	企业岗位多样，分为管理类、技术类、销售类、职能类等不同职务的若干个岗位，岗位工作内容各不相同，一般来说，工作量大、影响广泛的岗位更需要股权激励

续表

标准	具体说明
考核	公司可以对员工进行一定的绩效考核，如项目成本的控制、销售成果的数据、企业资质的申报等，考核结果为良好以上的才会进入激励范围
特别贡献度	股权激励需要动态管理，可以赋予能满足公司发展需求的特殊贡献者或高级人才特权，只要经过董事会或执行董事的同意其就可以直接成为激励对象

四、定模式：适合本公司的才是最重要的

常见的股权激励模式有股票期权、限制性股票（权）、股票增值权、账面价值增值权、业绩股票、员工持股计划等。关于第一类限制性股票、第二类限制性股票、股票期权的比较如表 4 –7 所示。据统计①，2021 年公告的 826 个股权激励计划中，有 312 个计划选择第一类限制性股票作为激励工具，占比达到 37.77%；286 个计划选择第二类限制性股票作为激励工具，占比达到 34.62%；140 个计划选择股票期权作为激励工具，占比 16.95%；47 个计划选择股票期权与第一类限制性股票的复合工具，占比 5.69%；35 个计划选择第一类限制性股票与第二类限制性股票的复合工具，占比 4.24%。

表 4 –7　第一类限制性股票、第二类限制性股票、股票期权的比较

名称	第一类限制性股票	第二类限制性股票	股票期权
定义	激励对象按照股权激励计划规定的条件，获得转让等部分权利受到限制的本公司股票	符合股权激励计划授予条件的激励对象，在满足相应获益条件后分次获得并登记的本公司股票	公司授予激励对象在未来一定期限内以预先确定的条件购买本公司一定数量股份的权利

① 参见荣正咨询：《2021 年度 A 股上市公司股权激励实践与统计分析报告》。

续表

名称	第一类限制性股票	第二类限制性股票	股票期权
出资时间	授予时出资	授予时不出资，归属时出资	授予时不出资，行权时出资
授予价格	交易均价的50%，亦可自主定价，但需出具独立财务报告	交易均价的50%，亦可自主定价，但需出具独立财务报告	交易均价

而对于更多的非上市公司来说，除了前述激励模式之外，还可以选择碧桂园跟投计划、资产管理计划、授予干股、账面增值权、虚拟股票等多样化的激励模式。

企业在不同的发展阶段，股权激励的对象应该进行划分，同时模式应该也有所区别。

（一）初创型企业股权激励模式

初创企业离不开人才的支撑，初创企业可以利用虚拟股票、限制性股票等模式来激励关键人才，为企业长期发展打好基础，同时缓解资金压力。

（二）成长期企业股权激励模式

成长期企业规模不断扩大，员工数量激增，但因此也常常会有员工觉得自己的投入与回报不成正比，导致初期的核心员工离职等现象发生。

成长期的企业可以使用期股、股票期权、业绩股票、员工持股计划等激励模式。对高管、核心技术人才进行激励时，可以适度放权。或者参考小米的做法，采用“薪酬+股权”的特色方案。

（三）稳定期企业股权激励模式

稳定期企业的股权激励应以创新激励为主，为企业开辟新的发展领域、获得新的发展机会提供条件。

稳定期的企业可以使用业绩股票、期权、股票增值权、延期支付、实股等手段使激励对象“权”“利”双收，继续充满干劲地为企业效力。

五、定来源：激励的股权从哪来

激励的股权来源有两个层次的含义，一是表面上激励股权的来源，二是深层次购买股权的资金来源。激励股权来源对股权激励的效果具有重大影响，一方面，它会对原股东权益与企业控制权等产生影响；另一方面，行权资金来源也会对能否行权产生影响。

2006 年 1 月 1 日施行的《上市公司股权激励管理办法（试行）》（已失效）第 11 条规定："拟实行股权激励计划的上市公司，可以根据本公司实际情况，通过以下方式解决标的股票来源：（一）向激励对象发行股份；（二）回购本公司股份；（三）法律、行政法规允许的其他方式。"同时，《证券法》和《公司法》也做了相应的调整，允许上市公司回购本公司的股票奖励给本公司的员工。在我国股权激励实践中，常见的激励股权来源有五种，分别是定向增发、转让、同比例稀释、预留股权、回购股权。

据相关数据统计，[①] 2021 年公告的股权激励方案中有 713 个计划选择了定向增发的方式，有 69 个计划选择从二级市场回购公司股票，有 44 个计划选择定向增发与二级市场回购相结合的方式。

（一）定向增发

定向增发，是指公司向证监会申请一定数量的定向发行股票的额度，以满足激励对象参与股权激励的需要。定向增发门槛较低，不要求公司盈利，手续也简便，大多数企业将定向增发作为激励股权的首选来源。定向增发主要是针对上市公司而言，在非上市公司中，这种方式被称为增资扩股。

（二）转让

转让即大股东向激励对象转让股权。《股权激励有关事项备忘录 2 号》（现已失效）第 3 条规定："股东不得直接向激励对象赠予（或转让）股份。股东拟提供股份的，应当先将股份赠予（或转让）上市公司，并视为上市公

① 参见荣正咨询：《2021 年度 A 股上市公司股权激励实践与统计分析报告》。

司以零价格（或特定价格）向这部分股东定向回购股份。然后，按照经我会备案无异议的股权激励计划，由上市公司将股份授予激励对象……”大股东转让的方式主要针对非上市公司。

（三）同比例稀释

转让股权会稀释大股东的经济利益，长此以往，股东之间可能产生纠纷。而所有股东同比例稀释股权体现“责任共担”的理念，更具公平性。相比于大股东直接转让，所有股东同比例稀释的方式可以获取更充足的激励股权，也会整体提升股东对股权激励的重视性。比如快手，为了吸引更优秀的团队加入公司，快手创始人程一笑及天使投资人各自稀释 50% 比例用于股权激励。在股权激励力度较大、释放股权较多的情况下，同比例稀释才是更为持久和可控的股权激励来源。

（四）预留股权

企业可以在创立初期或者前次股权激励中预留部分股权等待公司以后实施股权激励。对于创立初期时预留的部分股权，往往会通过大股东代持或专门设立持股平台的方式进行。而对于前次股权激励中预留的部分股权，直接取用即可。

值得一提的是，科创板企业对于预留股权的制度进行了创新。科创板规则规定科创企业可以带期权过会。

案例 79【硅产业：首例成功过会的期权激励计划】

2019 年 11 月 13 日，上海硅产业集团股份有限公司（以下简称硅产业）科创板首发过会。招股书显示，硅产业主要从事半导体硅片的研发、生产和销售，是中国规模最大的半导体硅片企业之一。

硅产业的招股说明书（上会稿）中详细披露了在科创板上市申报前制定、上市后实施的期权激励计划，包括人员名单及授予个量信息、公司的业绩考核目标、个人业绩考核目标以及期权行权价格等。硅产业的期权计划是严格意义上科创板第一例成功过会的期权激励计划。而此次成功过会也具有划时代的历史意义，预示着未来越来越多的拟申报科创板的企业将可以采用更灵活的股权激励机制。

（五）回购股权

根据股票回购的主体不同，激励股权的来源可分为公司自己回购和以第三方机构名义回购。

1. 公司自己回购股票，是指公司直接从股票二级市场购回股权激励所需数量的股票，将回购的股票放入库存股票账户，根据股权激励计划的需要，库存股将在未来某个时间再次出售转让给激励对象。

2. 以第三方机构名义回购，是指委托信托公司、股票经纪公司等第三方机构从二级市场回购一定数量的股票供激励对象参与股权激励计划。随着 2019 年 1 月沪深两市回购新规的颁布，近几年以第三方机构名义回购的情况已大大减少。

虽然通过回购会对企业造成较大的资金压力，但仍然有很多企业出于稳定股价、维护形象、提高资金利用效率等目的，将回购公司股权作为股权激励股权的来源，如浙江苏泊尔股份有限公司就于 2022 年 4 月 1 日发布公告称，浙江苏泊尔股份有限公司拟使用自有资金以集中竞价交易方式回购部分社会公众股份用以注销减少注册资本及实施股权激励。

对于企业而言，可以在企业初创时搭建持股平台，预留股权池用于未来的人才激励，对外展示公司股权激励的真心及规划，另外也可以避免在快节奏的发展过程中，届时再由大股东转让或者从二级市场回购产生高额税负及回购成本。

从控制权角度分析，股权激励的股权来源可以分为两类，第一类为核心创始人或大股东转让股权，第二类则为全体股东同比例稀释股权，不同的公司应结合公司不同的情况进行选择。表 4 - 8 仅从控制权角度分析常见的三个案例的激励股权来源方式。

表 4-8 三个案例的激励股权来源方式

公司名称	股权来源	股权比例变动	控制权影响
寒武纪	创始股东转让 10% 的股权给员工持股平台	核心创始人股权比例降低	由核心创始人担任员工持股平台 GP，重新掌握控制权
石头科技	通过增资扩股的形式，由员工持股平台认购公司 11.23% 的股权	增资扩股下，全体股东股权同比例稀释	由核心创始人担任员工持股平台 GP，进一步扩大了核心创始人的控制权
旷视科技	公司成立之初便预留 20% 股权用于股权激励	预留股权并不涉及原股东股权比例的变动，控制权不变	由核心创始人担任员工持股平台 GP，核心创始人控制权不变

那么，激励对象行权时购股资金又从哪里来？员工自筹资金是首选来源，但并不是每个参与股权激励的员工都能在短时间内负担股权的对价，股权数量大或金额高的尤甚，如果因此阻碍了员工参与股权激励计划，便成了本末倒置。

但上市公司监管要求激励对象的资金要合法合规，不得违反法律、行政法规及中国证监会的相关规定。公司不得为激励对象依股权激励计划获取有关权益提供贷款以及提供其他任何形式的财务资助，包括为其提供担保。但非上市公司往往通过多种渠道，如公司借款、贷款担保，用无息的方式向员工提供资金使员工参与到股权激励中来。

六、定载体：合适的载体事半功倍

直接持股虽然手续方便，但因为存在较大的风险，现实中用得较少，直接持股模式可能会使公司自然人股东人数骤增，导致公司治理成本的大幅度增加，因此大多数公司还是选择间接持股的方式。

间接持股是由持股平台持有公司的股份，而员工通过持有持股平台的股份而间接持有公司股份。由于不同持股平台占股在控制权、成本、税负等方面有差异，不同公司会采用不同的持股平台来实施股权激励。

在间接持股模式中，用有限合伙企业作为持股平台的模式最为常见。

有限合伙是指一名以上普通合伙人（GP）与一名以上有限合伙人（LP）所组成的合伙。有限合伙被引入股权激励中来时，基于控制权的考量，一般让企业的核心决策者等担任 GP，而让被激励对象担任 LP。

有限合伙企业作为持股平台具有以下优势：

（1）控股成本低：在有限合伙企业中，普通合伙人对外代表合伙企业执行合伙事务，有限合伙人不得对外代表有限合伙企业。因此普通合伙人是实打实的控制人，再者这一模式对普通合伙人无投入资金的要求，免去了繁复的资金操作。

（2）税收优势：涉及分红或转让时只由自然人个人承担相应个人所得税即可。

（3）操作便捷：激励股份的授予可以由持股平台的 GP 将份额直接转让给被激励对象，回购发生时，通过双方签订协议或者直接由合伙将其除名即可，无登记公示的程序，管理成本低。

此外，根据我国《关于完善股权激励和技术入股有关所得税政策的通知》（财税〔2016〕101 号）规定，非上市公司授予本公司员工的股票期权、股权期权、限制性股票和股权奖励，符合规定条件的，经向主管税务机关备案，可实行递延纳税政策，即员工在取得股权激励时可暂不纳税，递延至转让该股权时纳税。同时，该通知指出，享受递延纳税政策的非上市公司股权激励必须满足激励标的应为境内居民企业的本公司股权这一条件。故此前通过有限合伙企业之间接持股因不满足直接持有公司股权这一要件而无法享有递延纳税政策优惠。如今豪江智能已为该间接持股形式享受递延纳税政策打开了口子。

▶ 案例 80【豪江智能：有限合伙企业股权激励的税收政策放开】

2022 年 4 月 15 日，青岛豪江智能科技股份有限公司（以下简称豪江智能）在首发上市资料中披露了已经实施完毕的员工股权激励的纳税情况。豪江智能设置有限合伙企业这一持股平台，以间接持股形式对员工进行股权激励。与此同时，通过合伙企业实施的股权激励已经取得递延纳税备案表。豪江智能成功享受递延纳税政策表明递延纳税不再死板地要求直接持股形式，而通过有限合伙企业实行股权激励这一行为在税收层面逐步放开，获得了相应的政策支持与照顾。

▶ **案例 81【润阳科技：公司实控人出具承诺——获得递延纳税备案登记】**

在豪江智能前，浙江润阳新材料科技股份有限公司（以下简称润阳科技）已经更先一步通过与税务机关沟通，在公司实际控制人出具承诺后，适用了递延纳税政策：

2017 年，润阳科技实施股权激励政策，部分员工通过员工持股平台安扬投资和明茂投资，合计得到股份 171.12 万股，认购价格为 2.60 元/股，授予股份的公允价值以 2018 年 1 月外部投资者增资价格 15.4410 元/股确定，共形成股份支付金额 2,197.34 万元，一次性计入 2017 年度当期损益。

2020 年 9 月 14 日，国家税务总局局长兴县税务局出具相关证明，润阳科技已对上述获得股权激励的员工进行了非上市公司股权激励个人所得税递延纳税备案登记，相关手续完备，所有获得股权激励的员工的递延纳税情况符合相关规定，未发现涉税违法违规行为。

润阳科技获得递延纳税备案登记的关键在于，2020 年 9 月 14 日，公司实际控制人张镁、杨庆锋出具了如下承诺：

“若因股权激励涉及的个人所得税递延纳税备案被相关部门认定为无效或存在任何违法违规行为，导致润阳科技受到相关处罚，本人将无条件全额承担相关费用。

“本人保证上述确认内容真实、准确、完整，没有虚假记载、误导性陈述或重大遗漏，本人知晓本承诺函对本人的法律效力，如有违反愿意承担相应的法律责任；本人同意本承诺函被用于向有关部门作为证据提供，也可能被公开用于浙江润阳新材料科技股份有限公司的申请上市资料或其他相关资料中。”

除了上述方式外，还有一种方式是让决策者代持。决策者代持是指企业的决策者与员工签订协议，协议约定将股权置于决策者名下，实际上该股权由员工所有。这种持股模式对决策者而言优势极大，能够保障公司控制权不分散不丢失，但对员工利益保障却稍显不足。从另一个角度来说，决策者代持的方式容易形成公司股权混乱的局面，可能对公司上市形成阻碍。因此这种持股方式多见于企业发展之始，在股权结构简单、人数较少的时期，尚未形成完善的股权激励制度，由决策者代持预留股权池中的股权。

七、定数量：确定股权激励的总量和个量

对于股权激励的数量可以根据上市公司和非上市公司进行区分。

（一）定总量

1. 上市公司的规定

根据《上市公司股权激励管理办法》第 14 条第 2 款的规定，上市公司全部在有效期内的股权激励计划所涉及的标的股票总数累计不得超过公司股本总额的 10%。该条第 3 款还规定，该条第 2 款所称股本总额是指股东大会批准最近一次股权激励计划时公司已发行的股本总额。而根据《上海证券交易所科创板股票上市规则》第 10.8 条的规定，上市公司全部在有效期内的股权激励计划所涉及的标的股票总数，累计不得超过公司股本总额的 20%。在《北京证券交易所股票上市规则（试行）》中，则将股权激励涉及的股票总额进一步扩大到了 30%。

2. 非上市公司的操作

非上市公司股权激励的数量没有明确的法律规定，更具灵活性，故而可以从公司的公司规模与净资产、整体薪酬等角度进行考量。常见的有留存股权的最高额度、以总薪酬水平作为基数、以企业业绩确定总量。

（二）定个量

1. 定个量的法律规定

定个量解决的是在确定了总量以后，每个激励对象拿到多少股权的问题，定个量同样要结合激励对象的岗位、技能、贡献度等以实现对激励对象的足够激励，同时也需要符合法律法规规定的个量上下限。根据《上市公司股权激励管理办法》第14条的规定，非经股东大会特别决议批准，任何一名激励对象通过全部在有效期内的股权激励计划获授的本公司股票，累计不得超过公司股本总额的1%。但是科创板规定放宽了要求，允许激励对象通过全部在有效期内的股权激励计划获授的本公司股票，累计可以超过公司股本总额的1%，但是应披露激励的必要性及合理性。在科创板规定放开之后，我们发现正帆科技在授予个量之时就存在单人获授总量超过公司股本总额1%的情况，而其也在方案中进行了披露和说明。

▶ 案例82【正帆科技：单人获授激励股权总量超公司股本总额1%】

正帆科技披露的2021年第二期股票激励草案拟授予公司总经理公司股本总额1.29%的股票。其在方案中披露说明：史可成作为正帆科技子公司上海徕风工业科技有限公司总裁、公司总经理，全面负责开发电子气体、实验室气体、工业气体和工业服务业务，是公司核心经营管理人员，在公司的战略规划、经营管理、业务拓展等方面起到不可忽视的重要作用。为保证公司长期稳定发展，将其个人利益与公司整体利益长期、紧密绑定，拟授予史可成的股票期权数量为本次股权激励计划草案公告时公司股本总额的1.29%具备合理性。

2. 定个量的方法

实践中，就如何具体计算每个被激励对象应被授予的股权数量，常见方法有直接评判法、期望收入法、分配系数法等。由于直接评判法整体较为简单直白，在此不加以赘述，笔者仅详细说明其余两种方法。

（1）期望收入法

期望收入法是指根据被激励对象对股权激励得到的收入的期望值，反推在实施股权激励时应授予的股权数量。具体的计算方法是，在实行期权股权激励的案例中，先假设被激励对象期望在行权时可以收获的收益（一般会以N倍的年薪收入来替代），再预测每股股权行权时的收益，用期望收益除以每股收益即可得到授予的股权数量。

举个例子，如果被激励对象A的期望收入是1.5倍的年薪收入（20万元），单位对A授予的期权行权价格是5元一股，预计等待期满可以行权时公司的股价是10元一股，那么，在该情形下，A的授予数量应计算如下：

授予数量＝N年×年薪/每股行权收益＝1.5×20/（10－5）＝6万股

（2）分配系数法

分配系数法是指通过建立一定的评价模型，来计算被激励对象的分配系数，得到某一被激励对象的分配系数占全体被激励对象的总分配系数的比例，该比例即该被激励对象获授股权数量的比例。评价模型主要是价值和贡献的评价模型，全体被激励对象的总分配系数是所有被激励对象分配系数的总数。

授予数量＝该被激励对象的分配系数/总分配系数×激励总量

个人分配系数需要建立评价模型来确定。将特定因素提取同类项抽象出来，可以建立下面的个人分配系数计算公式：

个人分配系数＝人才价值系数×20%＋薪酬系数×40%＋考核系数×20%＋司龄系数×20%

其中，对于各个维度系数的确定，公司可根据自身的情况加以确定。比如，在人才价值的评价标准上，公司可按照被激励对象的学历、工作能力等要素加以评定，根据评分结果，得出人才系数。如95～100分的，属于A等级，人才价值系数为3；85～94分的，属于B等级，人才价值系数为2.5，以此类推。

薪酬系数可反映被激励对象的实际工资水平，在实际操作中，可将被激励对象中的最低工资设为基数，系数设为1，其他被激励对象的薪酬系数按照该基数，得到各自的系数。

考核系数可以根据公司内部的考核制度来加以确认，如考核为优秀的系数为1.2，中等为1.0，不合格为0.8，其他的考核标准以此类推。

司龄也是一个比较重要的参考系数，司龄系数可以授予日为基准，被激励对象的入职年数每增加一年，司龄系数增加0.05。

以上是较为详尽的计算方式，若想进一步简化，笔者建议公司将评价模型直接分为员工过去所做的贡献和该员工未来的期望这两个维度。例如，将员工对于企业从成立至现在的贡献依据40%评定分数，将企业对员工未来期望的贡献依据60%评定分数，在总系数为1.0的情况下，A员工对于公司过去的发展贡献较大，则分配系数为0.9，但是该员工知识体系难以支撑企业未来的发展，因此对公司未来的贡献度则只有0.4，综合折算的话，该员工分配系数就为0.6。

八、定价格：价格决定股权激励的因素

股权激励中的进入价格指的是受激励对象进入股权激励计划所支付的资金对价，公司采用限制性股票的方式实施股权激励的，进入价格即授予价格，采用股权期权的方式实施股权激励的，进入价格即行权价格。进入价格与受激励对象实际行权或解除限售时的股价的差价，直接反映了受激励对象的收益幅度。

上市公司股权激励的进入价格有法律明文规定，非上市公司因没有法律的明确规定可以根据自身情况进行参考。

（一）上市公司规定

关于限制性股票，《上市公司股权激励管理办法》第23条规定，上市公司在授予激励对象限制性股票时，应当确定授予价格或授予价格的确定方法。授予价格不得低于股票票面金额，且原则上不得低于下列价格较高者：（1）股权激励计划草案公布前1个交易日的公司股票交易均价的50%；（2）股权激励计划草案公布前20个交易日、60个交易日或者120个交易日

的公司股票交易均价之一的 50% 。上市公司采用其他方法确定限制性股票授予价格的，应当在股权激励计划中对定价依据及定价方式作出说明。

《上海证券交易所科创板股票上市规则》第 10.6 条规定，上市公司授予激励对象限制性股票的价格，低于股权激励计划草案公布前 1 个交易日、20 个交易日、60 个交易日或者 120 个交易日公司股票交易均价的 50% 的，应当说明定价依据及定价方式。出现上述规定情形的，上市公司应当聘请独立财务顾问，对股权激励计划的可行性、相关定价依据和定价方法的合理性、是否有利于公司持续发展、是否损害股东利益等发表意见。

法律对于期权的要求更为严格，《上市公司股权激励管理办法》第 29 条规定，上市公司在授予激励对象股票期权时，应当确定行权价格或者行权价格的方法。行权价格不得低于股票票面金额，且原则上不得低于下列价格较高者：（1）股权激励计划草案公布前 1 个交易日的公司股票交易均价；（2）股权激励计划草案公布前 20 个交易日、60 个交易日或者 120 个交易日的公司股票交易均价之一。上市公司采用其他方法确定行权价格的，应当在股权激励计划中对定价依据及定价方式作出说明。

《北京证券交易所股票上市规则（试行）》第 8.4.3 条规定：限制性股票授予价格低于市场参考价的 50% ，或者股票期权行权价格低于市场参考价的，上市公司应当聘请独立财务顾问对股权激励计划的可行性、相关定价依据和定价方法的合理性、是否有利于公司持续发展、是否损害股东利益等发表意见。市场参考价为股权激励计划草案公布前 1 个交易日、20 个交易日、60 个交易日或 120 个交易日股票交易均价孰高者。这种安排极大地增加了公司对股票激励的定价权利，减少了被激励对象的认购压力，提高了员工参与股权激励的积极性，符合北交所服务“专精特新”企业的内在逻辑。

（二）非上市公司定价

非上市公司没有股票市场价格作为定价基准，定价的方式有多种，灵活之余也不能过于随意，常见的参考因素如表 4 -9 所示。

表 4-9　非上市公司股权定价因素

因素	具体内容
注册资金	以注册资本作为基准价格的定价标准，是最简单的定价方式。该种方法适用于净资产和注册资本金相差不大的公司，即每股的价格为 1 元
评估净资产	评估净资产是指以评估后的每股净资产作为基准价格
账面净资产	账面净资产是指一个企业的实收资本，加上资本公积、盈余公积和未分配利润后的所有者权益。账面净资产即以每股账面净资产确定基准价格
市场估值	首先，对公司的每项资产进行评估，相加后得到各项资产的市场公允价值总和，再减去各类负债的公允价值总和，得到公司股权的公允市场价值。用上述价值除以公司总股本（非上市公司的总股本为注册资本），就得到授予时的公平价格。该方法采用市场对公司股权价值的专业评估来确定公平价格，相对来说更为公允
市盈率	采用市盈率定价的公式如下： 基准价格 = 每股收益 × 市盈率 该方法又称为“模拟股票上市定价法”，基准价格以预测的每股收益与市盈率的乘积加以确定。用公司的总收益除以总股本得出每股的收益，市盈率参考同类公司上市时的市盈率。适用该方法的前提是拟实施股权激励的公司拥有同行业规模类似的参照上市公司，因此公司本身的规模不会太小
用户数 （适用于互联网公司等）	对于互联网公司来说，用户量是决定企业的关键，根据这一特性，可以设定相关的公式，计算公司每股基准价格。对于用户数，分量级确定系数，有效用户数所处区间越高，相对应的系数应当越有利于较高基准价格的推出

表 4-9 所述各项因素是就公司层面而言的，除公司层面外，将员工这一生产要素纳入股权激励的定价考量亦有重要意义，员工层面的因素主要为员工收入水平（员工出资能力）、员工入股后投资收益，具体见表 4-10。

表 4-10　员工层面定价因素

因素	具体内容
员工收入水平（出资能力）	员工收入很大程度上决定了员工是否有能力参与股权激励计划，股权激励需要员工的购股投入。但是员工收入低并不意味着员工就一定无法参与股权激励计划，作为企业，可以主动调整员工出资方式，以分期付款等方式降低出资门槛
员工入股后投资收益	员工参与股权激励计划的积极性和员工入股后的投资收益相挂钩，未来能取得多少利益是员工和企业的共同关注点。然而员工投资收益不是越高越好，企业应该划定员工收益的合理范围，既要避免收益过低导致员工参与度低的问题，又要避免收益过高带来企业过度激励的问题

股权激励定价对初创期企业来说是难点之一，如果企业净资产较少或为负数，采取净资产定价对于仍在不断“烧钱”打造竞争优势的企业而言，股权近似于白送，这显然违背了股权激励的激励与约束对等原则。但如果以公司估值定价的话，由于公司未来发展潜力较大，其估值可能会非常高，如此定价会对激励对象造成极大的现金压力，打击激励对象的积极性，甚至会让激励对象质疑公司真心，反而是偷鸡不成蚀把米。因此建议制定完善的公司股权战略，结合股权战略中股权融资的规划进展，在公司预定目标及估值的基础上给予核心人员优惠，在合理评估公司未来发展价值的同时，保证激励效果的最大化！

在各种类型的企业中，部分公司现金流不足，员工的工资往往比同行业其他公司工资低，因此，为了留住人才，在公司已经实现扭亏为盈的情况下，很多企业会选择以更低的价格实施股权激励，通过股权激励进一步绑定人才，如科创板明星企业九号公司。

▶ 案例 83【九号公司：这家公司“金手铐”刷新纪录】

九号公司是一家专注于智能短交通和服务类机器人领域的创新企业。该公司于 2012 年创立，2014 年 12 月 10 日在开曼群岛注册，公司产品主要包括九号平衡车、九号电动滑板车、九号电动车、Segway 全地形车、九号卡丁车、九号机甲战车、配送机器人以及智能共享滑板车等，是小米生态链最早的几个成员之一。

2020 年 10 月 29 日，九号公司在科创板成功上市，成为中国境内上市企业中“VIE + CDR 第一股”。

根据九号公司股权激励草案，满足授予条件和归属条件后，激励对象中的关键业务人员可以每份 10 元的价格购买公司通过存托人向激励对象增发的公司限制性股票对应存托凭证。

激励对象中的其他员工（含预留授予价格）可以每份 18.94 元的价格购买公司通过存托人向激励对象增发的公司限制性股票对应存托凭证。

根据 2021 年 12 月 7 日的收盘价格（58.60 元），获得股权激励的关键业务人员，其持有的股票按照目前市场价格已经翻了近 6 倍。

而除了前述九号公司以外，在如今共同富裕理念的倡导下，越来越多的公司也开始开展“1 元激励”“0 元激励”等大手笔激励模式。

▶ 案例 84【苏泊尔：共同富裕下的“一元激励”】

2021 年 12 月 14 日，苏泊尔的一则股权激励的公告引发了投资者的广泛讨论。

公告内容显示，苏泊尔计划拟授予限制性股票数量为 120.95 万股，约占激励计划草案公告时公司股本的 0.15%。此次股权激励计划股票的授予价格为 1 元/股，授予 293 名员工，按照回购价相当于人均赚了 25.58 万元。

而激励的股票来源是从 A 股二级市场中回购的普通股。苏泊尔在二级市场中完成了此次回购计划。其中最高成交价为 65.00 元/股，最低成交价为 61.38 元/股，支付的总金额为 7615.08 万元（不含交易费用），平均每股价格为 62.96 元。

九、定时间：股权激励时间点的设置

激励周期中一般包含以下时间点：股权激励的有效期、授予日（授权日）、等待期、行权日（针对股权期权）、解锁期（针对限制性股票）、禁售期（窗口期），等等。

（一）有效期

股权激励的有效期是指从激励计划生效之日起至激励计划中最后一批激励股权行权或解锁完毕、激励计划终止的时间段。根据企业发展目标的时间分类，股权激励有效期也分为两类：企业短期发展时，股权激励有效期以3年以下为宜；企业中长期发展时，股权激励有效期以5年至8年为宜。

上市公司的规定为不超过10年，非上市公司可以结合企业战略所划定的时间、员工实际情况以及行业惯例等多方面因素综合考量确定。

（二）授予日

授予日是指实施股权激励的公司向激励对象授予限制性股票或股权期权的日期，等待期、行权期、解锁期等期间的起算点就是授予日。

上市公司的授予日根据法律规定要求为交易日，对于非上市公司而言，则可以从便于公司操作以及激励对象考核的角度出发进行确定。

（三）等待期（限售期）

等待期是指从授予日起至股权期权可行权或限制性股票可解除限售的期间，在此期间激励对象无法行权也无法解除限售，只有等到等待期结束并且达到了激励方案所规定的业绩指标或其他条件以后，才获得对激励股权的处分权。

对于采取限制性股票的方式实施股权激励的，等待期又称为限售期，即指股权激励计划设定的激励对象行使权益的条件尚未成就，限制性股票不得转让、用于担保或偿还债务的期间。

对于上市公司，根据《上市公司股权激励管理办法》第24条的规定，限制性股票授予日与首次解除限售日之间的间隔不得少于 12 个月。第 30 条规定，股票期权授权日与获授股票期权首次可行权日之间的间隔不得少于 12 个月。因此，对于上市公司而言，等待期最短不得短于 1 年。

（四）禁售期

禁售期是指激励对象持有的公司股份不得转让、出售或进行其他处分的期间，主要用以防止激励对象抛售股权进行短期套利，损害公司利益。

对于股份有限公司，《公司法》第 141 条第 2 款规定，公司董事、监事、高级管理人员应当向公司申报所持有的本公司的股份及其变动情况，在任职期间每年转让的股份不得超过其所持有本公司股份总数的 25%；所持本公司股份自公司股票上市交易之日起 1 年内不得转让。上述人员离职后半年内，不得转让其所持有的本公司股份。

法律对有限公司的禁售期没有明确的约定，但可以参照上述《公司法》的规定。

（五）行权日、行权期

行权日、行权期是采用股权期权激励计划时涉及的时间概念，前者指等待期满、满足行权条件的激励对象可申请行权的日期，后者指等待期满、满足行权的激励对象可申请行权的期间，即从可行权日起至一定节点的期间。根据《上市公司股权激励管理办法》第 72 条的规定，可行权日必须为交易日。

（六）解锁期

解锁期是指限售期满、满足条件的激励对象可以申请解除限售的期间。

（七）服务期

服务期是指自股权授予之日起，员工需要在公司继续任职或提供服务的期限。在劳动法领域，公司无法干涉员工离职，而股权激励则为公司提供了一个有力的方法，铸造了一副“金手铐”，具体可见下文“定退出”中关于服务期内外离开公司的股权激励退出机制。

十、定考核：股权激励的重要条件

股权激励最重要的目的是促进企业的业绩再上一层楼，激励对象想要获得丰厚的回报就必须达到特定的业绩目标。

设定业绩目标需要遵从增量原则、确定性原则、差异性原则，保证股权激励计划的公允性和科学性。

（一）业绩考核要求的确定

上市公司进行业绩考核的前提条件是没有出现《上市公司股权激励管理办法》第7条和第8条规定的情形。

公司未发生以下任意情形：

（1）最近一个会计年度财务会计报告被注册会计师出具否定意见或者无法表示意见的审计报告；

（2）最近一个会计年度财务报告内部控制被注册会计师出具否定意见或无法表示意见的审计报告；

（3）上市后最近36个月内出现过未按法律法规、公司章程、公开承诺进行利润分配的情形；

（4）法律法规规定不得实行股权激励的；

（5）中国证监会认定的其他情形。

激励对象需满足下列条件：

（1）最近12个月内被证券交易所认定为不适当人选的；

（2）最近12个月内被中国证监会及其派出机构认定为不适当人选的；

（3）最近12个月内因重大违法违规行为被中国证监会及其派出机构行政处罚或者采取市场禁入措施；

（4）具有《公司法》规定的不得担任公司董事、高级管理人员情形的；

（5）法律法规规定不得参与上市公司股权激励的；

（6）中国证监会认定的其他情形。

《上市公司股权激励管理办法》第9条和第10条都强调了上市公司的股

权激励计划中应当包含激励获授权益、行使权益的条件。其中，第 10 条第 1 款明确指出："上市公司应当设立激励对象获授权益、行使权益的条件。拟分次授出权益的，应当就每次激励对象获授权益分别设立条件；分期行权的，应当就每次激励对象行使权益分别设立条件。"第 11 条又指出："绩效考核指标应当包括公司业绩指标和激励对象个人绩效指标。相关指标应当客观公开、清晰透明，符合公司的实际情况，有利于促进公司竞争力的提升。上市公司可以公司历史业绩或同行业可比公司相关指标作为公司业绩指标对照依据，公司选取的业绩指标可以包括净资产收益率、每股收益、每股分红等能够反映股东回报和公司价值创造的综合性指标，以及净利润增长率、主营业务收入增长率等能够反映公司盈利能力和市场价值的成长性指标。以同行业可比公司相关指标作为对照依据的，选取的对照公司不少于 3 家。激励对象个人绩效指标由上市公司自行确定。上市公司应当在公告股权激励计划草案的同时披露所设定指标的科学性和合理性。"

非上市公司则没有明确的约定。但无论是上市公司还是非上市公司，在确定业绩考核标准时，应当明确业绩下限，防止设置过低，丧失股权激励的价值，使公司付出高昂的成本；还应酌情设置业绩上限，避免业绩要求设置过高，使激励对象的积极性受挫。

（二）个性化的业绩考核体系，让激励更切实际

公司发展在前期并不体现在公司业绩收入当中，更多地体现在企业核心项目的发展，因此，在制订股权激励计划时，不能照搬市场上常见的营收、净利润等考核指标，需要针对不同的激励对象的岗位职责体现在考核体系中。比如，在公司层面应当加入以项目指标为考核内容。而在个人考核层面，则可以加入下列指标：

1. 特定业绩考核指标：通常是指按照公司原有的绩效考核体系，激励对象应当在指定年限内完成公司要求的指标。

2. 培养人才指标：对于培养人才比较看重的企业通常会考虑将该指标作为个人业绩指标，比如，在师徒机制下，对经验丰富的师傅进行股权激励时，

可以将其带徒人数、徒弟考核等作为个人层面的考核指标。

3. 实际业绩完成率：将公司业绩的完成程度作为个人层面的考核指标或者作为团队层面的考核指标，以此激励员工高效完成公司业绩。

每家企业的核心业务模块对于公司的重要性都是不同的，聚焦核心业务单元，拉动核心业务单元的增长与发展，对企业打造自身的核心竞争力是至关重要的。

▶ 案例 85【泽达易盛：以核心业务营收为考核指标，聚焦公司发展】

泽达易盛可谓医药生产和农业信息化的“新兵”，公司以新一代信息技术为核心，为政府、企业和事业单位提供医药流通、医药生产、医疗、农业等行业的信息化解决方案，实现药品质量管理全程追溯、优化医药生产过程、提升农业的种植与运营效率。除信息化业务外，公司还从事药物工艺研究等服务，为公司医药生产信息化业务提供支持，并在此基础上进一步发展了医药智能化生产线总承包业务，向客户提供从药物工艺研究、生产线整体设计、信息化服务、生产设备配置到施工安装的整体解决方案。公司计划通过五年努力，在药物研发、医药生产、医药流通等方面协同行业主流企业进行融合，成为医药领域具有影响力的信息化企业。

不同于其他科创板企业常用的营业收入、净利润、研发费用等考核指标，泽达易盛将其核心业务产业化营收作为其实施股权激励的考核指标。公司在激励方案中称：本次限制性股票激励计划各个归属期内均将医药智能制造解决方案收入作为考核指标的原因在于，该类业务是公司的核心业务，也是公司发展重心，旨在以创新技术手段赋能医药产业数字化转型，并帮助医药行业客户实现高质量可持续发展的目标。该类业务未来占比将逐步提升，成为公司业务增长的主要构成部分。

除了泽达易盛外，许多其他的公司将核心业务单元业绩纳入考核体系，如诺德股份、罗欣药业、钧达股份、恒信东方等上市公司便将其占公司主营收入较大比重的子公司/业务板块业绩直接作为公司层面业绩考核目标。

以诺德股份为例，公司2021年股票期权激励计划中将铜箔业务子公司净利润作为公司层面业绩考核目标，而铜箔产品在上市公司2020年收入中占比高达87.62%。

（三）业绩考核结果利用

股权激励的考核主要体现在行权或解除限售和激励对象股份调整环节。

在行权或解除限售环节与员工的业绩直接挂钩，将影响激励对象行权或解除限售，并且各激励对象业绩落入的等级区间将直接影响激励对象可行权或可解除限售的比例。

业绩常被认为是激励对象对公司的承诺，也是公司对激励对象能否获得激励股权的判断依据，如果后续激励对象需要调整授予的份额，业绩也为激励提供了范本。

十一、定调整：股权激励的防线

（一）激励对象异动时的调整办法

因为股权激励是一项长期的计划，激励对象在公司任职时可能发生多种情况，常见的如升职、调岗、离职，也可能发生违反竞业限制条款、工伤等情形。

1. 职务变更

职务变更可以分为正常职务变更与异常职务变更，正常职务变更主要包括升职或者非因违反公司规定的调岗，由于正常职务变更具有非负面性，故其获授的激励股权仍应该按照之前的激励程序进行。

但如果被激励对象职务变更或调岗后成为依照法律规定难以享有激励股权或持有公司股权的人员，则其已获授但尚未行权或解除限售的激励股权自然将不得按计划行使，同时已经享有的股权由公司进行回购。

2. 终止服务

终止服务主要是指员工离职的情形。员工可能因劳动合同期满而离职，也可能因严重违反劳动纪律被公司开除而离职，这两种情况自然不能一致对待，一般来说，因严重违纪被开除的，其激励股权的回购价格会更低。与此同时，公司在授予股权时会设置相应的禁业和保密条款，这些条款往往都带有惩罚性，一旦违约将会取消股权激励计划，严重的可能会要求返还之前所获得的收益。

激励对象往往掌握公司的核心机密，如果没能在股权激励中约束好激励对象并设置好调整机制，核心人员的离职往往是引发公司危机的导火索。

▶ 案例86【腾讯：股权激励视野下的竞业限制赔偿】

徐振华系腾讯前员工，在职时曾与腾讯公司签订了《保密与不竞争承诺协议书》。但是，徐振华并未信守承诺，于2014年1月私下成立上海沐瞳科技有限公司。2014年5月，徐振华从腾讯离职后又成立了三家公司，前后研发出多款与腾讯研发的游戏相似的产品。腾讯因此将徐振华告上法庭。经一审、二审法院审理，二审法院认定徐振华的行为明显违反了劳动者应遵守的竞业限制方面的基本义务，判令徐振华按照双方协议约定，返还其基于腾讯授予股票获得的所有实际收益，向腾讯支付1940万元。

通过该案例，我们也会发现，股权激励为企业解决了一大难题：如何安排核心员工的竞业限制义务。在劳动法领域，如果企业要求员工在离职后承担竞业限制义务的话，需要按月向员工支付竞业限制补偿金，这对企业而言无疑是极大的现金流压力，但是如果公司实施股权激励，则可以在激励协议书中要求员工承担竞业限制义务，而无须另行支付竞业限制补偿金。

3. 激励股权数量及价格的调整办法

企业不断地面对增资、融资、收购，而在这涉及股权数量变更的一系列活动中，我们要结合公司全盘的股权战略，去确定公司激励股权数量及价格的调整方法，在契合公司融资节奏的同时，尽可能地平衡公司、投资人及激励对象的权益。

股权激励的调整包括激励股权数量的调整、激励股权价格的调整。通常，在公司发生资本公积转增股本、派发股票红利、股份拆细或缩股、配股等事宜时，股票期权数量及所涉及的标的股票总数将作出相应的调整。

十二、定退出：股权激励要好聚也要好散

解决了如何获得激励股权的问题后，很多决策者还很关心如何制定退出激励的规则，近年来，随着股权激励计划的兴起，很多企业都面临此类纠纷。

柴国生与李正辉股权激励纠纷案被视为“第一起股权激励纠纷案”。可以说这个纠纷最后落得两败俱伤的结果。而这起纠纷案的产生归根到底就是“退出机制”设计不完善。

首先，其不完善之处表现在退出机制的设置没有遵循对等原则。柴国生两次向李正辉赠送股份时都以“服务期限”作为判定的标准，第一次没有明确具体的返还数量计算方式。由于“约束”与“激励”不对等，导致了李正辉在服务期临满时离职，且双方对退出的解决机制存在重大分歧。

其次，退出价格的计算方式不明确。第二次赠股时，双方虽然就不同情况做了区分，但是并没有就退出价格设计的初衷及背景、退出可能涵盖的所有基本情形、各情形及公式中的关键字等作出说明和释义，这亦使双方各执一词，不肯妥协。

那么，如何设置退出机制呢？设置退出机制需要从两方面考虑：第一，明确退出机制设计时应遵循的三个原则；第二，从退出情形、退出价格、回购主体、回购程序四个方面入手设计完整的退出机制。

退出机制应遵循的原则主要包括离职即退出、约束与激励对等、指向清晰完整，本书着重介绍退出机制的实际操作。

（一）退出情形

退出情形主要集中于员工异动，具体情形如表4－11所示。

表 4－11　退出机制的具体情形

情形		退出机制
主动退出	主动离职、劳动合同到期	已获授但尚未行权、解除限售的部分不得行权、解锁，由公司注销； 回购价格：授予价格加计年息
	退休	按退休前的计划进行，但个人绩效考核不纳入行权、解锁条件； 回购价格：授予价格加计年息
	离婚	配偶不能取得股东资格，只享受股东分红权。如果配偶要求退股，按照员工主动离职时的价格收回
被动退出	考核不达标	已获授但尚未行权、解除限售的部分不得行权、解锁，由公司注销； 回购价格：授予价格和回购时股票市场价格中较低者
	不能胜任工作	
	不服从轮岗、调岗	
	违反法律法规，损害公司利益	
意外事件	员工因执行职务死亡	由指定的财产继承人或法定继承人代为持有；已获授但尚未行权、解除限售的按身故前的激励计划进行；个人绩效考核结果不再纳入行权、解锁条件
	员工非因执行职务死亡	已获授但尚未行权、解除限售的股票期权不得行权、解锁，由公司注销；已行权部分由继承人继承
	员工因执行职务丧失劳动力的	个人绩效考核结果不再纳入行权、解除限售条件
	员工非因执行职务丧失劳动力的	已获授但尚未行权、解除限售的由公司注销

（二）退出价格

退出价格一旦约定不好，极易引发纠纷。笔者建议，在计划之初就明确约定回购的价格体系，对回购价格所涉各项因素精准定义，若引入公式的，应将计算标准及依据等列明，回购价格不宜过高或过低，应在激励对象整体预料范围内。

因负面情形退出的，笔者建议可以以其实际认购价格为标准，回购激励对象手中持有的激励股权，而如果因激励员工退出给公司造成较大损失的，公司还可以收回激励员工此前因激励股权所获得的相应分红。

而如果员工退出的情形为非负面情形时，笔者建议，退出价格应当与公司此前授予价格的依据相对应。比如，公司授予时是依据净资产价值确定授予价格的，则回购时也应当以净资产价值为依据进行回购，在公司净资产可能较低的情况下，以市销率或者市净率估值作价授予员工的，那么退出时也应当以同样的估值方法确定回购价格，不同类型公司发展是具有不确定性的，因此有些公司的决策者为了使激励效果最大化，也会向员工承诺以固定利息计算回购价格。

（三）回购主体

根据现行《公司法》和最高人民法院司法判例，回购主体应为目标公司的大股东和控股股东。一般来说，我们在设置规则时会约定由公司控股股东或者其指定的第三人作为回购主体。

（四）回购程序

回购程序的重大瑕疵有可能对回购决定内容的效力造成影响，万万不可轻视。回购程序应当明确如下问题：在授予时明确作出回购决定的主体，同时应符合《公司法》和公司章程等；回购决定作出的时间是在授予后行权前还是行权后，是在被激励对象离职后还是离职前；回购决定作出后如何通知被激励对象，如果送达不到又怎么办，等等。公司可以在激励协议中明确约定回购通知的送达以及行使时间，保证届时可以明确地指引及时回购股权。

示范条款：

1. 激励对象出现本协议约定情形时，自情形核实之日起公司有权向激励对象发送书面的回购通知，自回购通知送达激励对象之日起10日内，激励对象应当与公司指定的第三方签署完毕符合本协议约定的回购协议。

2. 激励对象自回购协议签署之日起10日内，应当配合公司或其指定的第三方办理完毕股权回购手续，如激励对象不配合办理的，公司或其指定的第三方有权依据本协议约定的条件直接办理回购后的工商变更登记手续。

3. 各方在本协议列示的地址均为各自的送达地址；任何一方的送达地址发生变化的，应当在送达地址发生变化之日起3个工作日内书面通知对方。各方在向对方列示的任一送达地址送达有关文书时，如果发生收件人拒绝签收或其他无法送达情形的，则从发件人寄出文书之日起视为已经送达对方。各方同意，如因本协议履行产生争议，本协议载明的联系地址可作为诉讼（含仲裁）所有程序中相关法律文书的有效送达地址，按该联系信息送达即视为有效送达。

退出机制如果设计不完善，对公司的损害可能会非常大。首先，激励对象掌握的往往是公司核心的机密，如果退出时未能妥善调整退出人员的心态，商业秘密的曝光或泄露可能会直接导致企业核心竞争力的丧失。其次，增值速度及市场估值较高的企业，如果未能约定好退出机制，一旦败诉，依据市场公允价值或最近一次融资估值计算回购价格的话，对企业来说必定形成巨大的流动现金压力。

第四节　境外股权激励安排

随着中国企业“走出去”步伐的加快，境外员工激励已经成为现实且迫切的需要。

由于中国特殊的外商投资准入限制，许多中国企业，特别是电信、媒体和科技（合称 TMT）行业企业，常通过搭建 VIE 结构的方式来实现境外融资、上市。

对于搭建 VIE 结构的公司来说，授予员工的权利应对应境外母公司，即未来上市主体的股份，因而需要在境外制订员工股权激励计划。

一、常见的境外股权激励形式

实践中境外股权激励的形式较为有限，通常为预留股权架构和信托架构两种。

（一）预留股权架构

在预留股权架构的形式下，开曼公司可以先预留一部分股份用于股权激励，并且以期权的形式授予员工，同时约定行权条件为公司成功上市，因该部分股权并未经历员工行权，故该部分股权所对应的股东权利常常由代持人享有，而代持人往往是公司的核心决策者，从而能够更好地巩固核心决策者的控制权，有利于公司决策与治理。而激励对象于开曼公司上市之后行权，大都成为开曼公司的股东，从而享受相应权益（见图 4 – 3）。

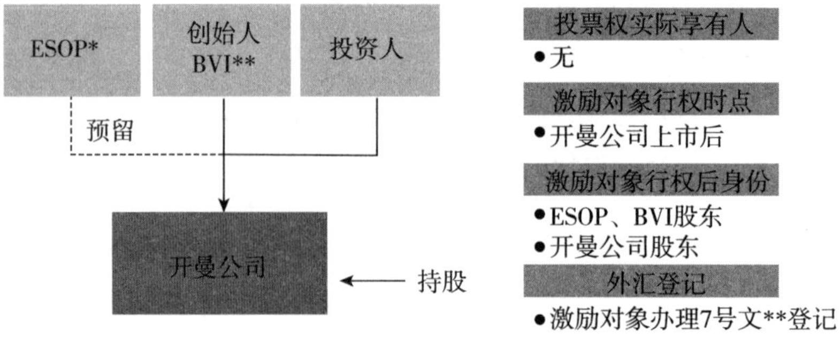

* 全称为“Employee Stock Ownership Plan”，指员工持股计划，具体载体由公司上市后另行确定。

** 国家外汇管理局《关于境内个人参与境外上市公司股权激励计划处汇管理有关问题的通知》（以下简称7号文）。

图 4 – 3　预留股权架构

（二）信托架构

在信托架构的形式下，一般由开曼公司作为委托人，去委托一个信托机构作为受托人，从而发行一个信托计划，高管和员工等激励对象则为受益人。该种形式下，投票权实际享有人可以根据信托协议约定，一般由信托机构行使投票权，但信托机构要根据相关的信托计划，受管理人的指令（管理人一般都是创始人或者董事会指定的人），因此投票权通常掌握在创始人手里（见图4－4）。

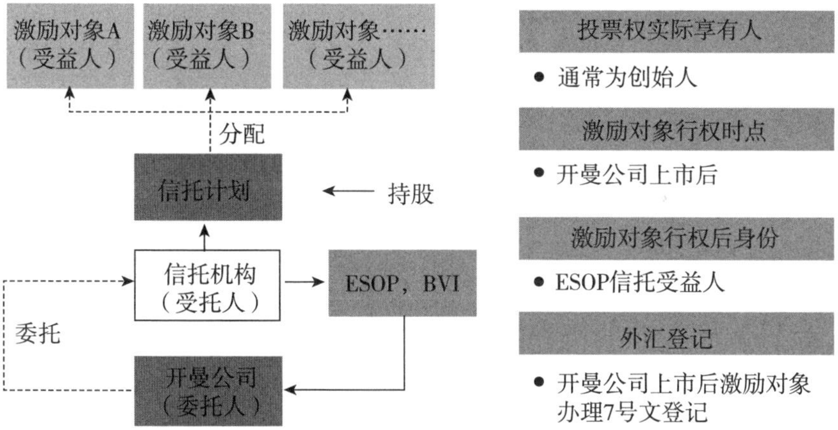

图4－4　信托架构

案例87【诺城健华：信托架构下的境外股权激励】

诺诚健华是一家在开曼群岛注册并在香港联交所上市的创新生物医药企业，2019年，诺诚健华为启动香港联交所上市计划，参考境外市场惯例，为继续实施及管理股权激励计划而搭建了境外信托结构。

诺诚健华作出董事会及股东大会决议，批准新设立两家激励计划持股平台Golden Autumn及Strausberg，同意搭建境外信托架构并指定了信托顾问委员会的初始成员。2019年7月31日，诺诚健华作为信托委托人，与境外专业信托管理机构TMF（信托受托人）签署两份信托契约，分别以Golden Autumn及Strausberg所持诺诚健华股份作为信托财产设立Lakeview Trust及

Summit Trust。

该激励计划的激励对象包括符合条件的董事、高管、在职普通员工以及提供服务的外部顾问，由设立在英属维尔京群岛的 Golden Autumn 及 Strausberg 作为持股平台，持有用于激励的股份，激励股份在激励对象行权前由持股平台 Golden Autumn 及 Strausberg 持有，激励对象仅被授予相应份额，激励对象如在行权时选择持有股份，激励股份则由持股平台转让至激励对象并登记在激励对象名下，同时在代为售出满足行权条件的股票后支付现金给激励对象。

待激励对象满足行权条件时，激励对象向发行人发送行权通知，激励计划管理人进行结算，同时，管理人需告知信托顾问委员会，授予其行权对象名单，信托顾问委员会在收到激励对象行权名单后，将根据信托契约和开曼信托法的规定独立决定，确认并将相关激励对象加入信托受益人名单，另外，在收到激励对象行权的信息后，信托顾问委员会还需向信托受托人发出相关指令，指示信托受托人按照激励对象选择的行权方式向激励对象转让激励股份或支付现金。

二、境外股权激励种类

除最为普遍的股票期权和限制性股权外，境外股权激励还有受限股份单位形式。

（一）股票期权（主要针对普通员工）

股票期权的纳税情况如下：

（1）授予期权：激励对象不取得期权，无须缴纳税款。

（2）行权：激励对象支付认购款后取得激励股权。

行权阶段所得按工资、薪金所得纳税，应纳税额 =（公平市场价 - 行权价）×购买股份数量，以 3% ~45% 累进税率计税；如若员工在行权时并没有那么多现金，通常由公司从员工工资、年终奖里扣除，或者由创始人和公司以低利率或是无息对员工进行贷款。

（3）持股分红：激励对象取得的分红收入按股息、红利所得纳税，应纳税额 = 全部分红收入，税率为 20%。

（4）转让变现：激励对象取得激励股权变现收入，该收入按财产转让所得纳税，应纳税额 =（转让价 − 行权时公平市场价）× 转让股份数量，税率为 20%。

（二）限制性股权（主要针对高管、核心团队）

限制性股权的纳税情况如下：

（1）授予限制性期权：激励对象取得激励股权时，激励股权受到转让限制，该环节无须纳税。

（2）解禁：此时激励股权不再受限，可被激励对象自由转让，该阶段激励对象所得按工资、薪金所得纳税，应纳税额 =（公平市场价 − 成本价）× 解禁股份数量，以 3% ~45% 累进税率计税。

（3）持股分红：激励对象取得的分红收入按股息、红利所得纳税，应纳税额 = 全部分红收入，税率为 20%。

（4）转让变现：激励对象取得激励股权的变现收入，该收入按财产转让所得纳税，应纳税额 =（转让价 − 行权时公平市场价）× 转让股份数量，税率为 20%。

（三）受限股份单位（RSU）→以现金/股票形式归属

受限股份单位有两种形式：

1. 以现金形式归属：此种方式激励对象将不能享受股权增值的收益，且此方式适合现金流充沛的公司。其纳税情况如下：

（1）授予 RSU→激励对象不取得期权，无须纳税。

（2）RSU 归属→激励对象取得激励股权对应的现金收益，该收益按工资、薪金所得纳税，应纳税额 = 取得的现金收益，以 3% ~45% 累进税率计税。

2. 以股权形式归属，其纳税情况如下：

（1）授予 RSU：激励对象不取得期权，无须纳税。

（2）RSU 归属：激励对象自动取得激励股权，该阶段的收益按工资、薪金所得纳税，应纳税额 =（公平市场价 - 成本价[①]）×取得股份数量，以 3% ~45% 累进税率计税。

（3）持股分红：激励对象取得的分红收入按股息、红利所得纳税，应纳税额 = 全部分红收入，税率为 20%。

（4）转让变现：激励对象取得激励股权变现收入，该收入按财产转让所得纳税，应纳税额 =（转让价 - 归属时公平市场价）×转让股份数量，税率为 20%。

按照财政部、税务总局《关于个人所得税法修改后有关优惠政策衔接问题的通知》（财税〔2018〕164 号）的相关规定：2022 年 12 月 31 日前，境外上市公司股权激励所得不并入当年综合所得。

激励股权行权、解禁、归属时应当按照工资、薪金所得以 3% ~45% 累进税率纳税，不并入综合所得的政策使激励对象可以就境外 ESOP 所得适用更低的税率，从而享受税收优惠。

三、必备外汇登记

境外股权激励在程序上具有特殊之处，主要表现在外汇登记上。与境外股权激励有关的规范主要为国家外汇管理局《关于境内居民通过特殊目的公司境外投融资及返程投资外汇管理有关问题的通知》（以下简称 37 号文）登记和 7 号文登记。

（一）37 号文登记

国内企业去境外上市，绕不开搭建红筹或 VIE 架构，而 37 号文是每个境外上市的公司绕不开的话题。

37 号文规定，境内居民个人以投融资为目的，以其合法持有的境内企业资产或权益，或者以其合法持有的境外资产或权益，在境外设立或间接控制

① 成本价一般为零。

特殊目的公司，通过新设、并购等方式在境内设立外商投资企业或项目，据此向外汇管理局或其授权机构申请的外汇登记。

申报的主体应是境内居民个人，而非企业，在实操层面，一般情况下要先有境内公司的股权才可以做 37 号文登记。此外，37 号文登记最终的一个落脚点是通过新设、并购等方式在境内设立外商投资企业或项目，核心在于返程投资。制定 37 号文的目的是鼓励海外融资，融资之后回来支援国家建设。

境内居民个人办理登记前，可在境外先行设立特殊目的公司，但在法律实践中，境内居民个人对该特殊目的公司不得有出资行为（含境外出资），也不可以支付注册费用（含境外支付）。

（二）7 号文登记

7 号文登记，是针对境外上市企业，在中国境内的员工通过获得企业股权激励计划，获得境外收益的合规性登记。上市公司在境内的代理机构于境外架构企业在上市时或计划发布的 3 个月内，就需要向代理机构所在地的外汇管理局申报。

鉴于境外股权激励大部分以期权形式发放，对于少数已经完成境内工商登记的高管，可以考虑办理 37 号文登记，待开曼公司上市后，激励对象办理 7 号文登记再行权，通常是由开曼公司委托一家境内代理机构（一般是 WFOE）统一办理外汇登记、账户开立及资金划转与汇兑等有关事项；同时，开曼公司还应委托一家境外机构（一般是 ESOP 发股主体）统一负责办理个人行权，购买与出售对应股票或权益以及相应资金划转等事项。

▶ 第五章 ◀

股权战略之股权融资

曾获诺贝尔经济学奖的英国经济学家约翰·希克斯指出：工业革命不是技术创新的结果，或至少不是其直接作用的结果，而是英国金融革命的结果。任何时代，公司的创立及发展都需要资本，资本是助推公司发展的关键力量。

第一节 股权融资基本介绍

股权融资不同于其他融资模式，也正因其特色而为多数企业所青睐。那么，股权融资有何意义，其具体含义为何，又在哪些方面独具优势？

一、公司发展需要融资

现如今，公司获取资本的方式已出现转变。公司从依靠原始资本的积累，演变为向社会募集资本，处于不同发展阶段的各类公司向社会募集资本，已经越来越普遍。依托于这个时代的伟大转变，融资方式已经衍生出银行贷款、信用融资、政策融资、金融租赁、民间借贷等诸多方式。

尽管从满足公司资金需求的角度出发，各种融资方式并不存在一般意义上的优劣之分，但根据公司发展阶段、规模特征及成长特性的要求，公司往往会采用不同的融资策略。将融资渠道及方式进行合理配合，可以使公司获得最佳资金结构。

比如，在初创期的公司自身规模一般较小，除考虑内部积累、申请政府资助等措施外，更多会采取向诸如亲朋好友等个人投资者借贷或争取天使投资基金的方式进行融资；处于成长期的公司，因购买机器、设备等生产资料、后续研发和销售需要大量资金，自有资金往往杯水车薪、难以支撑，而又因公司自身抵押或担保能力不足，很难从银行或其他金融机构获得贷款，公司就有了向投资机构进行股权融资的强烈需求；处于成熟期的公司，已经进入规模化生产经营阶段，具备较为稳定的现金流，如果符合债权融资所需要的抵押及信用担保条件，往往会优先选择向银行贷款的融资方式，但如公司现有能力无法满足上述条件，进行股权融资也仍是其获得资金的一个重要途径。

虽然目前融资方式众多，但从融资性质而言，主要分为以下两种：

第一，债务融资。通俗来讲就是借钱，公司通过增加债务的方式筹措资金，承诺定期支付利息并偿还本金。常见的债务融资方式有银行贷款和发行债权。

第二，股权融资。通过股权转让或增资扩股的方式筹措资金，一般情况下，增资扩股是投资人投资企业的最主要甚至是唯一的方式。

二、股权融资是什么

广义的股权融资，指所有以股权作为工具进行融资的行为，按照融资渠道划分，则包括公开市场发售、私募发售；按照目标公司内外划分，则包括对外融资、内部员工股权激励等。

所谓公开市场发售就是通过股票市场向公众投资者发行公司的股票来募集资金，我们常说的公司上市、上市公司的增发和配股都是利用公开市场进行股权融资的具体形式，我国目前已经建立了包括深沪主板、创业板、科创板、北交所、全国中小企业股份转让系统和区域性股权市场的多层次资本市场。

本章所讨论的股权融资，仅指狭义的股权融资，即私募股权投资。公司自行寻找特定的投资人，吸引其入股企业的融资方式，包括企业的股东通过转让部分企业股权，或者通过增加企业现有股权方式引进新股东，从而让总股本增加的过程。

私募股权基金的全称是私募股权投资基金，这一概念源于海外，英文名称是 Private Equity Fund，一般简称 PE。私募股权投资基金作为股权投资最重要的投资主体，在国外有广泛的生存发展空间。在国内，虽然它已经成为股权投资机构最为普遍的组织形式，却并不是一种符合法律规范的企业组织。根据《公司法》《合伙企业法》等法律法规，国内私募股权投资基金可以注册成有限责任公司或有限合伙企业。

根据投资对象及投资阶段选择上的侧重，或者他们操作风格的不同，一般可分为三种类型：

一是风险投资基金（Venture Capital Fund，VC），侧重投资于初创期或成长期的中小企业，尤其是高新技术企业的股权，这种基金即我们传统意义上的创业投资基金。

二是增长型基金（Growth – oriented Fund），侧重投资处于扩充阶段或者快速成长阶段的企业，投资目的就是被投资企业能够上市或被其他大的机构收购兼并，投资机构一般不以控股为目标。这种基金在某种意义上也可以称为创业投资基金。

三是收购基金（Buyout Fund）或称并购基金，主要投资处于成熟期的上市或未上市企业，意在获得目标企业的控制权，其目的是整合企业资源，提升企业股权价值，然后选择合适的时机以合适的价格套现退出。黑石基金、TPG 都是我们熟知的典型的收购基金。

三、股权融资的优点

从目前中国公司的成功案例看，无论是早先的百度、阿里巴巴、腾讯这三大互联网巨头，还是后来的携程、分众、美团等中国新经济代表性企业，都离不开股权融资的支持。可以说，股权投资人的介入，不但使一部分优质公司能够快速缓解资金链上的压力，还大大缩短了这些公司达到国内外资本市场上市所需要的时间。

投资人投资的对象是公司，但实际经营的对象是公司的股权，而不是融资公司本身。经营管理好融资公司，是这家公司管理层的职责。一般情况下，投资人都不会谋求对融资公司的控股，持有的股份通常不会超过总股份的30%。

股权融资可以说是公司和资本的双赢，优点是显而易见的：

首先，引入投资人能够帮助公司规范、稳健发展。对于初创型企业来说，业务是核心，但完善的治理体系和管理结构则是适应业务发展的重要保障。公司越规范，发展就越持久。对于投资人而言，由于不参与日常的经营和管理，更加需要注意董事会、股东会议事规则等事项，帮助公司完善各项治理结构，包括规范关联交易、改善管理层激励制度、建立授权制度和分层级的决策制度等。

其次，能够帮助公司进行后续融资。引入私募股权投资之后，在公司后续融资中，投资人可以继续参与融资，或者通过为公司推荐、筛选优秀的投资者等方式，为公司的持续发展提供相应的资金支持。部分综合服务能力强的投资机构，还能直接为有需要的公司提供短期资金融通，进一步优化公司的融资结构。在业内，一些知名投资机构与大型商业银行建立了长期合作关系，公司在引入创业投资的同时，往往能够获得银行的信用增级，获得原本难以取得的银行贷款，进而利用财务杠杆优化资本结构，避免单一使用股权融资而造成股权被过度稀释。

再次，能够帮助公司整合行业资源、拓宽视野。投资机构接触的公司多、人多、信息多，可以利用自身积累的资源为公司提供各方面帮助。比如，投资团队可以利用行业资源帮助公司对接供应商、客户和战略合作伙伴；通过产业链的整合帮助公司拓展业务；通过行业内的人脉，针对公司团队的薄弱面，向公司推荐行业内的优秀人才；基于对行业的理解及行业特点的把握，投资团队可与创始人团队探讨公司未来的发展战略，完善公司的业务流程；将投资机构的已投项目与公司对接，能为公司创造更多的业务合作机会；此外，引入知名投资机构也能在一定程度上提升公司的品牌价值。

最后，能够帮助公司利用资本市场以顺利进行 IPO。投资机构一般对资本市场理解更深，拥有比较丰富的资本运作经验。根据公司发展的情况以及他们对资本市场的理解，可以适时帮助公司跟资本市场对接，比如指导公司做 IPO 方案和规划，帮助公司寻找 IPO 中介机构，帮助公司选择 IPO 的时点和地点等。另外，投资机构也可以帮助公司制订并购计划，帮助公司通过并购做大做强。

第二节　股权融资的常见形式

股权融资的形式简单来说就是如何利用股权引进投资。股权融资的形式具有多样性，考虑到实用性，笔者仅选取最常见且最具代表性的形式进行说明。

一、增资扩股

在众多融资方式中，增资扩股的成本较低，增资扩股有三种：原股东增资，引入新股东，以及未分配利润、法定公积金、任意公积金转增注册资本。

原股东增加出资的，股东可以货币或者其他非货币财产作价投入公司，直接增加公司的注册资本。以公司未分配利润、公积金转增注册资本的，按照相关法律规定，公司税后利润需先用于弥补亏损和提取法定公积金（若公司法定公积金累计额超过公司注册资本 50% 的，可不提取），剩余利润才用于分配股东。

引入新股东最常见的是公司向投资人增发新股，当投资人的购股投资款全部进入公司后，由公司支配，全体股东间接享有，无须缴纳所得税。

公司在满足其增量资金需求的同时，还可以根据内部情况和外部形势的发展，按需引进技术、产品、管理经验等，有助于提升公司的竞争力，这是最为普遍的股权融资形式。在此种增资情形下，公司原股东变动较小，仅因注册资本的变化而造成所持股权按一定比例进行稀释，公司的注册资本与资本公积一定幅度增加，故而大多数企业与股东更乐意采用增资扩股的形式进行股权融资。新股东投资入股时的价格常见的计算方法是根据公司净资产与注册资本之比，溢价部分则计入资本公积。

案例88【A公司：增资活动中的计算方法】

A公司为生物技术领域的新型公司，原有股东甲、股东乙，各出资50万元并取得50%股权。在最新一轮的融资活动中，经多方考量，A公司的估值定为500万元，此时一家看好该领域及A公司发展前景的投资人丙愿意投入100万元，希望持有A公司20%的股权，当前A公司的注册资金为100万元。

可以得出A公司本次新增股本为25万元，即新增股本X÷（原注册资本金100万元+X）=投资人丙的持股比例20%，由此可得出本次的新增股本金额。

上述25万元将实缴注入A公司的注册资本金，剩余的75万元投资款进入A公司的资本公积金（见图5-1）。

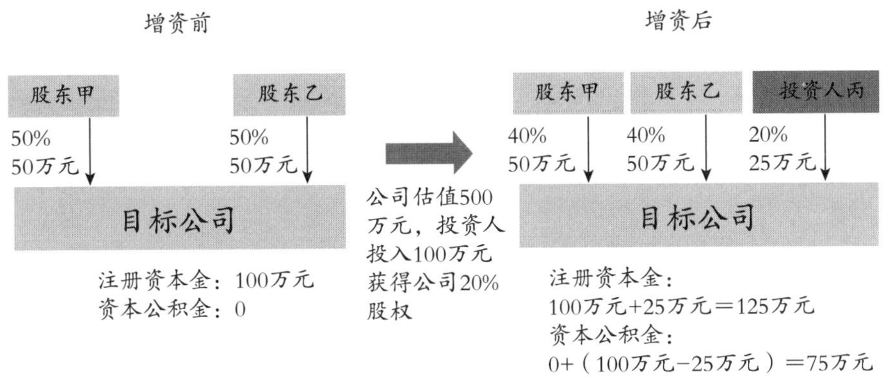

图5-1　A公司增资前后对比

二、股权转让

股权转让指公司某些老股东向投资人转让其所持有的全部或部分股权，投资人通过购买这部分旧股，获得老股东在公司中拥有的相应股东权利。转让价格是采用溢价、平价或是折价转让，由出让方、受让方根据公司具体情况协商确定。

这种方式可以满足部分老股东变现退出的需求，投资人的购股资金归老股东所有，融资企业并未获得发展所需的增量资金（见图5－2、图5－3）。

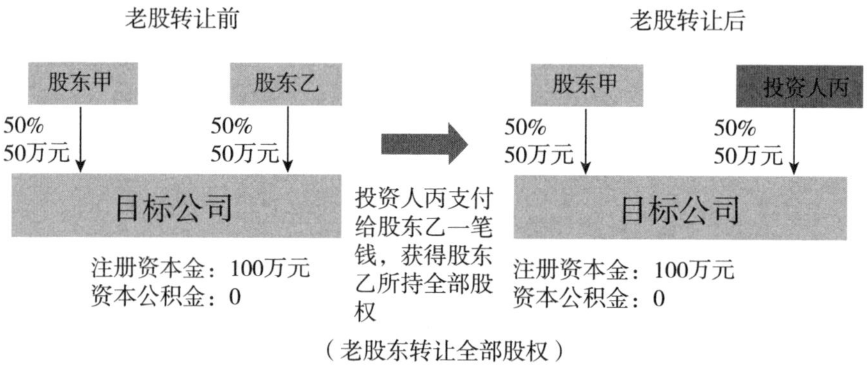

图5－2　老股转让前后对比

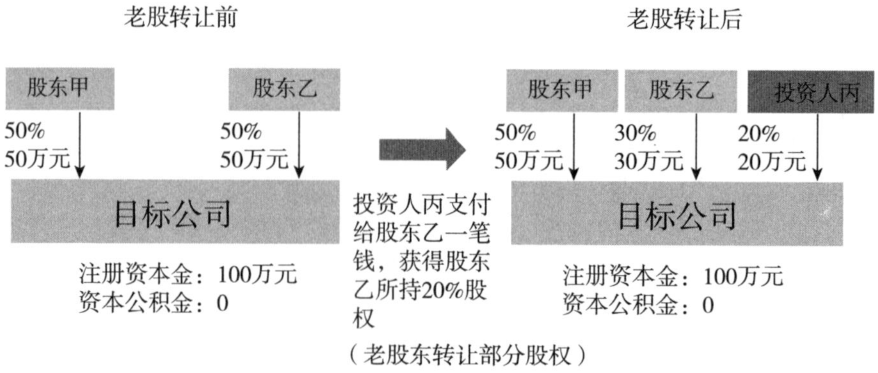

图5－3　老股转让前后对比

增资扩股与股权转让除各有优点外，在实践操作中存在一些不同点（见表5－1）。

表5－1　增资扩股与股权转让的区别

区别	增资扩股	股权转让
注册资本	公司注册资本增加	公司注册资本不变
资金的性质、归属	资金属于公司资本金，由公司受领	资本属于股权转让对价，由受让方受领
协议签署主体	公司和投资人	出让方股东和投资人
决策规则	需召开股东会，并经代表2/3以上表决权的股东通过；若股东以书面形式一致同意，可不召开股东会，直接作出决定，并由全体股东在决定文件上签字、盖章	对外转让股权书面通知其他股东，需过半数同意，无须召开股东会
投资人的权利义务	投资人是否承担公司之前的义务，可由双方协议约定	受让方取得公司股东地位的同时，将承继原股东在公司的权利义务
税务成本	税务成本低。原股东股权计税成本不变，对投资款不征收企业所得税	税务成本高。原股东依据“财产转让所得”征收所得税

股权转让的股权来源有两种，一是由原股东按比例承担各自需转出的股权，二是从大股东持有的股权中转让。

（1）按比例承担

案例89【A药业公司：转让情况下的股权来源——按比例承担】

A药业公司的注册资本金为100万元，股东甲认缴50万元，占比50%；股东乙认缴30万元，占比30%；股东丙认缴20万元，占比20%。A药业公司因发展需要引入投资人丁，需给丁10%的股权。投资人丁愿意从原始股东手中购买一定的股权，以改善原始股东生活，但全体原始股东就相关转让变现的比例产生了分歧，于是采用了最常见的做法，即依据持股比例同比例转让。那么，按照现有股东的持股比例，股东甲需让出5%的股权，股东乙需让出3%的股权，股东丙需让出2%的股权，甲、乙、丙、丁最后的持股比例分别为45%、27%、18%、10%（见图5－4）。

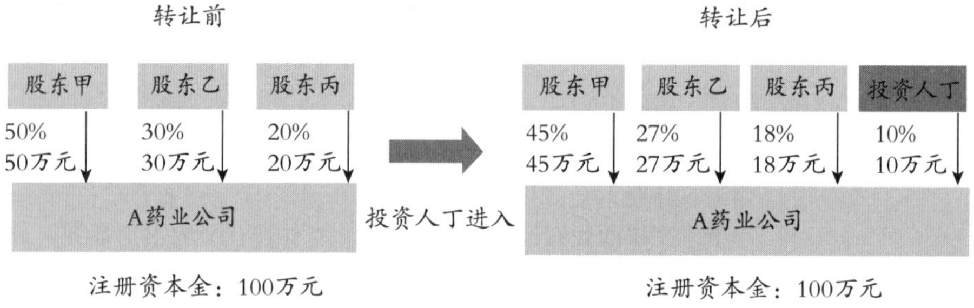

图5－4　A药业公司投资人进入图

（2）从大股东持有的股权中转让

▶ 案例90【B公司：转让情况下的股权来源——大股东转让】

B公司的注册资本金为200万元，刘某认缴120万元，持股60%；李某认缴60万元，持股30%；赵某认缴20万元，持股10%。后B公司在发展中遇到瓶颈，急需引入人才走出僵局，以实现技术上的突破，增强核心竞争力。陈某看好公司发展，愿意进入公司，想获得公司股权，成为股东之一，公司大股东刘某为了公司整体的发展，同时也信任陈某带领公司发展的能力，便从自身持有的股权中转让10%的股权给陈某。那么，在B公司找到重要战略伙伴的同时，也没有改变其他股东的持股比例，从而保持了公司股权的稳定性（见图5－5）。

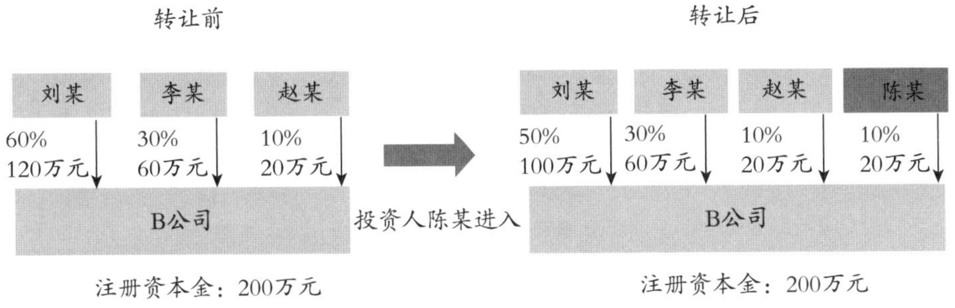

图5－5　B公司投资人进入图

三、增资扩股、股权转让同时进行

增资扩股或股权转让这两种方式既可以单独采用，也可同时进行，这种情形也很常见，优点是公司既获得了增量资金，满足生产经营的实际需要，创始股东也可通过向投资人转让股权将一部分创业成果变现。

▶ **案例91【C餐饮公司：增资与转让之下的双赢】**

C餐饮公司因经营不善负债累累，其股东甲也对公司债务承担了连带责任，但因C餐饮公司所涉领域具备发展潜力，其原先投资人D遂与股东甲商议，整合现有资源，重新设立E公司（注册资本100万元）以开展经营，并表示在E公司成立后以增资2000万元的形式进入E公司，持股20%。对于股东连带承担的C餐饮公司债务部分，股东只需将其持有的E公司中与债务总额相对应价值的15%的股权转入投资人D及其关联公司名下，原债务即消灭。通过增资扩股与股权转让，股东摆脱了原先经营中产生的债务问题，以更好的状态经营新的公司，新公司E也在发展初期获得了充足的资金支持，使其有足够的资本去完善技术与扩大市场规模，对于投资人D来说，其在新公司设立初始便取得了35%的股权，在公司未来的发展壮大中，投资人可以不断投入资金以获取公司股权，从而慢慢地取得公司控制权（见图5－6）。

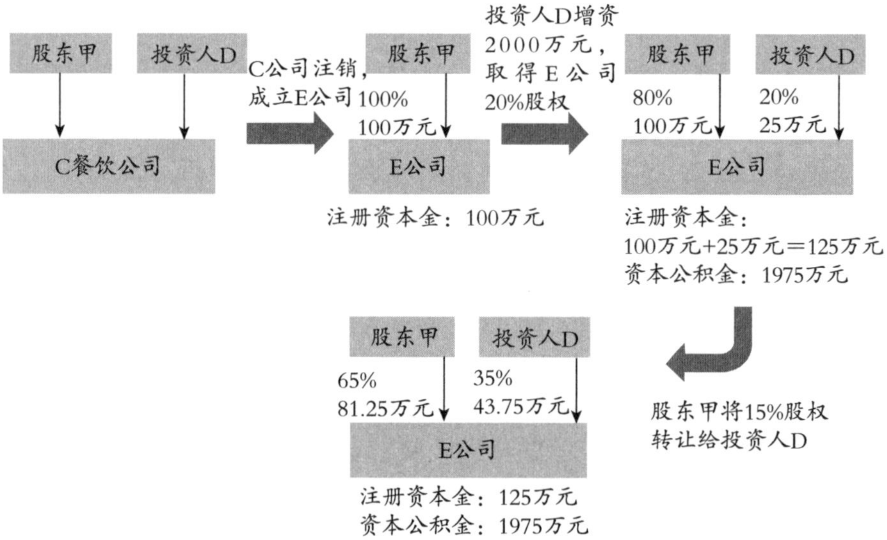

图 5－6　C 餐饮公司增资与股权转让图

第三节　估值的方法论

股权融资的交易价格是投资人和公司双方都非常关注的核心问题。投资人是股权的买方，当然希望交易价格越低越好；公司作为融资方，是股权的卖方，当然希望交易价格越高越好。在当今股权融资时代下，公司估值成为众多决策者在面临融资时的巨大难题。那么，公司估值具体有哪些方法呢？

一、市盈率估值法

（一）基本原理

市盈率是指一个公司的股票市价与其每股收益的比率，是对公司进行估值最普遍的方法。

所谓市盈率估值法，是用一个选定的市盈率与融资公司净利率相乘来得到公司估值的方法，或者说用一个选定的市盈率与融资公司的每股收益（每股净利率）相乘得到企业单个股份价值的方法。该方法的基本原理就是，一个企业的价值是由它所表现出的盈利能力决定的。

（二）优缺点

市盈率估值法的优点是计算简便，容易掌握，适用范围广泛，即使没有多少专业知识的人也能在短时间内掌握。同时，市盈率的倒数即为投资回报率，便于投资者进行计算。这种方法特别适用于融资公司对处于成长期、营业收入趋于稳定并且有相似的同行业公司进行比较估值。

市盈率估值法的缺点也很明显。第一，投融资双方在估值时在确定市盈率数值上容易产生分歧，而市场上可供参考的上市公司因市价变动较大而使市盈率很不稳定，同时还可能存在找不到参照公司的情形；第二，这种方法的使用受公司同期净利润是否真实的影响较大，容易受到会计信息质量的影响；第三，如果融资公司同期亏损，或者净利润因企业自身因素如非正常收益变化剧烈或宏观经济因素变化明显而发生扭曲时，用市盈率估值法得出结论的准确性就会大大降低。

二、市销率估值法

（一）基本原理

市销率是一家公司的股权价值相对其销售收入的倍数。得市场者得天下，只要销售规模够大，细微的利润率改善就可以造就利润规模扩张。市销率越低，销售规模就越大，公司价值也水涨船高。

（二）优缺点

这一估值方法适用于未来价值较高的行业，比如电商、软件，即使目前利润为零或负也能有较高的估值。

京东在 2015 年销售额高达 1813 亿元，净利润却亏损 94 亿元。实际上，这只是企业投资性支出引发的亏损，并非主营业务的亏损。对外投资各知名企业，将使京东获得充分补充的核心业务的产业链支撑能力，也就得到了更为强大的保障。在此背景下，采用市销率估值法对其进行估值，会得到相对公平客观的结果。

除上述两种方法外，还有市净率估值法、现金流倍数估值法、重置成本法、账面价值估值法等估值方法。

其实，不同的估值方法具有一定的适用范围和对象，也各有优势和劣势。我们应该认识到，在估值方法的使用上，偏好某一种估值方法，在实践中肯定会失之偏颇。所以，应该根据评估对象的具体情况进行客观分析，在多种方法中择优选择一种最适合标的公司的估值方法，同时也要参考其他方法，从多种角度来评估标的公司的价值，比较和取舍采取各种方法得出的结论，以降低估值失误的风险。

股权融资的最终成交价格并不一定与估值等同，还受到其他诸多外部因素的影响，比如融资公司所处行业的热门程度、融资公司对于资金的需求量及迫切程度、融资公司未来的升值潜力。

第四节　股权融资的九大核心条款

股权融资的重要性业已阐明，股权融资在给企业带来高回报的同时也蕴含一定的风险，在利用股权进行融资活动的过程当中，企业家应当注意相关核心条款，以避免融资对企业的反噬。

一、优先清算权

（一）定义

优先清算权，是指当目标公司发生清算事件时，投资方在清算财产过程中享有优先于其他股东获得分配清算财产的权利。

投资方优先分配到的清算财产的常见计算方法包括投资款本金加固定利息、投资款本金的一定倍数、投资款本金的一定倍数加固定利息。其实际包含清算优先权、参与分配权两部分内容。对于投资方而言，如果清算事件仅仅是公司解散、破产清算等法律意义上的清算，那么优先清算权也只是帮助投资方优先拿回部分资金补偿，实际意义不大；但如果清算事件是指公司控制权变更的合并、收购，以及出售、租赁、转让、以排他性许可或其他方式处置公司全部或大部分资产的事件，投资方便可借助优先清算权条款提前退出并获取资金回报。

（二）示范条款

在发生清算事件时，投资方有权根据相关协议，在项目公司向股东进行财产分配时，优先获得总额相当于投资方投资额的 2 倍的金额；剩余财产由项目公司所有股东按股东比例进行分配。若项目公司向股东分配的财产不足支付投资额的 2 倍的，决策者应从其财产中补偿投资方，以确保投资方获得的分配总额相当于投资方投资额的 2 倍的金额。

（三）风险提示

第一，投资人和决策者需要在协议中明确优先清算权的触发条件。优先清算权的触发条件大致上分为两种，第一种是清算，包括注销解散清算和公司破产清算；第二种是视同清算，包括兼并、合并、并购、控制权改变以及公司或部分资产出售等。

第二，协议中，除了需要约定清算事件的触发条件外，还应当进一步约定公司的后续分配方式：不参与后续分配、参与后续分配或者附上限的分配。不参与后续分配是指投资人仅获得优先权约定分配，不参与后续分配；参与后续分配是指投资人在获得优先权约定额之后，还根据其持股比例和其他股东按股权比例分配剩余变现款；附上限的分配指投资人按照比例参与分配剩余清算资金，直到所获回报总额达到约定回报上限。

第三，应当注意协议是否对决策者的责任承担形式有特殊约定。当清算事件发生后，决策者对清算事件发生后投资人获得的财产没有达到投资额两倍标准的情形进行约定，即决策者是否需要就不足部分向投资人承担连带责任。

▶ 案例92【北科中心：优先清算权的效力纷争】[①]

2015年9月24日，北科中心作为甲方（投资方）、林宇作为乙方（原股东）、林宙作为丙方（原股东）、吴亨钟作为丁方（原股东）、校园电影院线公司作为戊方（标的公司）签订案涉《增资协议》。协议第15条优先清算权载明："标的公司如果因破产或其他原因实施清算，则在分别支付清算费用、职工的工资、社会保险费用和法定补偿金，缴纳所欠税款，清偿公司债务后，对标的公司的剩余财产进行分配时，乙方、丙方、丁方应保证甲方优先获得本次增资中其对标的公司的全部实际投资加上该等实际投资对应的在标的公司已公布分配方案但还未执行的红利中投资方应享有的部分。"

二审期间的争议焦点之一是，林宇主张的案涉《增资协议》因包含股权同售权、反稀释、优先清算权等条款而无效是否成立。

二审法院认为，该案中，案涉《增资协议》第15条"优先清算权"条款约定，目标公司在分别支付清算费用、职工的工资、社会保险费用和法定补偿金，缴纳所欠税款，清偿公司债务后，北科中心在股东分配中优先于其他股东进行分配，该协议约定在支付了法定优于股东之间分配的款项后，股东内部对于分配顺序的约定并不违反《公司法》第186条的规定。因此，《增资协议》中对优先清算权的约定并不违反法律法规。

最高人民法院《关于适用〈中华人民共和国合同法〉若干问题的解释（一）》（已失效）第4条规定，《合同法》（已失效）实施以后，人民法院确认合同无效，应当以全国人大及其常委会制定的法律和国务院制定的行政法规为依据，不得以地方性法规、行政规章为依据。最高人民法院《关于适用〈中华人民共和国合同法〉若干问题的解释（二）》（已失效）第14条规定，《合同法》第52条第5项（现《民法典》第153条）规定的"强制性规定"，是指效力性强制性规定。根据上述规定，只有违反法律、行政法规的效力性强制性规定才导致合同必然无效。由上，案涉《增资协议》中所约定的内容

---

① 林宇与北京北科创新投资中心（有限合伙）股权转让纠纷民事判决书，（2019）京03民终6335号。

均并不违反法律法规的强制性规定。因此，林宇主张的案涉《增资协议》因包含股权同售权、反稀释、优先清算权等条款而无效，缺乏法律依据，二审法院不予支持。

二、优先分红权

（一）定义

优先分红权，是指当目标公司分配股息时，投资方享有优先于普通股股东分配投资额一定比例取得股息的权利，然后与其他股东分配剩余股息。

优先分红权的目的有二：一是通过股息形式获得投资的红利回报，降低投资风险；二是限制公司分红，防止决策者股东套现。

早期投资中，投资人要求优先分红权的主要目的是第一种，发展到现在，大多数投资人对年度分红的重视程度降低，要求优先分红权的主要目的是第二种，希望借此限制原股东分红，将所投资本用于所投公司发展，以最大限度地保障投资收益。

（二）示范条款

公司同意派发股息、红利时，A 轮优先股股东将优先于普通股股东获得投资额不可累计的 10% 的年优先股息，并按转换后的股份比例参与剩余股息的分配。

（三）风险提示

第一，优先分红权条款应以章程约定为表现形式。投资人进入公司时，和决策者签署投资协议，该协议仅能约束订立协议的各方。如果后续有新股东加入目标公司，在先的投资协议亦不能约束在后的投资股东，该协议不一定能够对新股东产生法律约束力。因此，投资人在投资公司时，可以特别注意将优先分红权在公司章程里予以规定。

第二，事先明确相关的违约责任条款。目前大部分的投资协议中仅对违约责任模糊约定“违约要赔偿守约方损失”，这种表述将造成赔偿范围歧义，是否仅包括直接损失，还是包括直接损失、间接损失及可预期损失。公司经营存在商业风险、市场风险等各类风险，公司利润本来就具有不确定、不可预期等特点。因此，应当考虑在投资协议中是否事先明确约定违反优先分红条款的创始/原股东的违约责任，并且违约责任宜作出具体约定。

第三，明确优先分红权的分配机制。优先分红权的分配机制一般有三种分类：

1. 根据股息分配的累积性分为有累积性优先分红权和无累积性优先分红权。所谓有累积性优先分红权，是指在某个财务年度内，如果公司未发生应分红的情况或者公司盈利不足以分派红利的，则优先股的股东有权要求公司在日后的财务年度内予以补足。无累积性优先分红权则是指，虽然优先股股东对公司当年利润有优先获派股息的权利，但若当年盈利不足或者不派发红利，则日后不能要求公司补发。

2. 根据优先股股东是否可参与普通股的股息分配，分为参与性优先权和非参与性优先权。前者指当优先股股东在分得固定红利后，仍可按持股比例在转换基础上与普通股股东一起分配剩余的利润。而后者只能获得固定数额的股息。

3. 根据分红率是否可调整分为固定分红优先股与可调整优先股。前者分红率不可以调整，在优先股发行时即确定；后者则在合同中约定分红率可调整以及调整条件（如银行利率变化）。

▶ 案例93【格尔木滨海公司：投资方优先分红权的实现路径——固定收益+分红优先】①

2018年2月2日，原告格尔木开发公司与被告格尔木滨海公司及天津滨海光热公司签订了《格尔木滨海光热装备制造有限公司增资协议》及《关于格尔木滨海光热装备制造有限公司增资协议之补充协议》。补充协议第5条

---

① 青海格尔木工业园开发建设有限公司、格尔木滨海光热装备制造有限公司、天津滨海光热发电投资有限公司、深圳市拓龙科技有限公司新增资本认购纠纷，（2020）青28民初94号。

分红权条款约定："投资方在每年足额收到第三条约定的固定收益后，投资方同意放弃对目标公司的分红权。若投资方任意一年未能足额收到第三条约定的固定收益，则投资方有权享有当年的优先分红权，分红金额为尚未收到的当年固定收益的差额部分，投资方不享有超过投资收益差额部分的分红权。"

法院认为，《格尔木滨海光热装备制造有限公司增资协议》《关于格尔木滨海光热装备制造有限公司增资协议之补充协议》系当事人的真实意思表示，协议内容并不违反法律、行政法规的强制性规定，应属有效。

三、增资权

（一）定义

增资权，是指投资人完成本轮投资后，从目标公司获得可以在公司下一轮融资或者一定期限内以事先约定好的价格追加投资，以购买公司一定比例股权的权利。

一般来说，增资权约定的价格通常高于本轮融资价格但低于新一轮融资投资人的价格。投资人在获得增资权后，可以根据公司的发展情况选择是否增加本轮投资额和投资风险，且增资权的行使不受时间限制。即使选择不行使，增资权对投资人而言没有任何影响，增资权是一个对投资人有利的单方权利。因此，在公司融资困难的时候，增资权条款出现的频率较高，如果是竞相争取的优质项目，则出现的频率较低。

（二）示范条款

本轮融资交割之日起 2 年内，投资人有权追加投资 1000 万元，获得目标公司 10% 的股权。

（三）风险提示

第一，行使增资权的时间应当尽量早，不应约定得太长。对投资人增资权的时间限制，可以督促投资人及时行使权利，提高公司整体融资效率。所以，公司应当限制增资权在一定合理期间内行使，并规定若投资人得知公司拟发行新股后未作出行使优先增资权的意思表示，则视为投资人放弃了增资权。

第二，约定的行权价格应当尽量贵，要对企业的发展有所预估。投资人增资权的行使可能对下一轮融资产生不利影响，也在一定程度上造成股权稀释，因此，决策者需要对约定的价格慎重考虑。如果接受增资权条款，需要考虑行权价格，行权价格越高，对决策者而言越有利。

第三，约定的增资权比例应当尽量低，要对未来不确定的事有所准备。出于保护决策者的股权的比例性利益角度考虑，向投资人赋予增资权需按照原有股东持股比例进行分配，以防止股权被稀释。如果对投资人的增资比例不做任何限制，在增资过程中，决策者的股权比例将被无限制地稀释，为公司面临恶意收购埋下伏笔。

第四，约定增资的形式应当符合法律法规的规范。实践中，由于增资属于特殊表决事项，需经公司代表 2/3 以上表决权的股东通过后生效，投融资双方均应就此提前考虑并作出安排。主要考虑因素有：公司增资前和增资后的注册资本、股本总额、股本结构、种类（优先股/普通股等）、每股金额。

▶ 案例 94【科华生物：增资权究竟该如何落地】

2018 年 6 月，科华生物约定以现金方式对天隆公司进行增资并收购李明等四人持有的天隆公司股权。

根据当时的公告，科华生物对天隆公司股权收购分两个阶段：第一阶段科华生物以 54 亿元对价获得天隆公司 62% 的股权。第二阶段双方约定在 2021 年对剩余的 38% 股权进行处理，上市公司有权提出要求，按照 12 亿元或标的 2020 年度扣非后净利润 30 倍进行收购；也可由标的其他股东提出要求，按照 9 亿元或标的 2020 年度扣非后净利润 25 倍进行收购，两种方案皆以孰高为准，最终完成对天隆公司 100% 股权的整体收购。

然而，资料显示，天隆公司主要销售核酸提取、扩增仪器及配套试剂。受新冠肺炎疫情影响，天隆公司业绩出现爆发式增长，2020 年扣非后净利润达到 11.06 亿元，按约定标的股东要求科华生物支付剩余股权转让价款 105 亿元。而科华生物 2020 年度及 2021 年前三季度的营收平均不到 40 亿元。这部分剩余股权转让款对于科华生物来说无疑是一个巨大的压力。

面对此种情况，科华生物公告称：2020 年度天隆公司的业绩已超出订立协议时正常可预见及可预测的范围，要求重新协商交易条款未果。随后，李明等四人提起仲裁申请并获受理。

四、对赌条款

对赌条款是股权融资过程中具有重要意义的条款。股权融资的极大优势并不意味着股权融资没有风险，事实上，股权融资作为融资手段的一种，运用不当依然会招来祸患。雷龙公司就是很好的例子。

▶ **案例 95【雷龙公司：早年对赌，退出公司仍负担巨额赔款】**

2009 年，郭建和于任远创立了杭州雷龙网络技术有限公司（以下简称雷龙公司）。2014 年，杭州科发创业投资合伙企业（有限合伙）（以下简称杭州科发基金）入股雷龙公司，双方还签署了对赌协议，承诺 2017 年 12 月 31 日前公司未能上市的话，郭建和于任远需要回购杭州科发基金的股份。2015 年，郭建被赶出公司，其所有股权均已转让。然而，2018 年，雷龙公司未按预期完成上市，杭州科发基金故起诉要求郭建和于任远回购股份并赔偿 3800 万元，经法院审理判决，二人难逃责任。

通过上述例子可见，股权融资一旦涉及对赌条款，如果未对其加以限制，在对赌失败后创始股东也难逃其责。

（一）定义

《全国法院民商事审判工作会议纪要》（以下简称《九民纪要》）明确了

对赌协议的定义，简言之，对赌条款是指以被投资企业未来的经营业绩为对赌标的，以企业家和股权投资者之间相互转让一部分股权或退回一部分投资款作为赌注，以激励企业决策者努力工作并且达到调整企业目标的条款。“对赌”二字很形象地阐明了这个条款的本质——赌。赌未来的业绩能达到投资人的预期目标，如果不能，企业也只能愿赌服输。

大多数企业背负资金压力，同时也怀着对市场前景和自身能力的信心，还带着对投资方资源整合能力的憧憬，认为最坏的情况不会发生，往往会签下含有严苛的对赌条款的投资协议。而一旦约定的目标无法实现，创业者将面临非常严重的问题。

（二）示范条款

鉴于本次交易是以2020年度净利润2000万元及包含投资人投资金额完全摊薄后10倍市盈率为作价依据，且公司和原股东承诺公司2020年度税前利润不低于2200万元。

如果标的公司2020年度经审计的净利润低于2000万元，则视为未完成经营目标，应以2020年度经审计的实际净利润为基础，按照10倍市盈率重新调整本次交易的投资估值，调整后标的公司所有股东所持有的股份比例保持不变，公司应以现金的方式退还各投资方相应多付的投资款。

此时，标的公司估值（设为A）＝实际完成净利润×10倍市盈率。标的公司需将投资方多投的投资款（具体为“2000万元－A×投资时所致的股权比例”）退还投资方。公司退还的投资款由投资方按照各自持股比例进行分配。

原股东承诺对本协议上述约定的对投资方的现金补偿义务承担连带责任。如果受到法律的限制或者其他任何原因，标的公司未能或者无法履行上述义务，原股东有义务向投资方退还上述应退还的投资款。

（三）对赌协议的效力

对赌协议的效力经历了长期的发展历程，大致上可以概括为三个阶段：

第一阶段以海富案为代表，根据对赌主体不同而有所区别，认定与股东对赌的协议有效，而与目标公司对赌的协议无效。这主要是基于目标公司直接与投资方签订的“对赌协议”会降低公司责任能力，违背资本维持原则，进而损害公司债权人利益。第一阶段中对赌条款的效力与《公司法》强制性规定直接关联。

第二阶段以华工案为代表，对与目标公司对赌问题不再“一刀切”，且将目光转向对赌协议履行问题。2019 年，江苏省高级人民法院审结的江苏华工创业投资有限公司与扬州锻压机床股份有限公司、潘云虎等请求公司收购股份纠纷案［（2019）苏民再62 号］确立了公司回购本公司股份（权）不当然违反《公司法》的强制性规定的裁判逻辑，认为有限责任公司回购本公司股权有法可依，不违反《公司法》的强制性规定，有限责任公司可以通过减资的法定程序回购本公司股权，不会损害公司股东及债权人利益，亦不会构成对公司资本维持原则的违反。同时，根据《公司法》第 142 条、第 37 条、第 46 条、第 177 条、第 179 条，对赌协议在法律上具有可履行性，结合目标公司利润状况，整体具有可履行性。

第三阶段以《九民纪要》为代表，对赌协议效力和履行问题被剥离开，协议效力也与《公司法》进行分离。在对赌条款是否有效的判定上，不再考虑《公司法》的规定，而是将其放入合同有效后的履行问题中。

随着《九民纪要》的出台以及对赌协议审判实践的不断发展，对赌协议效力的认定现在已经形成稳定的思路。《九民纪要》在关于公司纠纷案件的审理中明确提出，投资方与目标公司订立的“对赌协议”在不存在法定无效事由的情况下，目标公司仅以存在股权回购或者金钱补偿约定为由，主张“对赌协议”无效的，人民法院不予支持，但投资方主张实际履行的，人民法院应当审查是否符合《公司法》关于“股东不得抽逃出资”及股份回购的强制性规定，判决是否支持其诉讼请求。

在《九民纪要》下，若无其他无效事由，对赌协议有效，无论是与股东或实控人对赌还是与目标公司对赌，都不会直接被认定为无效。在与目标公司对赌的场景下，需要着重注意合同履行的问题，在合同有效时，并不意味着对赌条款必定会被履行。回购型对赌中，只有履行了减资程序，法院才支持实际履行。而金钱补偿型对赌中，需要根据《公司法》第166条关于利润分配的规定，视公司利润的不同情况做调整：公司无利润时不支持实际履行；公司有利润但其利润不足以支付补偿款时仅部分支持履行，而剩余部分在公司未来有利润时可以另行起诉；公司利润可以支付补偿款的情况下则支持全部实际履行。

在对赌协议效力认定问题形成统一意见之前，部分法院认定投资人与目标公司直接对赌回购股权无效，对赌协议主体为避开这个问题，采取目标公司为其股东的回购行为提供担保的方式进行对赌。最高人民法院在（2016）最高法民再128号案件中认定该担保行为有效。

根据对赌主体与行为的不同，笔者再次列表以示明效力问题（见表5－2）。

表5－2　对赌行为的效力

<table>
<tr><th>主体</th><th>行为类型</th><th>对赌协议效力</th><th>履行问题</th></tr>
<tr><td>投资人——目标公司股东、实际控制人</td><td>回购型对赌、金钱补偿型对赌</td><td>有效</td><td></td></tr>
<tr><td rowspan="4">投资人——目标公司</td><td>回购型对赌</td><td>有效</td><td>履行减资程序——支持实际履行</td></tr>
<tr><td rowspan="3">金钱补偿型对赌</td><td rowspan="3">有效</td><td>公司有利润——支持全部履行</td></tr>
<tr><td>公司利润不足——支持部分履行</td></tr>
<tr><td>公司无利润——不支持实际履行</td></tr>
<tr><td>投资人——目标公司股东、实际控制人——目标公司</td><td>目标公司为投资人与股东、实际控制人对赌行为提供担保</td><td>担保行为有效</td><td></td></tr>
</table>

（四）风险提示

第一，对赌条款应当要明确对赌目标。投资人和决策者双方应当在认真分析企业的条件和需求之后设置对赌目标。虽然通过条款的设计，对赌协议可以有效保护投资人利益，企业也能够较为简便地获得大额资金，解决资金短缺问题，以达到低成本融资和快速扩张的目的；但对融资企业来说，一旦对赌目标没有实现，决策者将面临巨大风险，所以对赌目标的选择一定要慎之又慎。

第二，对赌条款应当明确对赌机制。一般而言，对赌机制表现为现金补偿、回购。如融资公司未能实现预期目标，则需要按照一定的标准和方式对投资者进行补偿，而现金补偿是比较常见的补偿方式。当然，投资人和融资方也可以约定在一定条件下投资人要求目标公司或股东等主体回购投资人所持目标公司股权的权利。

第三，对赌条款中关于对赌方式的选择也十分重要。对赌方式既有单向对赌也有双向对赌，双向对赌是指融资公司如果达不到预先设定的业绩指标，则原股东向投资方进行补偿；相反，如果达到预先设定的业绩指标，投资方需要向原股东进行奖励。其与单向对赌的区别是，单向对赌的触发条件是业绩不达预期，而双向对赌的触发条件包括业绩超预期或者业绩不达预期。

第四，对赌条款应当明确对赌的双方当事人。投资人作为对赌条款中的一方当事人是毋庸置疑的，而另一方当事人则可能是公司、公司股东、管理团队以及实际控制人等。

第五，签订对赌条款时应当充分考虑履约能力。对赌协议的签订需要保持审慎的态度，实践中单方对赌比双方对赌更为常见，作为企业家，应当预设对赌失败所带来的影响，提前规划履约能力上限。为避免对赌失败导致的巨大责任，企业家可以在对赌协议中约定财产责任限额，从正面或反面对责任的承担进行一定的保留，以更好地维护自身利益。在对决策者回购义务设置责任上限的方式上，多表现为三种形式：以股权为限、以股权价值为限、以股权变现价值为限（见表5－3）。

表 5-3　回购义务设置责任上限的方式

类型	以股权为限	以股权价值为限	以股权变现价值为限
具体含义	若对赌失败，则投资人有权以 1 元的价格购买决策者持有的全部股权	若对赌失败，则决策者以其所持有的全部公司股权经评估后确定的价值承担有限责任	若对赌失败，则决策者以其持有的股权变现价值为限承担责任

对于看好投资企业未来发展、有收购意愿的投资人而言，其更倾向于“以股权为限”的责任承担形式，以此来实现自身的收购、并购目的，而此种方式对于决策者而言也是较为可控的，在对赌失败后，将手中持有的全部股权转让给投资人退出公司即可，赔偿上限明确。而对于更多的追求财产收益的投资人而言，其更倾向于表述为“以股权价值为限”，以保证自身的投资收益，但是此举对于决策者而言是存在一定风险的，股权评估价值并非一定是决策者可以收回的价值，当出现股权有价无市的情况时，决策者仍需要以自身其他财产承担不足部分的赔偿责任。比如，股权评估价值为 3 亿元，但最终卖出价格仅为 1 亿元，那么决策者仍需对不足部分的 2 亿元以自身其他财产承担连带责任。因此，我们更建议决策者在投资协议中采用“以股权变现价值为限”的责任上限限制方法，一方面，对于投资人而言，可以保障投资人收回一定的投资成本；另一方面，决策者也可以保证避免自己需以其他财产承担连带责任。

但是，对于投资人而言，在面对第三种限制形式的时候，可能会担心决策者届时与其他第三人串通以低价卖出股权损害投资人利益，因此，投资人往往在接受此种形式的同时提出一定的程序性限制条件：如投资人享有同等条件下的优先购买权、转让股权的条件应经投资人书面同意后方可实施，而针对此类程序性的限制条件，笔者建议在促成交易的立场上予以接受。

▶ 案例 96【中原银行：银行股有价无市，变现之路困难重重】

阿里法拍网信息显示，中原银行的 1.8 亿只股票由河南省郑州市中级人民法院进行拍卖，前述股票评估价值达人民币 1.64 亿元。但起拍价均打了折扣，甚至在折价起拍的情况下，该次拍卖最终仍因无人出价而全部流拍。而另外一次则是拍卖河南嘉达棉业有限公司持有的中原银行 1750 万只股票，该股票的起拍价为 1489.6 万元，为评估价的 5.6 折，即便价格如此之低，仍无人参拍。

第六，股权价值如何确定。由于对赌过程中绕不开股权，股权价值的错误确定会使双方面对有较大浮动损失的可能性。笔者建议企业家借助专业机构直接进行股价的评估认定。在此所述的专业机构主要是资产评估事务所或资产评估公司。单一的评估结果或许仍然存在一定程度的误差，那么企业家可以选取多家值得信赖的专业机构进行评估，就评估结果计算平均值，以确定股权价值。在投资人和决策者利益权衡下，可以约定由双方共同选取评估机构，并提前在投资协议中以书面形式确定。

▶ 案例 97【俏江南：对赌失败，企业易主】

大家对“俏江南”并不陌生，这是一家由张兰创立的餐饮公司。俏江南成立于 2000 年，第一家店铺坐落于北京国贸高档写字楼内，随着不断发展，俏江南红色京剧脸谱的标志出现在上海、广州等城市。2008 年北京奥运会期间，俏江南成为唯一指定的中国餐馆，不可否认，俏江南已经成为北京高端餐饮的“领头羊”。奥运会结束后，张兰身价飞涨，一度登上胡润餐饮富豪榜第三名。为了让俏江南取得更广的发展前景，张兰引进鼎晖资本，并与其签订了对赌协议。

2008 年 9 月 30 日，俏江南与鼎晖创投签署增资协议，鼎晖创投注资约合 2 亿元人民币，占有俏江南 10.526% 的股权。同时双方约定，如果非鼎晖方面原因，造成俏江南无法在 2012 年年底上市，则鼎晖有权以回购方式退出俏江南。2012 年年底是当初双方约定的上市最后期限。也有说法称，俏江南如果无法在 2012 年年底上市，另一种结果是张兰将面临失去控制权的风险。鼎晖作为专业投资机构，拥有丰富的投资经验，在对俏江南的投资中，双方还约定鼎晖享有领售权。如果未来俏江南未能上市，且张兰没有能力回购股权，那么鼎晖就可以自行寻找买方，将所持股权转让给其中意的买方，由于买方大概率不满足于鼎晖仅有的 10% 左右股权，为实现买方取得控制权的要求，鼎晖可以根据领售权条款要求张兰以同样的价格将张兰持有的俏江南股权一并转让给买方。

张兰考虑到俏江南的经营情况，认为俏江南未能上市的概率极小，更没有仔细权衡对赌失败及领售权对她的制约。

2011 年 3 月，俏江南向中国证监会提交了于 A 股上市的申请，然而，在随后的数月内，俏江南未能收到相关政府部门的书面反馈意见。2012 年 1 月 30 日，证监会披露 IPO 申请终止审查名单，俏江南就在其中。距离对赌协议约定的上市期限所剩不多，为完成上市目标，张兰被迫转战港股，然而亦以失败告终。俏江南的上市失败触发了对赌失败及领售权条款，2014 年 4 月，鼎辉领衔出售俏江南股权给 CVC，CVC 获得 82.7% 的股权，成为俏江南第一大股东。其中，张兰出售的 69% 股权作价 3 亿美元。剩余股权，张兰持股 13.8%，员工持股 3.5%。

对赌失败导致张兰最终失去俏江南控制权。对企业来说，引入投资者签订对赌条款既带来了机遇也蕴含风险，若对赌失败甚至可能导致企业易主。从俏江南引进鼎晖资本所签订的一系列条款便可得知。

▶ 案例 98【熊猫互娱：创业失败，20 亿元债务谁来偿还】

2019 年年底，王思聪背负 20 亿元债务的新闻引起了网民的广泛关注。这次事件和熊猫互娱有很大关系。熊猫互娱是王思聪于 2015 年创办的一家以文化艺术交流策划、赛事活动策划、公关活动策划为主的公司，公司成立不久后，正式上线熊猫直播平台，主打游戏直播，短短一年间完成数百万元人民币天使轮融资、战略投资及6.5亿元A轮融资，到2017年，熊猫互娱先后完成A+轮融资、10亿元B轮融资。

2019年12月26日，北京普思投资有限公司发布公告称，“经过近两个月，几十轮商谈，普思投资与数十位投资人全部达成协议，所有投资人都得到了赔偿，熊猫互娱近20亿元巨额投资损失全部由普思投资及实控人自己承担”。而普思投资正是由王思聪100%控股。

据说王思聪以前签订了高年利率的对赌协议以便融资，熊猫互娱B轮融资时钜派发行的基金产品的介绍材料显示，对赌协议大致包含熊猫互娱必须在5年内完成上市等条款。如果上市成功，王思聪无须承担任何责任；但是，如果上市失败，王思聪承诺该基金有权要求其回购股权，保底年化收益为12%。眼下王思聪负债20亿元便是对赌失败造成的结果。

对赌协议在股权投融资中被广泛运用，初创型企业为了维护自身利益，应该重视对赌条款的约定，审慎权衡其中利弊，重点关注对赌失败的一系列重要约定，在磋商博弈中不至于过于被动而不自知。

五、回购权

（一）定义

股份回购权是指，投资人在特定的条件下，要求公司或创始股东回购其持有的股票的权利。如果被投资企业发生某些情形，如在约定的期限内没有上市，或者经营出现重大问题时，被投资企业或企业原始股东有义务按照事先约定的价格回购股权投资者所持有的全部或者部分被投资企业的股权，从而保证投资人的利益。①

从某种意义上来说，回购权条款可谓投资方“最后的救命稻草”，因为一旦目标企业遇到触发回购权条款的情形，一般就意味着投资方面临的风险

① 参见艾茜编著：《公司法非诉讼案例教程》，中国人民大学出版社2018年版。

越来越大。回购权条款则可以保障投资方有一个畅通的退出渠道。

（二）示范条款

当出现以下情况时，投资方有权要求标的公司或原股东回购投资方所持有的全部公司股份：

无论任何主观或者客观原因，标的公司不能在2021年6月6日前实现首次公开发行股票并上市，该等原因包括但不限于标的公司经营业绩方面不具备上市条件，或由于公司历史沿革方面的不规范未能实现上市目标，或由于参与公司经营的原股东存在重大过错、经营失误等原因造成公司无法上市等。

（三）风险提示

第一，要在协议中明确回购主体。一般情况下，存在公司、决策者回购两种可能。公司回购是指公司收购投资人的股权以实现投资人的退出。公司回购是否可以进行取决于两方面，一是公司的财产状况；二是由于公司回购的本质是公司减少注册资本，还取决于其在减资过程中向其债权人公告，能否获得债权人同意。另一种决策者回购名为“回购”，实为“股权转让”，即决策者受让投资人的股权并给付对价。

第二，回购权的行使应当给予企业充分的发展时间。该等发展时间的考虑因素主要有：投资人投资回报周期，公司战略（如公司股改、挂牌、IPO等时间安排）以及前轮投资人（如有）与公司之间提前约定的一些限制性安排等。实践中，这一期限多为投资人投资公司交割后4～5年。

第三，回购条款中关于回购价格也应当予以明确。为确保在回购条件触发时能具体实施回购，投资人需要在签署投资协议时即明确约定回购的价格或者回购价格的计算机制，而不能在回购条件触发后再商定回购价格，否则会直接影响回购的正常实施。实践中，投融资双方多接受返还投资本金以及按照一定的年化回报率计算收益的方式来确定回购价格。在确定回报率具体数值的同时，双方还应明确回报率的计算基础是单利还是复利。

第四，行权期限问题也应当进行特别说明。决策者应当与投资人明确行使回购权的具体时间。投资人拥有的回购权不能无限期或不加限制地使用，否则决策者会处于一个十分被动的局面。

▶ 案例99【司法实践：增资协议中回购权的自由拟订】

2010年10月19日，甲乙丙丁四方签署了《苏州周原九鼎投资中心（有限合伙）对宜都天峡特种渔业有限公司之投资协议书》（以下简称《投资协议书》）及《补充协议》。由于股份回购条款触发条件成就，甲方九鼎投资中心向法院提起诉讼，要求乙方蓝泽桥、丁方湖北天峡公司回购其持有的丙方宜都天峡公司的全部股份，赔偿因违约给九鼎投资中心造成的损失。

原审法院湖北省高级人民法院认为：首先，《投资协议书》及《补充协议》系各方当事人的真实意思表示，协议内容不违反法律、行政法规的禁止性规定，应为合法有效；其次，《补充协议》中所设定的股权回购条款，本身因商事交易的利益平衡而产生，以当事人意思自治为前提，具有其合理性；最后，股权回购条款属民商事主体在缔约过程中应当充分认识的商业风险，与协议中的相关股权奖励条款相对应，未超过合理预期，亦不违反法律法规的禁止性规定。在股权回购条款触发条件成就时，回购方应履行回购义务。

最高人民法院终审判决维持原判。二审法院的争议焦点之一为本案《投资协议书》和《补充协议》中回购股份条款的法律效力，最高人民法院肯定了股份回购条款的法律效力，其理由要点为：首先，案涉两份协议系典型的商事合同，属各方当事人的真实意思表示；其次，认定股权回购条款是当事人特别设立的保护投资人利益的条款，属于缔约过程中当事人对投资合作商业风险的安排，与《投资协议书》中的相关股权奖励条款相对应；最后，该股权回购条款不违反国家法律、行政法规的禁止性规定，不存在合同无效的情形。诉争协议系各方当事人专为此次交易自愿达成的一致约定，并非单方预先拟订或者反复使用，不属于我国法律所规定的格式合同或者格式条款，不存在显失公平的问题。

六、反稀释条款

（一）定义

反稀释条款也称反股权摊薄协议，常见于私募投资领域，是指在目标公司进行后续项目融资或者定向增发过程中，私募投资人为避免自己的股份贬值及份额被过分稀释而采取的措施。也就是说，新一轮融资的发行价如果低于之前轮次的发行价格，投资人有权免费从决策者手中获得一定数量的新股，从而使投资人的入股成本降低至与新一轮低价发行相当的水平。

（二）示范条款

反稀释条款可大致分为两类：一是防止股权比例降低的条款，二是防止后续降价融资过程中股份份额贬值的条款。前者涉及转换权和优先购股权，后者则主要涉及降价融资时转换价格的调整。

1. 转换权

优先股持有人可以在任何时候将其股份转换成普通股，初始转换比例为1:1，此比例会在发生股份红利、股份分拆、股份合并及类似事件以及“防稀释条款”中规定的情况时做相应调整。

2. 优先购股权

优先股持有人在公司发行权益证券的时候（发行“期权池”股份及其他惯例情况除外）可以按其股份比例（完全稀释）优先购买相应数量的股份。

3. 降价融资的反稀释条款

在完成本次增资后，在公司上市前，除非获得投资方书面同意，公司不得以低于本次增资的条件发行新的权益类证券，包括但不限于普通股、优先股、可转换债券等；即便投资方同意发行该等新的权益类证券，在同样的条件下投资方享有优先认购权，以维持其在新一轮增资或发行之前的股权比例。在完成本次增资后，在公司上市前，如果公司新增注册资本或新发行的股权的价格低于投资方本次增资的价格，则投资方的增资价格需按平摊加权平均法做相应调整（加权平均法定义为，投资方本次增资价款的总金额与公司之后增资价款之和除以投资方本次认购的注册资本与新增注册资本之和，所求得的平均增资价格），调整可以通过实际控制人向投资方补偿相应差价的方式进行，亦可通过实际控制人向投资方无偿转让部分股权的方式进行；在完成本次增资后，在公司上市前，投资方所持公司的股权比例在公司拆股、股票分红、并股或以低于增资价格增发新股，以及其他资产重组的情况下也应按比例获得调整，确保投资方的股权比例不受损失。

（三）风险提示

第一，注意完全棘轮条款（完全棘轮条款是指投资人过去投入的资金所换取的股份全部按新的最低价格重新计算）对决策者的约束。投资人大多倾向于选择对其最有利的完全棘轮条款，而反稀释条款另一种计算方式为以加权平均值计算。完全棘轮和加权平均公式计算出的股权差额差异很大，通常投资人从保护自身利益的角度会要求按照完全棘轮计算股权差额，我们建议决策者应当尽量争取按照加权平均公式计算股权差额，以寻求相对公平。

举例说明：甲公司创始人持 100 万股，A 轮融资投资人以 1000 万元的价格增资 100 万股（10 元/股）。此时创始人与投资人各占股 50%；B 轮融资时，公司已经营不顺利，只好降阶融资，以 5 元/股发行 50 万股，得到 250 万元（见图 5－7）。

完全棘轮

创始人：100万股
A轮投资人：200万股（按最低的5元/股计算）
B轮投资人：50万股
创始人持股比例：50%降至28.6%

加权平均

创始人：100万股
A轮投资人：（1000万元+250万元）÷（100万股+50万股）=8.33元/股
1000万元÷8.33万元/股=120万股
B轮投资人：50万股
创始人持股比例：50%降至37%

图 5－7　完全棘轮与加权平均对比

第二，对于企业而言，多轮的股权融资、股权激励是企业发展过程中的正常运营操作，因此我们建议决策者务必在条款中列入不适用“反稀释”的例外条件，可以尽量协商“反稀释”条款适用限制，如设置触发底价（而并非只要折价融资就触发“反稀释”）、设置适用期限（如本轮融资交割后1年内有效），设置反稀释条款解除条件（如公司业绩达到既定目标时反稀释条款自动解除）。

案例100【司法实践：现实中的反稀释条款设计】①

某标的公司成立于2008年4月17日。2015年9月24日，某投资公司（甲方）、林某（乙方）、木某（丙方）、吴某（丁方）、某标的公司（戊方）签订《增资协议》，约定：“林某、木某、吴某系标的公司截至本协议签署时点的现有股东，分别依法持有标的公司30.94%、11.51%、7.08%的股权，共同拥有对标的公司的实际控制力。某投资公司拟对标的公司进行增资，即以人民币630万元对标的公司进行投资。”2015年9月29日，某投资公司向某标的公司转账人民币630万元。案涉《增资协议》就将反稀释条款增加了限制条件：约定的限制时间均限定在“完成本次增资后，标的公司新三板挂牌/上市前”。

七、分期兑现条款

（一）定义

分期兑现条款也称股权兑现条款或股权归属条款、股权成熟条款，常见于初创公司的股东/合伙人协议或投资协议中，指在相关协议中对创始股东已分配取得的股权设置一定期限的兑现期（或满足一定目标后），创始股东逐步兑现并取得已分配股权的全部权利。如果某个决策者提前离开公司，其只能获得已兑现的部分股权，剩下未兑现的股权由核心决策者或者其他未退出的决策者或者投资人等按照事先约定的价格进行回购。

股权兑现条款本质上是一种限制性股权，即虽然已经持有相关股权，但

① 案例来源：北京市第三中级人民法院：《公司类纠纷审判白皮书之20个典型案例》。

在转让、处置等部分权利上受到一定限制，这与在员工股权激励下向员工发行的限制性股票在设定目的和方式上类似。二者都是为了绑定相关人员长期为公司服务，保障其将精力用于公司的生产经营，以强化团队的稳定性。但二者最大的不同在于，前者主要适用于公司的决策者，后者主要适用于公司员工。另外，在通常情况下，股权兑现期间，无论股权是否已兑现，决策者应当具有投票表决权/分红权，而员工的限制性股票的表决权根据员工激励方案可能亦会受到限制。

（二）示范条款

投资协议中典型的分期兑现条款为：在交割之后发行给员工、董事、顾问等的所有股份及股份等价物将遵从以下兑现条款：发行后的第 1 年年末兑现 25% 的股份，剩下的 75% 股份在其后 3 年按月等比例兑现。公司有权在股东离职（无论是个人原因还是公司原因）时回购其尚未兑现的股份；回购价格是成本价和当前市价的低者。由决策者 X 和 Y 持有的已发行流通的普通股也要遵从类似的兑现条款：决策者在交割时可以兑现其股份的 25%，其余股份在其后 3 年内按月兑现。

（三）风险提示

第一，争取最短的兑现期。考虑到决策者已经在公司工作了 1 年或更长时间，这些工作时间可以要求投资人给予适当的补偿。因此，更短的兑现期可以让决策者及创始团队更早地收获收益，激励决策者及创始团队为公司发展付出更多心力。

第二，尽可能约定详细的兑现机制。一般情况下，根据公司模式的不同，有以下几种股权分期成熟兑现方式：第一种是匀速归属；第二种是实行较长的等待期，然后一次性行权部分，比如，任职满 2 年兑现 50%，3 年兑现 75%，4 年兑现 100%；第三种是逐年增加，第一年兑现 10%、第二年兑现 20%、第三年兑现 30% 等，逐年增加成熟的股权数量可以更好地激励创始团队。

第三，可以将分期兑现条款的起算时间提前，如约定起算日期从交割完成日、协议签订日、上一轮融资完成日、首轮融资完成日、公司注册成立日。

第四，明确在特定事件下有加速兑现的权利。比如，达到某个经营里程碑指标时，加速兑现原定1年的兑现量，甚至全部尚未兑现的股份。决策者在面临公司被并购时，会要求加速兑现股份。处理方式有两种：一是“单激发”，即在并购发生时自动加速兑现；二是“双激发”，即加速兑现需要满足2个条件（比如，公司被并购且决策者在新公司不再任职）。

▶ 案例101【司法实践：损害股东利益责任纠纷①】

2019年12月3日，圣美公司经工商登记注册成立。2019年12月31日，徐尾妹、俞婷、陈丽香、方丽容、吴静静、陈彩洪、林丽群、何婷婷、郑素兰、高小梅、许志光、李峨、邱敏燕、朱梅芳共计14人签订《圣美植本（莆田）教育咨询有限公司创始股东协议》（以下简称《股东协议》）一份，确认该14人作为公司的创始股东共同投资成立圣美公司，约定：（1）公司的经营期限自2019年12月3日至2049年12月3日；（2）公司营业执照以徐尾妹作为公司法定代表人及执行董事，持股比例40%，陈彩洪作为经理，持股30%，方丽容作为监事，持股30%，营业执照上徐尾妹、陈彩洪、方丽容三人代表创始股东代持公司营业执照并作为代持人，公司章程持股比例由创始股东修正签约按本协议进行；（3）公司的资金收支均需经公司账户，由公司财务人员管理，任一股东不得擅自动用公司资金；（4）股东在协议约定及工商登记的注册资本、股权均为限制性股权，分期兑现，该限制性股权兑现期为48个月，自协议签订之日起每个月兑现2.083%，满48个月兑现100%；（5）无论股权是否100%兑现，股东享有分红权、表决权及其他相关股东权利，但非经全部股东一致同意，不能进行任何形式的股权处分行为；（6）经其余股东一致同意后，创始股东方可退出，其已兑现的股份按照约定

① 吴静静与徐尾妹、俞婷、陈丽香、方丽容、陈彩洪、林丽群、何婷婷、郑素兰、高小梅、许志光、李峨、圣美植本（莆田）美容有限公司（以下简称圣美公司），第三人邱敏燕、朱梅芳损害股东利益责任纠纷，（2021）闽0304民初3621号。

全部转让给公司现有其余股东或其余股东一致认可的第三方。协议还对财务管理、股权回购、各股东实际持有的股份等事项进行了约定。《股东协议》签订后，吴静静按照约定向圣美公司财务方丽容缴纳出资款30,000元，并在圣美公司担任教学部美甲老师。2020年1月16日，邱敏燕从圣美公司领取10,000元分红。2021年2月1日，邱敏燕从圣美公司领取8700元分红，两次共计领取18,700元分红。2021年3月5日，圣美公司的公司章程未对退还股东投资款进行规定。2021年5月23日，圣美公司召开股东临时会议，14位股东均参加。该会议其中一项议程系表决是否同意三位股东吴静静、邱敏燕、朱梅芳的退股请求，参会股东中俞婷、陈彩洪、何婷婷、方丽容、李峨、郑素兰、林丽群、许志光、高小梅、徐尾妹、陈丽香共11人均表示不同意吴静静、邱敏燕、朱梅芳的退股请求，没有股东投赞成票或弃权票。现邱敏燕认为，徐尾妹、俞婷、陈丽香、方丽容作为公司实际控制人在公司存续经营期间私自对公司收益进行分红，损害了其作为股东的利益，徐尾妹、俞婷、陈丽香、方丽容抗辩称其不存在私自分红的行为，且吴静静应向圣美公司主张权利，致讼成。

涉案《股东协议》系吴静静与徐尾妹、俞婷、陈丽香、方丽容等共计14人的真实意思表示，合法有效，受法律保护，当事人应按照协议约定的内容实际履行合同。吴静静主张徐尾妹、俞婷、陈丽香、方丽容在公司经营过程中私下分红损害其股东利益，徐尾妹、俞婷、陈丽香、方丽容应承担赔偿责任，请求徐尾妹、俞婷、陈丽香、方丽容和圣美公司向其偿还分红款及诉求徐尾妹等12人退还其出资款。经查，最高人民法院《关于适用〈中华人民共和国公司法〉若干问题的规定（四）》第15条规定，“股东未提交载明具体分配方案的股东会或者股东大会决议，请求公司分配利润的，人民法院应当驳回其诉讼请求，但违反法律规定滥用股东权利导致公司不分配利润，给其他股东造成损失的除外”。本案中，（1）《股东协议》约定“创始股东，经其余股东一致同意后，方可退出，其已兑现的股份按照约定全部转让给公司现有其余股东或其余股东一致认可的第三方”，圣美公司的公司章程未对退还股东投资款进行规定，仅规定股东转让股份的内容；（2）徐尾妹等人提供的《股东会决议》系14位股东都参加的临时股东会形成的，虽然吴静静等3位股东未在该决议上签字，但其中11位股东签字表决不同意吴静静、邱敏燕、朱梅芳退股；（3）投资款、分红应属于公司财产，吴静静要求该两项内容的诉求应向公司提起，其诉求其他股东承担这两项诉求，于法无据；（4）吴静静未提供股东之间对于利润分配的材料，其所提供的《股东协议》仅确定各股东持有的股权份额，其诉求的利润金额也是推算而来，并无实际依据；（5）吴静静提供的在案证据亦无法证实徐尾妹等人滥用股东权利，损害其他股东的合法权益。故吴静静的诉求均不能成立，本院不予支持。徐尾妹、俞婷、陈丽香、方丽容主张应驳回吴静静的诉讼请求的理由成立，本院予以采纳。

八、强售权

（一）定义

强售权也称强制出售权，是从英文 Drag - along Right 翻译而来，也被翻译成强制拖售权、强卖权或者领售权。其是指如果有第三方向投资者发出要约，要收购投资者的股权，投资者有权要求创始股东和自己一起向该第三方转让股权，创始股东必须按照投资者和第三方达成的出售条件、价格加入收购交易中。

（二）示范条款

实践中较典型的强制出售权条款有：

1. 在被投企业合格 IPO 之前，如果2/3及以上的优先股股东（以下简称领售人）同意向任何第三方出售被投企业股权，剩余的优先股股东和普通股股东应该同意此交易，并不可撤销地放弃优先购买权，并以与领售人相同的价格、条款和条件出售他们持有的被投企业股权。但该等出售应同时符合下列条件：持有50%以上（含50%）被投企业表决权的股东同意；并且，拟向第三方出售的被投企业股权的合计出售价格不得低于 1,000,000,000 元人民币（如非被投企业的全部股权，则以此出售价格按比例折算）。

2. 在被投企业本轮融资交割结束 4 年后，并且在合格 IPO 之前，如不低于 2/3 的优先股股东和被投企业董事会同意出售全部或部分股权给任何第三方，并且收购价格不低于本轮融资估值的 3 倍，则领售人有权要求其他股东（包括其他优先股股东和普通股股东）一并出售部分股权，其他股东也有义务按照与领售人相同的条款和条件向该第三方出售他们的股权（全部或按相同比例），如有股东拒绝出售，则该股东应以不低于第三方的收购价格、条款和条件购买领售人的股权（全部或按相同比例）。

（三）风险提示

第一，应当事先约定相关的交易价格。对于决策者来说，如果为了防止公司失控，可以在谈判时设定一定的限制措施，如设定出售价格不低于最低公司整体估值，或设定出售价格超过本轮投后估值的若干倍数。

第二，争取尽可能长的强售权激发时间。决策者应当尽量在谈判中要求投资人给予公司足够的成长时间，给予此设定一个可以行使强售权的特定时间，比如，在投资后的 3 年或 5 年时间届满才能行使。

第三，设置强售权行使黑名单。例如，限定未来出售对象不得是投资人的关联方，防止投资人滥用强制随售条款，强迫向其关联方低价出售公司股份。

第四，明确决策者的优先回购权。当决策者不愿意出售股份并有意购买投资人的部分或全部股份时，决策者即有以同样的价格和条件将投资人的股份买下的优先权。

第五，约定现金或上市公司股票作为支付方式。决策者需要尽量把非上市公司股份排除在支付手段外。事先限定收购人的支付条件，收购款的支付方式必须通过现金或可自由流通的有价证券支付，以此保障决策者或公司的利益。

第六，按照现有法律法规和双方当事人约定明确批准交易程序。有关各方在谈判交易文件时，应注意在交易文件中明确约定被强售股东负有配合强售权执行的义务，亦可考虑事先安排股东签署有关决议文件并将该等文件予以适当监管等预防性措施。

（四）案例分析

案例 102【FilmLoop：强售权的疏忽使创始人“竹篮打水一场空”】①

美国有一家互联网公司（FilmLoop），2005 年向两家私募投资机构（Garage Technology Ventures 和 Globespan Capital Partners）融资 550 万美元；2006 年 5 月，又向另一家投资机构（Com Ventures）融资 700 万美元。2006 年 10 月，公司推出新的产品，市场前景乐观。可是，2006 年 11 月，由于投资者的普通合伙人要求退出投资，投资者让该公司在年底之前找到买家。尽管创始人不愿意出售公司，但是基于强制出售权的安排，2006 年 12 月，投资者（Com Ventures）让自己投资的另一家公司收购了该公司，收购价格仅仅比该公司在银行的存款（300 万美元）略高。加上投资者之前安排的清算优先权条款，创始人和管理团队在公司出售以后没有得到任何经济利益。从该案例可以看出，强制出售权如果被投资者刻意利用，创始股东和管理人团队会面临相当大的风险。

案例 103【司法实践：我国法院对领售权的态度】

一家我国香港特别行政区投资机构（以下简称香港投资者）投资了一家上海公司，并取得了上海公司的半数以上股权。上海公司的股东协议中约定，香港投资者对上海公司的原股东（以下简称原股东）拥有领售权，即香港投资者有权强迫原股东加入一个香港投资者与第三方的股权转让交易，使原股东以同样的价格、条款和条件将所持有的股权出售给第三方。在香港投资者

① 案例来源：张明若、王丹、李志国等：《创业投资模式的制度创新　公司法人力资本价值的理性回归》，法律出版社 2016 年版。

行使其领售权时，原股东拒绝出售其持有的上海公司的股权，理由是该条款对其不公平，且领售权未被中国法律所承认，该条款不能被强制执行。

香港投资者于2008年3月向上海当地法院起诉，要求法院判决执行其领售权。由于时间的耽搁和未来交易合法性无法确定，第三方退出了该交易（以下简称拟订交易）。香港投资者将其诉讼请求变更为要求原股东赔偿香港投资者于拟订交易中可得利益的损失。2008年10月底，法院敦促当事人和解。法院的立场是，尽管中国法律对此无明确规定，但领售权的约定应该是能够被强制执行的，针对原股东声称该领售权条款不公平的说法。法院认为，同样的价格、条款、条件既适用于大股东也适用于小股东，因此，股东协议中领售权的约定不存在不公平。最后，案件以当事人和解结案，原股东同意将自己持有的股权与香港投资者的股权一同出让给曾经退出拟订交易的第三方。

九、共售权

（一）定义

共售权也称共同出售权、随售权、搭车权或跟随权，是指在其他股东尤其是创始股东欲转让目标公司股权时，私募投资机构有权按出资比例以与创始股东相同的出售价格和条件与创始股东一起或者优先于创始股东向第三方转让目标公司股权。

（二）示范条款

1. 如果创始股东拟向任何第三方（以下简称受让方）出售其所持有的全部或部分目标公司股权，投资方可以在收到书面转让通知后的30日内（以下简称行权期）行使优先购买权，如果不行使优先购买权，投资方有权要求受让方以与受让方向创始股东发出要约的相同价格及相同条款和条件购买投资方所持有的目标公司全部或部分股权（以下简称投资方股权），并且，创始股东应有义务促使受让方以该等价格、条款和条件购买全部或部分投资方股权。

在行权期内，投资方可通过向创始股东交付书面的共同出售通知，说明其行使共同出售权的决定及受让方应从其购买的股权比例。

如果在行权期结束时，投资方已经善意发出共同出售通知，但在共同出售通知后180日内（以下简称批准期）政府部门未授予所需批准、同意或豁免，则无论本协议是否存在任何其他约定，创始股东不得在未经投资方事先书面同意的情况下向受让方转让股权。

如果在行权期结束时，投资方既未发出优先购买的承诺通知，亦未发出共同出售通知，则创始股东享有90日期限（该期限能且仅能根据获得政府批准该出售的需要予以延长）（以下简称转让期限）按照转让通知中的条款向受让方转让股权。创始股东应将经签署的股权转让协议副本提交投资方审阅。

如果在转让期限结束时，创始股东未完成股权转让，则创始股东不得转让该等股权，除非该转让再次完全遵循本协议共同出售的约定，而且本协议所含的对出售、转让、让与或其他处置的限制均应对该转让再次生效。

2. 创始股东持有的目标公司股权应遵循与投资方的共同出售权条款（除了某些合理例外）。如创始股东拟与任何第三方（以下简称受让方）签署出售其所持有的目标公司股权的股权转让协议，则投资方有权在收到创始股东拟与受让方签订股权转让协议的通知后30日内向创始股东和受让方发出书面的共同出售通知，以向受让方出售其所持有的目标公司全部或部分股权，出售条件应根据投资方的选择予以决定：或者按照股权转让通知中的同等条件，或者按照投资方和受让方所另行约定的条件。如受让方在收到共同出售通知后的30日内未与投资方达成符合本条约定的股权转让协议，则创始股东不得向受让方转让其持有的目标公司股权。共同出售权条款应在目标公司首次公开募股时自行终止。

（三）风险提示

第一，明确共售权行使的范围。通常而言，协议中一般会赋予投资人行使共售权的能力，但需要注意的是，投资人的共售权并不是无限扩张的，应当在赋予投资人共售权的同时约定一定的权利边界。

第二，约定共售权的行权期限。中国法律没有对共同出售权设置明文限制，但由于共同出售权往往是与优先购买权相伴相随的，且其行权范围需要剔除被行使优先购买权的标的股权的部分，对共同出售权的行权期限需要考虑优先购买权的行权期限，不建议短于优先购买权的行权期限，并且应该将该等期限在投资协议中予以明确约定。

第三，共售权的行使应当经一定比例股东同意。如果占公司股权比例较多的大股东未经随售程序即出售股权，则该股权转让无效。非经小股东决定是否行使共售权，大股东不得单独向买方出售其股权。建议在《股东协议》或《股权投资协议》中设定共售权条款时，对“大股东”作出明确界定，例如，持有公司51%以上股权的股东即为大股东。

第四，明确约定行使共售权的触发情形。决策者与公司应当在协议中事先约定投资人行使共售权的触发情形，不能无条件地赋予投资人随时行使共售权的可能性，否则将极大地影响决策者对公司的管理。

▶ 案例104【阿赛洛与莱芜钢铁：钢铁巨头间的共售权条款】

2006年2月24日，卢森堡国际钢铁巨头阿赛洛（Arcelor）与莱芜钢铁集团有限公司（以下简称莱芜钢铁）在山东省济南市签订《股东协议》，就相关内容进行约定。诸多条款中就包括共同出售权条款。

该共同出售权条款常规约定：“如果某一方拟向一个受让方出售其全部或部分股份，在收到转让通知后，如果存续股东不行使优先购买权，则存续股东有权要求受让方以与受让方向转让方发出要约的相同价格及相同条款和条件购买存续股东的全部或部分股份，而且转让方应有义务促使受让方以该等价格、条款和条件购买存续股东的全部或部分股份。”

除常规约定外，其还明确限制了行权期限以及签署协议促成交易的期限：“在交付转让通知后30天内，存续股东可通过向转让方交付书面共同出售通知，说明其行使共同出售权的决定及受让方将从其购买的股份数目。”“如果在任何该90天期限（该期限可根据获得政府批准该出售的需要予以延长）结束时，转让方未完成股份的转让，转让方不得转让该等股份，除非该转让再次完全遵循本协议共同出售的规定，而且本协议所含的对出售、转让、让与或其他处置的限制均应对该转让再次生效。”

股权融资是一项关系公司存亡的重要战略性举措，笔者仅是选择了其中九个重要条款进行解析，一次融资究竟是引入了助力公司腾飞的合格投资人，还是为公司引入了“野蛮人”，仍需要对融资协议整体进行一个把握和审核。

第五节　投资人的关注要点

以投资人和企业的双方视角综合看待股权投融资有利于企业提高对投资人需求的把握，从而更好地发挥股权融资的优势。投资人在股权融资中的关注要点或者说投资需求可以概括为如下几个方面。

一、业务合作与技术合作

投资人希望通过投资活动与目标企业开展业务方面或技术方面的合作。在技术合作问题上，投资人着重关注投融资过程中各方的保密义务是否详尽合理，此外，投资人希望基于股权投资活动取得对目标公司所掌握的有关专利技术等的优先购买权或者商业化权利等。

▶ **案例105【辉瑞：投资基石药业取得舒格利单抗商业化权利】**

2020年下半年，基石药业和辉瑞公司的子公司辉瑞投资有限公司以及美国辉瑞科研制药有限公司宣布建立战略合作关系，辉瑞认购总价约为2亿美元的基石药业新发股份，而辉瑞取得基石药业研发的舒格利单抗在中国的开发和商业化权利。

基石药业作为国内创新药领域的旗手，与全球医药巨头开展合作，在辉瑞商业化能力的加持下，二者共同持有舒格利单抗中国商业化权益，前景可见一斑。在舒格利单抗之后，基石药业与辉瑞在中国针对 ROS1 阳性晚期非小细胞肺癌开展合作研究，共同开发劳拉替尼，双方合作进一步深化。辉瑞积极探索与国内创新药企业的战略合作模式，通过股权投资合作，在肿瘤治疗领域创造了极大发展优势。

二、竞争关系管理

投资人在自身业务领域内面临同行的激烈竞争，为使企业在竞争中取得更大的优势、防止竞争阻断企业发展，企业会考虑对其他竞争企业股权融资，以整理竞争关系，腾讯投资盛大游戏便是典型。

▶ 案例 106【盛大游戏：腾讯入股盛大】

盛大游戏成立于 1999 年 11 月，曾经是国内最大的游戏开发商、运营商和发行商，先后推出《热血传奇》《传奇世界》《泡泡堂》《龙之谷》《最终幻想 14》等 70 多款重量级网络游戏。

2018 年年初，腾讯以 30 亿元人民币入股盛大游戏，双方达成战略合作。2019 年盛大游戏被世纪华通收购，此后，腾讯以将近 28 亿元增持世纪华通，获得了 2 个董事会席位以及新游戏的优先发行权。事实上，腾讯通过对数十家游戏公司的股权投资已打造出属于腾讯的游戏生态。腾讯在入股世纪华通时曾与其签订《业务合作协议》，约定腾讯对于世纪华通自有新游戏在全球范围的发行和运营享有优先合作权，腾讯每年可审阅所有公司不超过 5 款的自有新游戏。同时，腾讯还将在世纪华通处置自有游戏知识产权时享有优先权。

此前盛大游戏作为游戏行业老牌霸主，与腾讯之间的竞争关系十分紧张，腾讯对盛大游戏的股权投资之举促成了二者的合作，盛大游戏不断向腾讯靠拢，行业整体竞争局面也发生了转变。

三、获得将来并购权

部分投资者在股权投资时，基于对目标公司成长性的考量与自身发展之需求，会要求目标公司同意投资者将来有权并购目标公司，或者有权认购目标公司全部新增注册资本，也有投资者有权优先购买目标公司股东全部转让股权之约定。

▶ **案例107【搜狗：腾讯并购搜狗，并非一蹴而就】**

以腾讯收购搜狗为例，腾讯希望通过搜索能进入每一个小程序内部，这样海量的小程序可以支撑起各种长尾搜索需求。而搜狗搜索引擎、输入法以及浏览器已成为腾讯重要的流量入口，这也是腾讯收购搜狗的关键。2013年腾讯投资4.48亿美元入股搜狗，取得36.5%股份，2017年已成为搜狗最大股东，2019年年底，腾讯对搜狗持股39.2%，投票权为52.3%，2020年双方正式签署合并协议，2021年腾讯完成对搜狗的收购。腾讯加入搜索引擎战场，通过收购搜狗进行新业务领域的尝试与拓展。

四、获取重要资质

为获取项目经营所需资质，投资方亦会选择采用股权投资的方式实现资质的获取。

▶ **案例108【智途科技：收购等于拥有，特定资质全部拿来】**

江苏智途科技股份有限公司（以下简称智途科技）成立于2006年，在被小鹏汽车收购前，其是一家新三板上市公司。智途科技的主营业务是地面移动测量、编制三维地图及电子地图，2019年5月其获得甲级测绘资质，是国家甲级测绘资质持证单位。小鹏汽车收购智途科技，正是为了解决自动驾驶中收集地图数据的资质问题。

2021年，小鹏汽车以2.5亿元人民币收购智途科技，以取得稀缺的甲级地图资质，并因此成为新造车企业中第一家拥有甲级测绘资质的公司。小鹏汽车招股书显示，“收购智途科技将有助于其自动驾驶技术研发，当中涉及收集及处理中国的地图数据，因此须拥有测绘资质证书”。

由于特殊重要资质获取较为复杂，直接投资收购的方式对投资人来说不失为一种便捷之法，在对象选择上，有相应需求的投资方便会优先着眼于满足其需要的公司，或者要求目标公司在一定时间内取得相应资质等。

第六节　投后管理

投资人大多认识到投资行为并非一次性行为，在对目标公司进行投资后，投资人也会对目标公司进行投后管理。

那么，投后管理具体是什么，企业又该如何做好投后管理呢？

投后管理行为包括但不限于进行业务交流、委派董事、监控企业发展重大风险、引入竞争对手、关注决策者退出公司后的竞业限制、决策者退出时股权的优先购买权等。具体而言，投资人可能会介入公司业务发展方向，就公司日后业务方向进行介入，如要求公司转变业务经营范围时应当得到投资人的同意。投后管理的目的在于减少投资风险，促进企业保值增值，进而实现投资人投资利益最大化。实践中，企业乐于承诺优质的投后服务以吸引投资人。常见的投后管理包括三个方面。

一、委派董事

董事会对公司战略负责，对公司经营方针、日常运营负责，其重要性不言而喻。投资人参与投后管理最显著、最普遍的做法是要求在目标公司享有一定的董事会席位，并通过其提名、委派的董事（投资人董事）在董事会层面就重大事项享有一票否决权。投资人董事一方面是投资人的员工，需要完成投资人安排的相关事务，另一方面也是目标公司的董事，需要对公司尽到忠实、勤勉义务，了解并参与目标公司的经营活动。投资人董事定期向投资人汇报工作，投资人通过投资人董事可以及时了解公司变动及发展状况，有利于投资人对目标公司的把握，以及调整投资人对目标公司的策略，投资人向目标公司委派董事是其保护自身合法利益的必要且有效的手段。

示范条款：投资者有权提名一名董事至目标公司董事会，如经股东会选举通过，则包括投资者提名并选举通过的董事在内，董事会由不超过11名董事组成。

二、监控重大风险

对目标企业的监控贯穿投后管理全过程，知晓企业运营状况是作出决策的前提，在企业发展过程中，投资人时刻关注相关重大风险，对企业发展项目进行动态评估。这种投资人的监测可从项目评估报告中反映出来。以季度或月度为单位，投后管理人编辑项目投后分析报告等相关资料，形成公司投后评估分析报告，以直观具体的形式对投后企业运营及风险状况进行呈现。该报告内容包括但不限于以下几点：（1）对项目可行性研究论证、决策、实施和运营情况进行全面回顾。（2）对项目财务和经济效益、技术和能力、项目管理等方面进行分析评价。（3）对项目存在的问题提出改进意见和责任追究建议。

根据报告呈现的内容，投资人若发现项目存在重大风险，则可通过风险提示、发出风险警示函等渠道进行反馈，并在目标公司重大风险发生后进行介入。此外，投资人还可通过对目标公司不定期查访等渠道加强对企业的把控。

三、退出与竞业限制

对企业来说，决策者的退出会对企业产生重大影响。在投资前，投资人注重与决策者团队签订竞业限制条款，因为投资时投资人往往看中决策者团队的盈利能力。若投资后决策者团队集体离开公司并在外成立与该公司业务相同的公司，对投资人来说无疑是沉重的打击，因此决策者退出后的竞业限制条款意义重大。

案例 109【暴风集团：没有竞业限制，冯鑫斥巨资买到“空壳公司”】

暴风集团创始人兼核心决策者冯鑫曾遭遇重大的投资失误。冯鑫想要扩大暴风体育，于是打算收购国际体育版权代理巨头 MPS。2016 年，冯鑫与光大资本联合成立浸鑫基金，募集了 52 亿元资金，收购了 MPS 65% 的股权。此后，MPS 被暴风科技收购，MPS 创始人集体退出公司，成立公司开展同类业务，成为 MPS 的绝对竞争者。冯鑫在投资时从未考虑竞业限制条款，导致其只能眼睁睁看着 MPS 创始人团队另起炉灶而无法采取有力措施。不到两年的时间，MPS 就面临破产，被法院下令清算，MPS 诸多版权面临到期，冯鑫斥巨资实际上只买到了无盈利能力的“空壳公司”。52 亿元竹篮打水一场空，光大浸辉、上海浸鑫起诉暴风集团，索赔 7.5 亿元，冯鑫也难逃一劫最终锒铛入狱。

为尽可能减少此种风险，决策者在投资时应格外慎重考虑决策者团队的退出机制与竞业限制条款。

▶ 附　录 ◀

笔者近些年服务的企业有数百个，为写此书，特地征询了一些企业家朋友在股权战略实施过程中的相关问题，由于问题七零八落，实在不忍往正文中随意一插，故以附录的形式列于最后，或许其中有些问题就是正困扰你的问题。

1. 问： 我们公司如今已经经历了很多轮融资了，刚开始的时候重点就是希望让钱进来，股权比例也没有去刻意地控制，现在我的股权就剩 35% 左右了，我都不敢再进行融资释放股权，这种情况下，还有什么办法吗？

答： 这个没关系的，我们说公司控制权绝不仅仅是股权数量的多少，股权数量只是控制权的第一层次。绝对控制权比例只是法律的规定，但是该比例对于公司而言并不是一成不变的，《公司法》仅是通过法律条文限制了通过的最低比例，并没有限制更高的通过比例，在部分创始人经过多轮融资和激励后手中所持表决权低于 34% 的情况下，创始人为了继续掌握公司的重大事项的一票否决权，可以将比例提高。比如，四川雅化实业集团股份有限公司就在公司章程中将部分特别决议事项表决通过比例提高至 75% 。这样的话，其实你们公司未来融资空间还是很充足的。除了第一层次即股权数量层次，还可以通过第二层次即股权制度层次，和其他中小股东或者财务投资人签署《一致行动人协议》《表决权委托协议》等来补强持股比例。最后，你作为一手掌握公司的人，控制了公司的董事会、管理层以及其他的公司核心管理要素，那公司上上下下的事情都离不开你了，你还愁控制不了公司吗？你可以仔细看看本书的第三章，里面对多维度、多层次的控制权设计做了详细介绍。

2. 问：我们公司发展得一直都挺好，最近看到很多恶意收购的新闻，比如，马斯克说要收购推特。我作为公司创始人，也很怕未来公司面临这种恶意收购，让我毕生的心血旁落他人，就只能拿一笔钱做个退休老爷子。我现在应该如何预防呢？

答：股权比例是一家公司控制权的根本，如果真的碰到“野蛮人”，那公司控制权估计就岌岌可危了。你要是想预防的话，就趁现在，赶紧给公司设计一个“股东权利计划”，当你的公司面临收购威胁时，立刻启动“股东权利计划”，通过股本结构重组，降低收购方的持股比例或表决权比例，或增加收购成本以降低公司对收购人的吸引力，达到反收购的效果。通过提前授予目标公司股东可按照事前约定的高折价认购目标公司股票的认股权证，来保护公司股权结构的稳定。这在本书第三章第一节也是有详细说明的。

3. 问：我看很多大公司都有一个集团公司，来控股下面的子公司，但是集团公司里面的自然人股东，很多也就是企业的实际控制人、核心决策者，这种控股类型的持股平台设立的主要目的是什么呢，你说我有没有必要也像这样设立一个控股公司？

答：如果你的公司涉及多个业务模块，那我建议你可以尽快设立一个控股公司，然后将各个业务进行隔离，设立子公司，如果将这些业务通通集中于一个企业，不但看起来臃肿，而且管理起来也不方便。相反，如果设立多家企业，每家企业负责一个模块，不但有利于分工经营，而且一旦某一子公司出现经营困难，由于其具有独立的法人人格，能够独立承担相应责任。在这种情况下就不会对母公司和其他子公司的生产经营产生不利影响。有限责任公司作为持股或者控股平台，最为典型的优势就在于风险隔离。

4. 问：像爱尔眼科这种集团公司，是怎么慢慢布局起来的呀，我的公司刚起步，也想注册成集团公司，可是我一看到他们那个股权架构图，我就头大，完全无从下手。

答：你不要着急，布局自己的商业版图是很有讲究的，你就跟着下面我说的节奏来，你也可以的：第一步，需要明确公司的主营业务。等到公司发展到盈亏平衡的时候，开始进行公司股权转让。第二步，等到公司经营发展壮大了，再相应地把公司的采购部分、销售部分分离出去，成立新的公司，将最先设立的公司变成一个单独的生产公司。也就是说，老板们先想好靠什么赚钱，等赚到钱后，要及时做大做精，就需要把采购、生产、销售这些不同环节分离出去，形成集团公司的子公司，这个时候，整个的集团架构就有了雏形，后续公司经营过程中，根据激励的需要还会相应地设有持股平台，慢慢的集团公司就搭建起来了。

很多人觉得开集团公司很困难，无非是说这个公司的串联需要很详细的战略布局，会耗费很多人力和物力。但是，大家可以按照我这个方法调整顺序，不是先安排好子公司再设立集团公司，而是先做集团公司，后面分离成子公司。

5. 问：我现在有一个头疼的问题，我们公司发展现在遇到了“瓶颈”，那要是想突破这个瓶颈，我现在就需要大量的资金，但是这个公司是我的心血，我又怕随便引入投资人，导致公司股权过度稀释，让公司控制权旁落，但是稀释少了吸引来的资金又解决不了我的燃眉之急，这可怎么办？

答：这个问题你倒也不用上火着急，我们在对投资人增发股权的时候，可以考虑一下是否采用优先股或者 AB 股的机制进行融资，因为对于一个财务投资人来说，其投资的根本目的是获取财产性收益，其对于管理公司、深入你公司的经营不感兴趣，所以我们如果是从公司发展的角度来看，完全可以在让渡一部分财产收益的情况下，保留一定的控制权。

6. 问：我就想问一个问题，是我一直困惑不解的，你说签了一致行动人协议，组成了小股东会，确实能够保证这一个群体在整个公司层面的控制权，但是会不会有这么一种极端情况，就是小股东会内部也无法作出决策，那这个我们怎么定规矩呢？

答：其实，任何一个公司、任何一个决定归根结底都需要有一个人拍板，人少比人多好决定，一个人比一群人好决定，我们只能尽善尽美地去追求我们这一个创始团体是相对民主的，但是如果真的遇到这种极端情况，还有一种确定意见的方法，就是以特定股东意见为准。在蚂蚁集团的股权架构中，马云、蒋芳、胡晓明与井贤栋之间签署的一致行动人协议就是以“特定股东意见为准”，直接确定为以马云意见为准。公牛集团相较于一般的意见确定方式而言又多了一丝新颖：其以董事长身份为区分，并结合创始人阮立平的核心地位确定了在一致行动人产生分歧时的意见确认方式。

7. 问：我最近引入了一个投资人，他只想通过投资获得财产收益，也不参与公司经营，他将表决权全部委托给我了，所以我也就没有对他进行什么其他限制了，这种情况的话，您觉得还有什么其他的风险吗？

答：恭喜你找到了一个让人省心的投资人，但是我还是建议你对他持有的股权多增加一个限制：针对表决权委托的股权（份）的转让需要先经过你的同意，首先他是一个财务投资人，他未来最大的收益来源一定是你公司增值之后，他变卖股权所获得的收益，而表决权委托协议实质上是民法层面的双方平等主体之间所签订的合同，而合同具有相对性，如果他将该部分股权（份）向其他第三人受让后，那么新加入的股东并非表决权委托协议的相对方，自然也没有义务遵守表决权委托协议。所以，我建议你在签署表决权委托协议的同时，基于法律规定，在不实质剥夺股东转让股权（份）权利的基础上，对委托人转让股权（份）加以限制，比如，约定受托人有权优先购买委托人拟转让的股权（份），或者要求受让人另行与你签订符合你要求的表决权委托协议。

8. 问：最近我的公司急需一笔资金，有一个投资人想要进我们公司，他没有什么其他的要求，就想参与一定的公司重要决策，保护他的自身权益，我想了想要不就给他重要事项的一票否决权，您看这样可以吗？这样一方面他也干涉不了我公司的日常经营，另一方面也保护了他的重要权益，一举两得。

答：我觉得你有一点考虑得非常好，你限制了他一票否决权的行使范围，你有这个意识，就代表你也认识到了一票否决权的授予对公司来说的重要性。而且，现在的环境下，你作为创业者是处于弱势地位的，为了获得资金，你看似别无选择只能迁就投资人的要求，但是一票否决权对公司控制权影响较大，所以，哪怕公司现在急于融资，你还是应当充分考虑双方在公司发展、业务开展方面是否存在利益冲突，同时也要考虑给予对方一票否决权对公司未来发展可能造成的影响。不能因为急于融资，而为未来发展埋下隐患，就算决定要授予他一票否决权，除了对表决事项加以限制，你可以试试在谈判过程中就行使场景也对其进行一定的限制。

9. 问：我们公司最近遇到了一个极其烦心的事情，公司想要引进投资人，要开股东会，作出股东会决议，结果有一个股东就是不来，拒收公司发出的通知，也不愿意和公司其他股东进行沟通，切断一切联系方式，我们这股东会完全开不起来，公司现在就和瘫痪了一样，什么决定都做不了，太耽误事情了，我们该怎么办？

答：你们这种情况，我遇到的太多了，归根结底就是你们只在公司章程里面简单地约定了股东会召开的规则，却没有详细地针对未来可能出现的情况制定一套完善的股东会议事规则。其实，无论是股东会还是董事会，都是要有一套明确的议事规则的，其中包括通知送达的方式、拒绝出席股东会的后果、中途退席的后果等，这样你开股东会、董事会的时候，如果有人拒不配合，你按照事先约定给他对号入座就好了呀。

10. 问：我觉得我也需要设计一套保持董事会稳定的机制，你说万一有哪天我公司被恶意收购了，我又没有什么办法去阻止，我控制不了股东会，至少能控制董事会呀，您能给我点建议吗？

答：这个其实已经有很多先例了，尤其是在宝万之争爆发后，越来越多的创始人深刻地明白了公司董事会的重要性，“毒丸计划”可以有效地阻击恶意收购，但是万一阻击不成，我们总得在另一个层面上进行努力，这边有两种方法推荐给你，很形象地表述为“金色降落伞”策略以及“驱鲨剂”条款。最简单的就是，你现在立刻去修改公司章程，加上一条：“当公司被并购接管时，在公司董事、监事、总裁和其他高级管理人员任期未届满前如确需终止或解除职务，必须得到本人的认可，且公司须一次性支付相当于其年薪及福利待遇总和十倍以上的经济补偿，前述董事、监事、总裁和其他高级管理人员已与公司签订劳动合同的，在被解除劳动合同时，公司还应按照《劳动合同法》另外支付经济补偿金或赔偿金。”

11. 问：我们公司成立的时候只有四个人，大家就把股权平分了，当时也没考虑这么多，到现在其实相处得也挺愉快的，公司的事情都是我来控制，但是看多了股权纠纷的案例，我心里对这样平分股权也是犯嘀咕的，但直接跟他们说把控制权让渡一点给我，我就怕会节外生枝，这种情况有没有什么好办法呀？

答：这个很简单的，通过股权激励就可以实现，其实你们现在都是希望公司可以获得更好的发展，而人才对于公司发展一定是非常重要的，在这个数智时代，股权激励可以为公司铸造“金手铐”，股权激励的股权可以是你们四个人同比例稀释出来，然后通过搭建有限合伙企业作为员工持股平台，你担任执行事务合伙人，这么一来，控制权不就到你手里了吗？而且，股权激励对公司而言百利而无一害，助力公司发展，我相信大家肯定都会答应的。

12. 问：公司如果出事了，创业失败了，我做股东只要在出资范围内承担有限责任，赔完了我也就抽身了，但是你看那些法定代表人就会被采取限制高消费等一系列执行手段，而且你看如果公司业务有那么一点点的不合法、违规，第一个被追责的一定是法定代表人，那你说我为什么还要去当法定代表人呢，我找个听话的人来当多好，你觉得呢？

答：我有一个客户总是得意洋洋地跟我说，他从不做法定代表人，法定代表人都是他找别的人来当。他的这种做法我心里很清楚，其根本原因就在于避免被追究。但是，我要提醒你的是，公司法设定法定代表人的重点不是让法定代表人“背锅”，而是让法定代表人代表公司意志从事民商事活动，代表企业说话、代表企业承诺。所以，你不要只看到法定代表人的义务，更要看到他的权利，千万不要因小失大。而且，在我国的刑事政策下，公司如果违法犯罪了，一般情况下公司的实际控制者（如公司大股东）也是要承担责任的，可不是你想的不做法定代表人就能免责了。

13. 问：我有一个朋友，他们公司现在的印章被他们的一个高管抢走了。这个高管也是他们的股东，不想干了，想让公司高价回购他的股权，公司肯定不干啊，他就趁公司的人还不知道他们股东间的纠纷，顺势去公司把公章抢走了，你说现在公司能怎么办？

答：公司的印章本质上属于公司的财产，是公司开展日常经营活动及对外实施民事法律行为所必需的物品。对印章的管理和使用最终是由股东对公司的控制权来决定的，如果没有对公司的控制权，不当主体即使抢夺了公司印章，明显属于非法占有，也应当予以返还。最高人民法院发布的《民事案件案由规定》第八部分有一个“公司证照返还纠纷”，这个案由主要是针对非法占有、抢夺公司印章、证照的诉讼所设立的一个案由，如果发生公司印章、证照被非法占有、抢夺的，可以通过法院诉讼，请求判令对方返还。

14. 问：我最近可是头疼死了，我们公司本来做得好好的，结果有个股东突然遭遇车祸去世了，他老婆继承了他的股权，成了我们公司股东，你说她要好好地当个股东也没啥事情，结果她就逼着我们把她的股权买回来，股东开会也不来，还一天到晚要查公司的账，我们受不了说把她股权买了吧，她漫天要价，真的被她搞得头痛，我们该怎么办？

答：你这也怪不了别人，只能怪你们当初成立公司的时候，股东之间对股份的继承回购问题没约定好，你要知道我国《公司法》可是只规定了“自然人股东死亡后，其合法继承人可以继承股东资格，但公司章程另有规定的除外”。法律都让你们另外规定了，你们也没把握住自己的权利呀，那人家继承人合法继承、合法行使自己的股东权利，你们也无权干涉。所以啊，你要记住，以后一定要对股东可能会发生的特殊情形做好处理，不仅包括继承，还包括丧失民事行为能力、离婚等。最简单的就是将回购条款约定好，提前确定好两点：第一点就是怎么回购，回购多少，是其他股东均有权按持股比例强制回购呢，还是由一个股东进行强制回购；第二点就是回购价格是怎么样的，是按那个时候公司的净资产价值，还是按其他方法进行估值。不管高低，提前约定好也避免你再遇到这种漫天要价的情况。

15. 问：我们是做连锁医美的，你知道现在市场上有很多品牌医美公司，想要在这个市场上立足，就必须快速扩张门店，打响名气，但是扩张门店需要投入、需要资金，这又让我们捉襟见肘，您有什么好的建议吗？

答：运用股权激励的思维呀，股权激励一方面可以激励人才，另一方面可以扩展到公司外部，用来绑定上下游企业。我们可以运用股权激励，吸纳拓展我们的合伙人，我们提供品牌门店支持，给予我们的高净值客户一部分新店的股权，由他们出资认购，用于门店的扩张经营，通过股权，将客户转变为合伙人，我们服务的两家医美企业都不约而同地想到了这种方法，我建议你也可以考虑考虑。

16. 问：我们也想实施股权激励，但在我的观念里，股权激励不就是把股权授予员工吗，为什么会这么复杂啊？

答：股权激励从来就不是一个平面化、单维度的工程，它需要多维度共同合作才能完成。实施股权激励的目的和平常的转让股权是截然不同的，平常转让股权，目的就是一个，获得财产收益，但是股权激励的目的却是绑定员工，管理公司，这是一种对人性的激励，在这个前提下，笔者才提出了股权激励“四位一体”宏观概念。“四位一体”才是真正的股权激励。好的股权激励可以留住员工，失败的股权激励却可能让员工感受不到公司的诚意，反而心灰意冷，如果简单地理解股权激励，往往会适得其反。

17. 问：我想问一个问题啊，我们公司也弄了一个持股平台，但是我当时不想简单地限定为股权投资、咨询类的经营范围，就设定了一个科技研发的经营范围，想着反正公司未来也有这方面的业务规划，先注册起来占个坑，你说我这个想法是不是特别好？

答：我建议你赶紧去做一下变更，还是老老实实地做股权投资吧，有限合伙企业一定是普通合伙人控制权，你就是要承担无限连带责任的，持股平台就是持股平台，你占个“坑”，到时候公司发展机遇到了，来不及变更经营范围，你说你会不会想着拿持股平台先顶一顶？那万一产生风险，你说这个责任是不是你担？明知有限合伙企业的风险点在此，我建议你就不要给自己埋下一根导火索了。

18. 问：我们企业是连锁经营开设门店的糕点企业，主打宣传和网红，因为我们现在的产品路线已经明确了，希望回馈当时陪我们一起创业的员工，希望能实施股权激励，也了解过一定的股权激励，那您觉得我们的行权期、解锁期如何设置比较合理呢？

答：现代社会下企业的发展有一个特征——一飞冲天，其增值速度远快于以前传统商业模式下的企业，而且企业的黄金发展期也就初创期那三年，因此我们建议对于你们这一类企业而言，为了使核心人才能够劲往一处使，同时结合公司成立后一年、两年、三年内的股权融资计划，应当尽可能地缩短行权或解锁期，让核心人员能在尽可能短的时间内获取收益，并伴随公司股权融资进程享受公司增值收益，如此一来，才能让人才看到希望，分享成功。如若不然，在腾飞的那一两年中，公司价值激增，但核心人才的激励却还未能实际到手，等到手的时候，核心人才已经错失了对外抛售享受收益的时机了，其只能等到公司成功上市后才能变现获益，无疑是对激励效果的一种打折。

联合推荐

（以下排名不分先后，以姓氏首字母排序）

对于一个公司的发展来说，因顶层设计产生的问题会比其他问题更有可能致使企业走向衰退，因此，搭建科学稳定的股权架构是每一位创始人的必修课，相信本书对于股权战略的系统介绍会给大家带来更多思考与灵感。

——第一财经主持人、湘财证券前首席分析师　蔡璟

企业在种子期、初创期、成长期等不同发展阶段，投资机构对其关注的重点或许会有不同，但不变的是对企业股权架构的审视，股权架构是一个企业发展的根本，合理的股权架构能够让企业在发展过程中稳定而健康，同时又有充分的余地去吸引人才和资金，而本书正是从投资机构关切的股权入手，以战略性的思维为企业家提供股权设计及运用的知识，值得一读。

——赛智伯乐投资董事长　陈斌

越来越多的企业家跻身投资行业。鲍乐东律师的这本书给投资者中的"新人"以知识普及，给"老人"以温故知新。相信各行各业的投资者在这本书中都会对"股权"有更深刻的理解，并运用到工作中。

——浙江省游戏行业协会会长、杭州妙聚网络科技有限公司董事长　陈博

股权投融资是企业发展壮大过程中早晚要经历的重要课题。本书首先从实战的角度精准、简洁地解析了股权投融资的相关概念，同时汇总了企业股权投融资实践中经常发生的各种情形，为读者特别是企业创始人深入了解股

权投融资提供了一个绝佳文本。尤其值得一提的是，本书以图文并茂、理论案例相结合的形式，对各种股权投融资方式及其典型风险进行了说明，较好地回答了读者经常会提出的疑问，为初创企业解决融资困境提供了清晰思路，具有极高的阅读价值。

——白沙泉并购金融研究院执行院长　陈汉聪博士

鲍乐东律师深谙股权之道，深耕股权领域多年，本书从其实践经验出发，辅之以典型生动的企业案例，降低了读者阅读的门槛，极大提升了本书的易读性。其抓住股权战略的各个核心，逐一解读并打通其中的脉络，将股权设计的零散要点整合起来，体系性与逻辑性兼备。本书内容翔实，对具体落实企业股权设计具有重要指引作用，值得各位读者深入学习。

——浙商创投董事长　陈越孟

我们在为企业设立各项激励机制的过程中，常常会面临一个问题，有想法，但是却没有可供实操的余地，而其原因就是在企业发展的初期没有为未来发展留下空间，而鲍律师这本书的核心逻辑就是解决这个现实问题，以长期的战略性思维为核心，提出一体两翼的宏观架构，充分考虑企业未来发展所面临的需求，为未来留下空间，本书的价值不仅仅是知识的提炼，更是思维的培养。

——阳光时代律师事务所主任、旷熙碳中和研究院创始人　陈臻

股权具有丰富的内涵，可以说，股权是一门企业家必须深入研究的学问。本书是一部非常优秀的工具书，能够为企业发展遇到的一些关键问题提供解决思路。通过本书，鲍乐东律师为企业家打开股权这一神秘的大门，辅助读者学习构建股权战略思维、妥善运用股权这一工具实现团队凝心聚力。这是一本优秀的股权实务书籍，推荐创业者和企业家认真领会和思考。

——清科创投服务中心总经理　代建俊

公司发展是一个充满各类挑战的长期过程。本书结合作者的实务经验，重点解析如何科学合理地进行股权设计，帮助创始人防范股权风险，实现对企业的有效控制与治理，提升市场竞争力。

——海蜂法务科技创始人　范否

市面上有很多书籍在告诉我们如何进行股权设计、如何进行股权激励、如何面对股权融资，但是企业的发展不是一个静态的过程，而是走一步看三步的长期变动的过程，能够以战略性思维将股权的各项运用融会贯通的，这本书是我见到的第一本。

——第一财经《中国经营者》栏目创始人　方宏进

家族财富的传承核心要义就是财富的增值与稳定，这与鲍律师在此书中提出的以控制权为主体的想法不谋而合，而这也正是众多企业家最为关注的要点。如何在保持财富稳定的情况下，实现财富的稳定增长，是我们一直以来寻求的目标，而鲍律师已经率先在本书中为众多企业家解答了如何在保持控制权稳定的情况下，实现企业的发展这一难题。

——普益＆握奇家族办公室合伙人　韩元元

在学习股权知识的初期，我们一直在寻找一本能够全面、深刻、形象地将“股权”这一抽象的知识传播出来的书籍。鲍律师的这本书，相信会给所有需要了解股权、运用股权的朋友们予以最大的帮助。

——浙江菜根科技产业发展有限公司总经理　胡勇锋

资本投资企业的过程中，一个关键的因素就是创始人对企业控制权掌握得充不充分，投资不仅是投企业，更是投资人的一个过程，本书将控制权作为其理论框架的主体，正是鲍律师在十余年的投融资实战中总结出来的正确经验，因此，我推荐此书，亦是希望企业家可以学习这宝贵经验，抓牢控制权，保证企业的稳步发展。

——清科集团管理合伙人、沙丘学院执行院长　胡之光

鲍乐东律师的这本书，涉及股权知识的各方面，其中的案例值得很多企业管理者去深思。相信更多的人在读完这本书后，会厘清“股权”相关的各方面知识，对股权管理有更深的了解。

——Nano Labs 董事长　孔剑平

老纪作为一名创业者，接触过不少的股权专家，他们都会告诉我股权设计很重要、可以利用股权去融资，但是却很少有人从一个大局观告诉我，股权到底该怎么用，而鲍律师不一样，他的这本书是以战略性的思维为创业者解读股权的重要性以及股权的内在价值，将股权设计、股权激励、股权融资融会贯通，以一个整体思维为创业者解码股权，这是同行学不来的。鲍律师看似只在讲股权，其实是在讲公司的整体发展战略。

——豪车毒　老纪

许多头部企业都在推动生态共创文化，我们在陪跑企业做商业模式创新和战略共创的过程中发现，企业需要在组织上进行变革来保障战略落地成功。因此，我们在为企业设立共创机制的过程中，经常会开展组织共创、机制创新等专项会议来推动企业的机制创新。然而，许多企业虽然有很好的想法，但是却没有可供实操的余地。关键原因之一是，企业发展的初期的机制设计没有为未来企业发展留下更多的空间。鲍律师这本书的核心逻辑就是解决这个现实问题，以长期的战略性思维为核心，提出一体两翼的宏观架构，充分考虑企业在未来发展所面临的需求下进行短、中、长期的激励设计。本书的价值不仅仅是知识的提炼，更是思维的培养，是支持企业去拥抱更多不确定性，更加稳健发展。

——共创引导平台创始人、共创引导技术开发者　林小桢

一个好的股权架构绝不仅仅是聚焦于眼前的利益分配，还包含对公司未来发展的期望。正确地分配股权、合理地使用股权，这是一门艺术，企业家要具备充分的大局观才能玩转股权，才能为公司奠定好未来发展的基石，助力公司在瞬息万变的外部环境中砥砺前行。鲍乐东律师的这本《解码股权战略：一体两翼三步法》将理论与实践相结合，以丰富的案例作为抓手，为企业家搭建起了运用股权的战略框架，值得创业者们从中获取灵感，尽情思考与探索。

——亿中流董事长　刘海峰

股权对于公司的重要性，就像时间对于人一样，战略则是企业的起点和行动方案。鲍乐东主任新书《解码股权战略：一体两翼三步法》，以实操案例、通俗易懂的语言，让企业家明白合理的股权设计、激励机制、合伙人体系是企业最宝贵的资源和核心竞争力。商业不断迭代，让我们去明白其中的变与不变。当下和未来，这本书意义非凡，值得读，细细读，可以反复读。

——之江商学院副院长　刘文标

本书从企业长期发展的战略入手，不仅为企业家打开了股权的大门，让企业家能够更深入地了解股权融资，而且还帮助企业家进一步理解融资的价值不仅在于引入资金，更是在于未来的业务合作与资源互补的投后管理领域。本书一定能够帮助企业家以一个全新的视角去面对企业的经营与管理。

——老鹰基金董事长　刘小鹰

股权知识被越来越多的人所需要，鲍律师的这本书无论从结构还是内容上都是学习股权知识的不二之选。相信这本书会是学生朋友的启明星，会是企业家们的良师益友。希望大家能通过这本书获得自己想了解的股权知识。

——杭州巴士传媒集团有限公司总经理　孟鑫鹏

作为企业管理者，不仅要关注企业的运营，更要关注企业的发展，在投资、融资的过程中，股权知识的掌握对于企业的管理者来说尤为重要，股权设计可能会成为企业发展的关键点。鲍乐东律师的这本书内容之全面，案例之丰富，将会成为企业的高管朋友们不错的“工具书”。

——上海澜亭律师事务所主任　倪民

一方面市场对律师的价值知之甚少，另一方面律师本身对自己的价值过于习以为常。但鲍乐东律师别具一格，一直都在突破，不仅拓展自己价值的想象力，还拓宽了用户对律师行业的理解。他如今将自己的专业、经历、经验、研究与自己的思考与判断做了一个非常有意义的融合，为企业的股权架构设计做了一个系统的方法论梳理，帮助更多的企业家重新理解股权架构，并利用更好的架构设计实现自己的战略目标。这不仅是一份很重要的工作，也是一种很重要的功德。

——法律先生创始人　彭帅

合理的股权结构是公司可持续发展的基石。本书剖析了很多经典案例来说明如何搭建股权架构，以保证控制权的稳定，并为未来实施股权激励、吸引股权融资留下空间，值得创业者们从中获得灵感，深入思考与探索。

————《第一财经日报》创始人、著名人文财经评论家　秦朔

如果说泛华集团是在为中国新城镇提供智慧发展、智慧建设、智慧管理运营的系统解决方案，那么鲍乐东律师就是在为企业发展提供顶层设计、人才与资本引进系统性的方法论，本书实际上就是鲍乐东律师将其自身专业的知识和丰富的经验充分糅合，形成的一套能够实操落地的方法论提供给所有的企业家。

——泛华控股集团浙江分公司总经理　戎霖

作者以独特的见解和动态的视角，完整地构建了一个关于股权的系统体系。既有成功方法，让读者借鉴前人智慧；也有失败案例，让读者反思他人教训。通过理论和实践相结合，深入浅出、条分缕析地为创业者提供股权的全面了解和前瞻性思考，让创业者在阅读中学习和掌握系统理论和实战操作，助力广大创业者提高创业的成功概率，激励创业团队的创新创业精神。

——浙江大学创新创业学院常务副院长　阮俊华

对于企业创始人和许多创业者来说，融资、融智是决定企业发展的关键性因素。本书从数智时代背景下的发展大局出发，引用大量真实案例，围绕企业如何运用前瞻性思维有效构建股权战略提出了诸多创新方法。其中首创的“一体两翼宏观架构”和独创的“控制权设计三层次模式”等一系列实操攻略，为企业家以股权为抓手、借助股权战略设计牢牢把握控制权，进而整合资源、统筹全局，完善公司规范化治理并实现稳健发展提供了科学的理论指导和方法论，尤其值得重点关注。

——北京市安理律师事务所主任　王清友

鲍乐东律师将企业管理与法学领域知识紧密联系，并加以融合，为企业战略设计提供了具有极高价值的方法论。该书深入浅出，便于读者理解，特别适合企业高级管理人员进行阅读。此书能够提供给读者许多关于企业发展及管理的灵感，特此推荐。

——浙江大学全球浙商研究院副院长　邬爱其

没有一个企业一定常青的说法，机会一定是留给有准备的人，鲍律师的这本书就是在培养企业家的长期战略思维，为未来企业的发展做足准备，从顶层设计入手，为企业未来吸引人才、引入外部投资留足空间，以机遇与风险并存的视角为企业家提供落地方案。

——浙江南方审计集团副总　吴小丽

作者将案例与实操相结合，从控制权设计、股权激励、股权融资等方面讲述股权架构下的意义和核心要点，提出了股权架构的一体两翼方法论，生动形象而又深刻地展现了公司治理层次和股权战略部署对于公司发展的重要性。

——蔚来法律创新研究院执行院长　熊涛

我们秉持关注浙商、研究浙商、服务浙商、引导浙商的宗旨，为企业家提供服务，而在提供服务的过程中，经常遇到的问题就是如何运用自己手上的股权。而如今针对这一棘手的问题，鲍律师在这本书里给出了详尽而精准的方法论和路线图。本书从企业发展的长期战略入手，帮助企业家学会合理地分配股权、利用股权，书中的语言浅显易懂，并辅以大量案例，干货满满。

——浙江工商大学浙商研究院执行副院长、浙商博物馆馆长　杨铁清

新能源汽车企业的发展从根本上来说就是人才和资金的整合，很多新能源汽车企业囿于高层次人才的不足和资金的不充裕而错失了很多发展良机，而本书为众多新能源汽车企业提供了吸引人才、吸引融资的新思路，同时佐以新能源领域的实操案例帮助企业家理解，是一本能够指导新能源企业落地实操的好教材。

——长三角新能源汽车产业链联盟执行秘书长　姚晓冬

越来越多的创始人如今愈加重视企业的股权架构设计，股权架构设计是为了帮助公司建立起从主体核心到内外支撑的一套核心体系，在本书提出的一体两翼宏观架构的指导下进行股权设计，既能解决公司控制权问题，还能解决公司人力和资金问题。

——新则创始人　余朋铭

多元主体价值分配的制度架构，逆向地激励各主体价值创造的个体努力程度和整体协同程度，是企业组织的关键制度安排。股权正是这一过程的实现方式。本书为企业家们提供了股权难题的破解思路。

——浙江工商大学管理学院院长　俞荣建

股权不仅是一种收益权，还代表一家企业背后的根本权利，更是一种责任，股权价值的显现更是推动了股权激励、股权融资等的兴盛。本书能让读者对股权有充分的认知，带领我们学习和探索如何设计好的股权架构。

——超律志创始人　张超

在我们中欧资本多年的投资实战中，我们经常会发现一些企业家不曾了解过股权投资 VC 的价值，常常会在企业发展的关键节点中，因为不懂利用股权投资 VC，而错失发展机遇，而本书就是在帮助企业家理解股权，运用股权投资 VC，同时进行风险提示并提供解决思路，理论与实操价值并存，可谓企业家必读读物。

——中欧资本董事长　张俊

鲍乐东律师深谙公司股权架构设计，为很多企业提供了股权设计服务，在合作的过程中，我们充分体会到了鲍律师对于股权知识的专业性，这本书将会成为更多股权知识学习者的首选。

——内蒙古蒙牛圣牧高科乳品有限公司总经理　张连举

此书内容涵盖范围极广，涉及股份有限公司、有限责任公司和上市公司的方方面面，体系完整、内容完备。本书关于上市公司股权设计、股权战略的内容准确且具有创新性，解决了上市公司经营过程中的诸多重点问题，对上市公司稳定发展具有重要意义。

——浙江金科汤姆猫文化产业股份有限公司总经理　张维璋

如果说公司是“人和” + “资和”的组合体，股权结构就是公司成长的主心骨和定舱石。而在公司注册的一瞬间，创业者往往会拿着模板章程开启了公司出生的默认模式，在创业进入“合伙人时代”的当下，公司治理并不只是上市公司董监高的必修课，更是所有创业者平衡情怀、能力、风险的创业工具箱。而无论在 MBA 培训中，还是在创业者的经营实践中，关于股权的知识依然是一个创业心智中的蛮荒大陆，鲍律师一直深耕股权服务，您拿到的这本新书更是从公司成长周期的角度，囊括了股权战略、架构、激励和融资的全流程经验沉淀，并配以案例进行言说解读，是融合商业思维和法律思维的难得参考。开卷有益，相信翻开这本书后您必有收获。

——无讼研究院常务院长　赵润众

我与鲍乐东律师相识多年，多次进行股权方面的合作，在合作过程中，鲍乐东律师对于股权的认知与运用常常能带给我很多启发。股权是一项极具吸引力与泛用性的工具，在我所从事的投资与企业管理领域中亦能发挥巨大作用，学习股权知识越来越为大众所需要，这本书兼具专业性与逻辑性，在使读者了解股权相关概念的基础上为读者构建起股权运用的思维体系，是一本面向大众的好书。不管此前对股权是否知悉，相信读者都能从中有所收获。

——浙江嗨投投资管理有限公司总经理　周辉